于成龍集（跋至卷五）

清初名臣的宦海生涯與文墨風華
于清端個人著述全集

【從奏議到詩詞，清代廉吏的文治與風骨】

李志安，閻鳳梧 主編

填補研究中的重要空白，全面了解清初名臣的思想與行為
研究清初政治、經濟與廉政文化，迄今最為全面的于成龍著作集

目 錄

出版前言

序

凡例

于清端公政書　序跋

  《于清端公政書》原序 …………………………………… 017
  《于山奏牘》序 …………………………………………… 020
  《于清端公政書》卷首題辭 ……………………………… 021
  《于清端公政書》原跋 …………………………………… 021
  跋《于山奏牘》後 ………………………………………… 022

《于清端公政書》跋

《于清端公政書》書後

《于清端公政書》跋

《于清端公政書·續集》跋

目錄

提要

《四庫全書》本《于清端政書》提要 …………………………… 033
《四庫全書總目提要》之《于清端公政書》提要 ……………… 034
《四庫全書總目提要》之《于山奏牘》提要 …………………… 034

新補

總刻《于北溟先生文集》序 ……………………………………… 035
于清端公政書　首編 ……………………………………………… 036
恩賜宸翰 …………………………………………………………… 036
新補 ………………………………………………………………… 042

于清端公政書　卷一

羅城書 ……………………………………………………………… 045
合州書 ……………………………………………………………… 059
武昌書 ……………………………………………………………… 067

于清端公政書　卷二

黃州書 ……………………………………………………………… 095
補遺 ………………………………………………………………… 135
新補 ………………………………………………………………… 142

于清端公政書　卷三

　　黃州書 …………………………………………………… 143
　　附錄 ……………………………………………………… 176

于清端公政書　卷四

　　黃州書 …………………………………………………… 177
　　八閩書 …………………………………………………… 195
　　補遺 ……………………………………………………… 203

于清端公政書　卷五

　　畿輔書 …………………………………………………… 207

目錄

出版前言

于成龍，明萬曆四十五年（西元 1617 年）出生於山西永寧州，字北溟，號於山，謚「清端」，贈太子太保，清初著名政治家。明崇禎十二年（西元 1639 年）舉副榜貢生，清順治十八年（西元 1661 年）出仕，歷任知縣、知州、知府、道員、按察使、布政使、巡撫、總督等職。清康熙二十三年（西元 1684 年）病逝於江寧任所。在二十餘年的宦海生涯中政績卓著，三次被舉「卓異」，一生為官清廉，深得百姓愛戴和康熙帝讚賞，康熙帝曾稱許其為「天下廉吏第一」。

于成龍四十五歲出仕，終生勤於政務，撰寫了大量公文奏議、勸諭等，集中保存在其門人李中素編輯的《于山奏牘》中，以及其孫于準主持編定的《于清端公政書》中，並附錄了書牘及部分詩詞作品。此外，于成龍任職直隸和兩江期間，曾組織編寫了《畿輔通志》四十六卷、《江南通志》五十四卷，對整理和保存當地政治、經濟、文化資料做出了貢獻。

于成龍是清初名臣，雖未有樞廷任職經歷，但屢遷至地方大員，是清初許多重要歷史事件的親歷者。其文集中的文牘及詩詞作品，反映了清初政治史的諸多細部特徵，是一部了解清初政治、經濟史的個案文本，史料價值極高。與此同時，于成龍是公認的一代廉吏，對其相關著述的整理與研究，將為後世深入了解其廉政思想、廉政事蹟提供第一手資料。

《于成龍集》版本序列，依次為《于山奏牘》、《于清端公政書》、《于清端政書》（詳見本書「凡例」），2008 年出版的《于成龍集》（簡稱文獻本）以及即將付梓的《山西文華》本《于成龍集》。

出版前言

　　文獻本由趙桂溟先生搜集補充了于成龍相關史料三十篇、詩二首、文一篇，由閻鳳梧、蕭泰芳先生發凡起例、編輯排列、標點校勘，此為第一部比較完善的《于成龍集》點校本。該書出版後，為學界展開相關研究提供了一個基礎性史料文本，受到社會各界的廣泛好評。

　　此次出版，以文獻本為藍本，由張仲偉、耿建華重新整理，以乾隆刊本《于清端公政書》為底本，將《于山奏牘》與《于清端公政書》兩大版本體系合併校勘，校勘成果以「校記」形式體現，並將未收入于清端公政書》的《于山奏牘》篇目編為「補集」，同時增補了文獻本漏收的相關傳記資料，使之成為一個更加完備的于成龍個人著述全集。

三晉出版社

序

　　于成龍，字北溟，號于山，生於明萬曆四十五年（西元1617年），出身官宦之家。崇禎十二年（西元1639年），鄉試中副榜貢生，因念其父年高，不仕。入清後，順治十八年（西元1661年），父憂服闋，出任廣西柳州羅城知縣，先後歷官四川、湖廣、福建等地，晚年任直隸巡撫、江南江西總督。康熙二十三年（西元1684年），卒於兩江總督任上，終年六十有八。

　　于成龍起自州縣，以清廉聞於時。任直隸巡撫時，康熙於懋勤殿召見，當面稱譽說：「爾為當今清官第一，殊屬難得。」于成龍之所以能成為康熙朝難得的第一清官，確有他人不及之處。

　　大學士熊賜履，理學名臣，與于成龍為摯友，自謂「辱公為肺腑交，與聞公生平甚悉」，與于成龍相知相識甚深。熊賜履說，三代而後，以廉幹稱者，代不乏人，然多矯飾沽名，或行事偏執刻厲，因而表裡始終，往往難言之。于成龍則不然，其人之清廉是「質任自然」，故而「誠中形外」，乃是出自內心，所以「略無矯強刻厲之跡」。其清廉一本於「意誠」，故其之得眾望，「直有超越於古人之上者」。一言以蔽之，于成龍清廉自勵，是出於至誠，故熊賜履感慨言之：「然後嘆公為真不可及。」

　　于成龍歿於兩江總督任上，諸司哭臨，見其遺物綈袍一篋，鹽豉數器，「空齋弊帳，篋無十金」，南京之民呼號哀慟。翰林院侍講彭定求「聞風仰止」，嘆曰：「（于成龍）清苦刻厲，躬行至誠以動人。」在清代，大凡循吏有惠政賢績於地方，則稱為「名宦」，死後民人感念不忘，合祠以祀，「其猶粹者，間或有專祠」。于成龍歷官多省，所至往往有專祠，如羅城、黃州、江寧（南京）、蘇州。清人說，專祠者，「用以志不泯之

序

意」，因其「遺愛在民，歷久彌新」。于成龍又一有別於他人之處，是才、學、氣俱備。大學士陳廷敬說，清官廉吏者，有人或短於才，或有才而疏於學，或乏魄力而少氣壯，是故「君子惜其用廉之未盡」，而于成龍則三者皆備，「獨盛推于先生」。正因為于成龍至誠於中而又有才，惟其誠與才合，故所至能集大勛而著令名。

于成龍有言：「讀書宜明行術，不徒虛聲，以盜名譽。」其嗜學重在踐行，人稱其「為學務敦實行，不屑詞章之末」。于成龍有名言曰：「學者苟識得道理，埋頭去作，不患不到聖賢地位。」彭定求講過一個故事：康熙曾在西苑豐澤園，以「理學真偽論」命題，面試詞臣，交卷時，康熙說：「理學無取空言，若于某（指于成龍）不言理學，而服官至廉，斯即真理學者。」學與行相符是于成龍清廉的又一特色。

康熙曾御書「激濁揚清，始終如一，清潔之操，白首彌勵，真國家之可重，人所不能也」，以賜于成龍。清廉操守，始終不移，「白首彌勵」，是與其起自牧令分不開的。于成龍首任羅城縣令。羅城原屬南明永曆政權，順治十六年，始為清所有，兵燹之後，荒涼殘破。越年，于成龍來官此荒城，艱辛備嘗，深知民人困苦。遷四川合州知州，四川大亂後，州中遺民才百餘，正賦僅十五兩，而供役繁重。臨民之官的于成龍嘗言：「我奉天子之命，來撫茲土，以惠養斯民也。」乾隆二十三年，金岳任羅城縣令，為于成龍建專祠，在其所撰碑文中說，于成龍由州縣官而至督撫，清操「不渝始終」，是得益於任羅城縣令時，「堅忍磨勵，以厚其基，譬如干將、莫邪，百淬百練，以成其鋒。是以保乂羅者，公也；玉成公者，羅也。」

于成龍生平事蹟概述，已見於他序。讀本文集之碑傳文，則更能得其詳不贅。

《于清端公政書》前身為《于山奏牘》，由于成龍門人李中素編次。原稿片紙隻字皆于成龍親筆細書，由於各稿分別寫於二十多年間，有的黴蠹沾蝕，字跡或有脫落。李中素伏讀十許日，「匯其可識者為若干卷」，則其難識之原稿或未編入。《政書》是于成龍歷任之作，任監司以前，皆為各類公文與檄文、戒諭之作；任巡撫後，始列奏疏。第八卷曰〈吟詠書〉，為各體詩作，並以文附後。本書以乾隆本《于清端公政書》為底本，增補于氏遺文，匯集多種研究資料，較之原書，尤臻完備。其校勘、標點，堪稱精當。

　　本書的出版，是地方文化資源開發利用的一件盛事，對地方歷史名人文化旅遊及道德教育，將產生正向的促進作用。同時，也將嘉惠學林，促進清史研究。

　　是以為序。

清史研究所教授王思治

序

凡例

一、本書《于成龍集》原名《于清端公政書》，康熙四十六年（西元 1707 年），由于成龍長孫于準在于成龍門人李中素編輯之《于山奏牘》基礎上擴充、抄錄，蔡方炳、諸匡鼎重新編次、校對，分為首編、政書（八卷）、外集，此謂康熙本。乾隆二十六年（西元 1761 年），于成龍曾孫于大梴增刻續集，連同康熙本原版重印。鑒於《政書》第八卷為〈吟詠書〉，收錄詩、詞、散文，與「政書」之名不甚相副，依《山西文華》編纂體例，定書名為《于成龍集》。

二、本次點校搜集到于成龍的著作有兩大版本系統，共五個版本，分別作為校勘底本、校本、參校本，具體說明如下：

《于山奏牘》系統本。《于山奏牘》七卷，附錄一卷，于成龍之門人李中素編輯，前有李中素序、鄭先慶序。此書始刻於清康熙二十二年（西元 1683 年）。現存版本有：

1. 山西大學圖書館藏康熙二十二年刻本《于山奏牘》七卷，附錄一卷。齊魯書社《四庫存目叢書》影印天津圖書館藏清康熙二十二年刻本。經比對，以上兩個文本實為一書，故整理時採用《四庫存目叢書》影印本，簡稱「奏牘本」。

2. 南開大學圖書館藏清康熙刻本《于山奏牘》七卷，首一卷，附錄一卷。經比對，此版本首一卷為奏牘本所無，其他部分與奏牘本完全相同，稱「南開大學圖書館藏《于山奏牘》本」。

《于清端公政書》系統本。《于清端公政書》八卷，由其孫于準在《于山奏牘》的基礎上，搜集遺失，增補缺失，由蔡方炳、褚匡鼎校勘編次

凡例

而成。現存版本有：

1. 康熙四十六年（西元1707年）刊本，正文八卷，首一卷，外集一卷，山西大學圖書館、臨猗縣圖書館藏。簡稱「康熙本」。

2. 乾隆二十六年（西元1761年）補刻本，正文八卷，首一卷，外集一卷，續集一卷。山西大學圖書館、山西省圖書館藏，簡稱「乾隆本」。經比對，乾隆本刊印所用雕版實系康熙本原版，且內容有補充，為目前所收內容最為全面的版本，故以乾隆本作為底本。

3. 乾隆四十八年（西元1783年）《四庫全書》本，此本題為《于清端政書》八卷，前有康熙二十二年李中素序，無首編、外集、續集，題「兩江總督于成龍撰」，簡稱四庫本。經比對，四庫本錄入的底本應為康熙本。

三、本次點校以乾隆本為底本，為保存古籍原貌，故仍以首一卷、正文八卷、外集一卷、續集一卷為順序編次。

為閱讀明晰起見，本次點校將底本、校本、參校本中的序、跋置於正文卷首。外集、續集中收錄的相關序跋也置於卷首，這些篇目在外集、續集中將不再收錄。

四、本次點校的正文部分，內容為于成龍所作條議、奏疏、勸諭、詩文等。在正文校勘過程中，以乾隆本作底本，以四庫本、奏牘本作校本。四庫本在抄寫過程中有所刪改，奏牘本為于成龍在世時所編，此二版本與乾隆本的不同之處均體現在校記當中，除明顯錯誤，以乾隆本原文為正文。一卷之後附同官員往來書牘，由於奏牘本將往來書牘附於文章之後，且內容較其他版本有所不同，所以對於同官員往來書牘部分，以奏牘本為底本，其他版本為校本和參校本。

五、本書增補于成龍撰〈建宋賢祠引〉一篇，依時序編入政書〉第二

014

卷之末。其他與于成龍有關之史料編入本書附錄中,均注明出處。相關篇目大致按文章類別與寫作年代編排,無寫作年代者,按其所在之總集版本年代編排。

六、《于清端公政書》首編有目錄,《政書》目錄分別列於各卷之首,外集、續集無目錄。本書統一編目,置於全書之首。

七、短篇一般不分段,長篇適當分段,以便閱讀。

八、為適應普通讀者需求,本書斷句從短,標點從細。公文輾轉、人物對話,以及專用詞語如「三舉卓異」、「奉公奏最」、「苟四知之克嚴」之卓異、最、四知等等,一律加引號;概述大意、引文不全者,不加引號。各級官署、官職名稱如「州縣」、「州府」、「部院」、「督撫」、「司道」、「廳縣」、「衛備」等,非事有專指,一般不用頓號隔開。文中夾註,另加標點。

九、依照古籍整理通例,古體字、通假字、異體字、俗體字(含與今之簡體字相同者如于〔于〕、決〔決〕、爭〔爭〕等),以及一篇之中一字而多體者,一般不作改動;偶有改動,以不發生歧義與異音為準。對少數民族之汙衊性稱謂,為保留歷史原貌,不作改動。

十、避諱字、缺筆、添筆,以及音義、筆畫相同,而上下、左右結構不同之異體字,改為通行字。

十一、錯字加圓括號,隨後之正字加方括號。校補缺字用方括號,衍文用圓括號。本書此類情況顯係誤刻、漏刻,極易辨別,對理解文意並無大礙;且在本書內大多可以互證,閱讀同類文字,即可一目了然,故不重復作校記。如「彭百(鈴)〔齡〕」、「鮑世(榮)〔庸〕」、「衛(濟賢)〔既齊〕」、「順治十(三)〔八〕年以副貢知羅城縣」、「期七(日)〔月〕起事」等等,均屬此例。原文殘缺處,用□表示。

凡例

　　十二、《于清端公政書》中之幾篇序、跋，以及「新補」中錄自各種文獻之若干文字，原書無題者，本書視文意擬加題目；有作者姓名者，列於題目之下，以便檢索。

　　十三、《于清端公政書》首編「恩賜宸翰」之後，有「總理糧儲提督軍務巡撫江寧等處地方都察院右副都御史加五級臣于準敬錄」字樣；《政書》各卷之首，有「後學平江蔡方炳、西陵諸匡鼎編次，塚孫于準敬錄」字樣，因序跋中已有說明，故不保留。

　　十四、于成龍畫像與畫像背面之吳琠題辭，原在《于清端公政書》卷一之前，本書移置於全書插圖部分。

　　十五、本書增補文字取自正史、方志、總集、文集、碑刻，以及于成龍後人所作，非信實可靠者概不收入。中國國家圖書館藏有民國年間東亞書局印行之《于人龍判牘》，而書中作者簡介卻為于成龍；主編襟霞閣主、加評秋痕廔主，均不知何許人；案件情節與判詞，不見有關史料；判詞文體多為華麗駢文，與于成龍質樸文風大相徑庭。此書疑為書商為牟利而託名于成龍之偽作，故不收錄。

于清端公政書　序跋

《于清端公政書》原序 [001]

李中素

今上之二十年，王師克滇，所向底定。神武既昭，罪人斯得，薄海內外，悉主悉臣，罔不賓服。上大嘉悅，益精惟治理，以大中丞夫子于公之治畿輔為天下最，特晉位大司馬，總制兩江，以風有位。蓋上知公自令牧、二千石及監司、藩臬以迄開府上谷，歷閩、楚、蜀、粵，垂二十年，清操偉略，鴻文鉅績，久而彌厲，故兩歲之中，節鉞再加，一時眷遇，罕有其匹。明年夏四月，公請假在里，祭葬畢，即單騎至金陵，惟攜圖書數卷，直馳入署。五月，素自楚趨侍，恭覩御書賜公詩卷，兼聞駕幸雄縣，召見幄殿，溫語移時，且詢公曩撫勘東山時事甚悉。益嘆君臣相得，今古維難，而公獨遭際聖明若此，不有編述，懼不足以傳久遠。因發所攜圖書，得公自令羅城以來諸牘及詩文稿 [002]，跽請于公，以為古人著書立言，非徒誇示文字，良欲開導後學，使知所取法。無其事者尚欲有其言，況公之著作，皆因時立議，見諸行事，深切著明，小之治安一方，大者動關國計，非鑿空結想、借物託興之比。且公三舉卓異，屢平劇寇，天子知之已十數年，故復於雄縣親垂顧問。倘一旦詔公，條上行事，用備採覽，而編簡無稽，其何以對？公許諾，乃次第諸稿。片楮隻字，皆公親筆細書。歲久黴蠹霑蝕，半就脫落，彙

---

[001] 奏牘本存於卷首，題為〈序〉。乾隆本、四庫本存此文，四庫本題為〈于清端政書原序〉。此文應為奏牘本之序，《政書》輯之，故題為〈《于清端公政書》原序〉。

[002] 諸牘　奏牘本加「奏」字，作「諸奏牘」。

其可識者為若干卷。伏讀十許日，曰：「於戲！盛哉！今而知無意於功者[003]，始能成天下之大功；不遺一事者，始能集天下之大事。本內聖外王之學，以行其致君澤民之志，其在斯夫，其在斯夫！」

方公初仕粵西，瘴癘所侵，異類與居，凡七年矣。北人宦此者百不一歸，而公處之泰然，略不為動。卒之猺獞革心，民安盜戢[004]。其規畫條議，至今猶用之不盡，抑何偉也！及由蜀入楚，遍歷艱險，數定大亂，使內地悉平，王師得一意南征，無後顧之慮。迄今讀與中丞張公往復諸議，真死而後生，危而後存，其難更有百倍于往日者[005]。當東山逆賊首倡江右、吳、豫，轉相煽熾，使蘄、黃不守，則吭扼喉噎，荊、武非我有矣。公獨與張公定策，率門下十餘人，督鄉勇數百[006]，直搗賊巢，身自陷堅，親冒矢石，一敗之黃土，一敗之紙棚河。旬月間一撫再勦，諸逆授首，而吳、豫、江右間聞風潰散，南北之路始通。方是時，外誅巨寇，內辦軍需，既飭屬僚，復撫百姓，羽檄交馳，人馬擐甲，凡所設施，皆手自裁答，於蒼皇中示閒整，於擾攘中恤民力，罔不纖悉曲當，洞中機宜。此又素所親炙，不假披閱始知者。至若出八閩於湯火之餘，調劑軍民，各安厥所，贖還難民，動以千百。每一書上，王公大人皆虛心聽受。撫綏上谷，屢建讜言，為民請命。天子知公直，皆特旨報可，以故得蘇解困痡，全活死徒無算。古人得一節，足以傳之無窮；公則萃於一身，無往不備矣[007]。論者謂公以外臣重邀陛見，上親灑宸翰，兼賜白金、良馬、乳酒、銀貂、麅、兔、魚、鳧等物，恩禮疊加。人臣之榮至此已極，不知公之得此皆出意外。當其入粵，初不自意能至蜀也，及乎仕楚，更不意能至閩也，又安望開府畿輔、總制兩江哉？惟出

---

[003] 知　奏牘本加「方」，作「方知」。
[004] 安　奏牘本作「孚」。
[005] 于　四庫本作「於」。
[006] 百　奏牘本作「千」。
[007] 無往不備矣　奏牘本作「無往不備又更僕難悉者矣」。

萬死不一生之計，祇知君父深恩在所必報，其身家性命已久置度外。故凡有建白，輒掀髯而談，略無嚅唲，使稍有顧戀，其伸紙著筆雖曲極組織，其於國家事，終屬隔轂搔癢，又何能功成事集如此其烈耶？是故為人臣而知讀是書，其常也必廉，其變也必勇；為人子而知讀是書，其養也必力，其哀也必毀。以此治兵，必無覆敗之虞；以此臨民，必免貪戾之禍；以之為國，則達經權；以之居家，則敦孝悌。

於戲！公仕且二十年，危行特立，觸忌諱不少矣。所賴聖天子及當代王公大人知之於今，千百世忠臣孝子、志士仁人奉之於後。今雖華袞被躬，驂戟衛道，退處一室，雞鳴而起，鐘定而臥，惡衣糲食，有寒士之所難堪，而文章經濟，顧廣大精切若此，又孰得孰失也？公嘗謂所受知諸大人君子，皆及身顯庸，無復欠缺，獨中丞張公鞠躬報國，盡瘁以歿。今滇、黔蕩平而身不及見，每展對手書，輒愴然出涕，不知此書傳，則張公之功德自與之俱傳，即當代諸大人君子，亦無不與之俱傳。於以副聖天子精維治理之盛心，使士大夫服官效業者，咸有所矜式，更使天下後世知凡欲成大功、集大事者，必於此不於彼，其為裨益豈淺鮮哉！公茲甫涖兩江，未期月，綱紀整飭，俗易風移。每有示諭，閭里小民爭手錄口誦，旬日成帙。由此平章天下，高文典冊，方昌未已。奏之廊廟，鼓吹休明，將盈車充棟，有一書、再書、不勝書而已者，更請以俟諸異日云。

康熙二十有二年歲次癸亥春王正月上元，楚黃亭州門下士李中素拜撰。

《于山奏牘》序 [008]

鄭先慶

　　嘗觀之黃河灝衍，必溯源於星宿；五嶽崢嶸，恆首脈於崑崙。蓋以非星宿不竭之淵，無以滋黃河之大也；非崑崙莫上之體，無以孕五嶽之尊也。世之祖功宗德，積厚流光者，概可想見其詒燕矣。是以韋經世漢，王孝興淮，太傅婆娑於玉樹，晉國培溉夫三槐。其他世澤綿邈，奕葉寖昌者，如裴、陸、崔、盧、阮、韓、顏、柳，要皆代有哲人，開先啓後，本大而實繁，根深而枝茂也。因之，國史采風，太常隆典，昭德表賢，或錫之封諡，或祀之豆登。稽厥獲是，良匪倖臻。今汾陽于太公先生，抱郭有道、管幼安之襟期，有萬石君、陳太丘之家範。孝友著於庭闈，施助遍於閭里，持躬仁恕，訓子義方，篤生雙鳳，一時擬之機、雲、軾、轍。比制府北翁先生服膺而光大之，為天星辰，為地河嶽，正色冰心，松蒼栢勁。包孝肅、趙閱道差髣髴其涵蘊，范希文、韓穉圭庶絜量其精誠。以是功流粵、蜀、楚、閩，尋遷保釐畿甸。聖天子異寵殊錫，歡同魚水，爰畀以江南、江西建牙督理。強教悅安，化成俗易，為古今不易有之偉人，為古今不多見之鴻烈。斯固其天資學力，得五百年山川間氣，蓋亦太公趨庭之教，有以倡之耳。三晉公請祀公於聖廡，洵天人協合之舉也。黃叔度、王彥方里推方正，李贊皇、王文正世美貽謀。東海廷尉，駙馬高門；關西伯起，三公五世。二程有大中公之教，薪續絕學；紫陽有韋齋公之訓，功閑聖道。太公先生洵先後一揆。鄉先生歿而可祭於社，以垂不朽者，其先生之謂與！其先生之謂與！發潛闡幽，誠可俾後之處一鄉一邑者，大有所師率，以為方員規矩，不猶覿泰、華而見九成之崑墟，觀河、雒而識湧泉之宿海也哉！

---

[008] 據奏牘本補，題目為編者加。

是為序。

康熙二十二年歲次癸亥仲春月，年通家晚學生黃岡鄭先慶拜譔。

《于清端公政書》卷首題辭 [009]

吳琠

巖巖正性，蹐蹐遐風。挺不淫不屈之氣概，貞特立獨行之心胷。豎脊梁於保殘歷險之地，勝仔肩於遺大投艱之中。蓋張忠定之不飾玩好，魯簡肅之衎衎履忠，傅獻簡之遇人以誠，范忠文之中無弗容。公殆各兼其媺而古人與同，余更欣瞻其貌而如見其衷。

沁州吳琠拜題。

《于清端公政書》原跋 [010]

劉鼎

史稱韓魏公臨大事、決大議不動聲色，措天下于泰山之安；范文正初遺宰相書，極論天下事，他日為政，盡行其言；至如司馬溫公，人人引領，望其為相。是皆德之盛而誠之著，非區區才智所能造也。所以自古一代名世之臣以天下為己任，當艱難險阻之會，百折不回，具堅忍之定力。及當大任，而勳建名立，垂光百世。此無他，有非常之識，然後能立非常之言，成非常之功也。大司馬西河于公非常人也，特膺寵命，總制兩江，天子倚毗，百僚奉法，黎民景從。未期月，而數千里之境內外、二百餘城之袤廣，翕然大治。鼎備位宇下，佩公之訓，莫不以一誠孚格于人。

---

[009] 奏牘本、四庫本均無此文。為吳琠手書，有其印。題目為編者加。
[010] 奏牘本存於卷末，題為〈跋〉。四庫本無此文。此文應為奏牘本之跋，《政書》輯之，題為〈原跋〉。編者據前例，將此文題為〈于清端公政書原跋〉。

邇得公門下士李君子鵠編次公歷來著作，再拜而伏讀之，嘆公之遠慮深思，沉謀果斷，於國家大計、生民利害，洞若觀火，皆人所不能為、不敢為者。公之筮仕羅城也，處苦寒之邊徼，志彌堅，節彌厲，以綏靖遐方。自是治蜀、治楚、治閩，廿年如一日。撫勤東山，恩威並用，直足撼天地、泣鬼神，豈非德之至盛、誠之至著哉！開府畿輔之日，忠讜入告，孚信一人，朝上而夕報可，眷賚之隆，邁軼千古，惟其能行之，而始知其言之審耳。《易》曰「貞固足以幹事」，其是之謂歟！公之功業如日方升，丕炳天壤，則公之文章，當與星日爭光，山嶽比壽。然慮在官在民，無由盡見公之行事與立言也。於是敬授之梓，播之寓內，以風厲有位，移易風俗。天下後世服公之決機如神、措安磐石者，惟本一誠，養之素而出之裕也。生平事業，豪傑自知之，韓、范、司馬諸公類如是乎？讀是書而咸知所奮勵，以自盡其為人臣子之職，則是書之有裨于世，奚可量也夫！

康熙癸亥夏五月，屬下吏三韓劉鼎再拜謹跋。

跋《于山奏牘》後 [011]

武祗遹

永寧北溟于公、交城奮雲張公暨余三人，交最久。辛卯春，同肄業於會城之崇善寺。會城風俗繁華，良辰美景，嘯歌而管絃者輻輳於寺中，三人厭之。友人荊雪濤、時澤普召三人於城北故晉藩之蓮池東書院，晨夕琢磨，以希一遇。放榜，三人俱未雋，鎩羽而歸，各閉其戶。戶雖各閉，而走札相規，依然卯春晤對。時丁酉，奮雲登賢書，余抱病數載，公以己卯副車，出就部選，得粵西柳州之羅城。假道敝邑，枉顧

---

[011] 存於乾隆本外集，編者前置於此，以集中《政書》所有序跋。

寒廬，毅然曰：「我輩雖無科第分，上古之皋、夔、稷、契，豈盡科目中人耶？我此行絕不以溫飽為志，誓勿昧『天理良心』四字。子夙知我於蓮池書院者，敢為子質言無隱。」余由其言想其心，預信必為包孝肅、趙清獻、司馬溫公、海忠介一流人物。既而，由粵西而蜀而楚而閩，巡撫畿輔，總制兩江，數十年如一日。其剛毅自矢，不畏強禦，則包孝肅也；其精白一心，可對天地，則趙清獻也；其安上利下，扶危定傾，則司馬溫公也；易簀之日，僅餘竹簍敗笥，汙衣舊靴，銀錢毫無，則海忠介之蕭條棺外無餘物、冷落靈前有菜根也。所云「言顧行，行顧言」，公之謂歟。嗟乎！公生受聖天子之褒寵，賜詩、賜白金、賜良馬、賜鷹魚肉、賜銀鼠裀；及其歿也，宸翰御書，勒石墓上，北公亦可含笑九京矣。余所不快者，天不憖老，乘箕太速，言念典型，為我心惻。三公子伻來訃喪，貽行述、奏牘數冊。愧余力薄名微，不能表章公，公亦無俟余表章。竊念三十年友誼，終不能恝然於心，幸洪洞彪西范先生彙輯三晉人文，敬將公之著作轉贈范先生，既經收錄於《三晉語錄》、《晉國垂棘》等書中，仍借巨筆立傳，以盡余區區之友誼，或可以傳北公忠孝廉節之萬一云爾。

于清端公政書　序跋

《于清端公政書》跋 [012]

陳奕禧

　　制府清端于公，(薦)〔篤〕生永寧，以明經起家，歷官粵、蜀、楚、閩，節鉞畿輔，總督兩江。秉清明純懿之懷，本淹通經史之學，行貞固敏練之才，受知於聖天子，優眷有加，簡畀大任。故得盡發其所蘊，施諸民瘼政事，而奏膚功，酬主眷，為本朝人物第一，千載不朽也。小子禧初未拜公顏，為平陽長吏時，見公直撫考試條約，即錄寄洪洞范彪西進士，趣其梓行，蓋私心景慕而無緣瞻仰也。越二十年，當甲申秋，公孫、萊公大中丞公繼膺寵異，巡撫黔中。禧叨辱郡吏，(沭)〔沐〕教誨涵育之恩 [013]，何異對我清端公言笑而沾被厚澤，以愜其夙志。適遺集鋟成，禧受而讀焉。其在羅城告親黨書，展味不忍竟。跡其忍苦穌民，以至誠相感，民亦忘其為令長也。及繹楚黃書、檄、申、移，當軍興旁午，曲盡區畫，洞息機變，文事武備，並臻成效，要皆以誠出之。知公學有源本，亦何事不可措施於盡善也。丙戌春，大中丞公移節江蘇，禧亦因家兄出撫，回避來居吳下。思黔板不精，欲啓中丞公重雕，而搜羅遺佚，增補缺失，剞劂功早已竣矣。禧以門下故吏與校讎之末，竊仰清端公之豐功偉烈，又感中丞之知遇賞拔，烏能已於言且附名以傳，抑何遭逢之幸歟！丁亥春，禧拜黃州赤壁專祠，捐薄俸以置祠田，並書祠額刻懸之，將文集付周別駕，囑其謀梓。今中丞公盛業既就，當寄一部置祠中，以示黃之人，慰其甘棠之思，並知纘承先緒，如此其宏遠也。吳中素有祠，在黌序之右，御書諸碑徵禧謄寫摹勒，昭垂於永久。惜筆墨

---
[012] 存於乾隆本續集後，編者前置於此，以集中《政書》所有序跋。
[013] (沭)〔沐〕據上下文意，應為「沐」。

《于清端公政書》跋

鈍拙，當此鉅任，深用自愧云。

康熙四十六年秋七月朔，海寧門下吏後學陳奕禧頓首謹跋。

《于清端公政書》書後 [014]

蔡方炳

余小子炳何幸得附名《于清端公政書》,而藉以不朽也。公為振古以來有數之人。其筮仕也,開國家持廉秉公之風氣,布聖主仁民愛物之恩私,所在著稱,播聞遠邇,徒切斗山之仰。自總制兩江,得日聞公行事。凡墨者、酷者、黠者、澆者、奢者,無不變為清焉、慈焉、良焉、淳焉、儉焉者,所存何神而過焉,輒化如此。當吾世而有斯人,苟獲登其門牆,一瞻顏色,足慰生平。適有纂修通志之役,炳膺聘至省。同局五十餘人,炳於旅進退之中獨蒙公賞識,命炳發凡起例,命炳正舛訂悮,且謂諸司曰:「一局中惟蔡生肯認真。」夫「認真」二字,炳一生所自信,亦一生所以處拙者也。世無知我,被公一言道盡,感恩知己,願執贄稱弟子。公詢知炳膺博學宏儒之薦,入京時曾列蔚州魏果敏公門下,遂喜而受之,因曰:「俟通志竣後,入吾署內共朝夕。」易簀前之七日,猶招入署中,絮語移時,孰意此晤遂成永訣!自維夫子知炳之深,愛炳之厚,而炳小子乃敢淺而薄如是也。茲奉中丞公命,校讎夫子《政書》,此誠後死之責,雖不敏,何敢以泛泛然自處。蓋夫子之所以居官事君者,亦不脫「認真」二字。學者試取《政書》讀之,何一非夫子認真處?(苐)〔第〕學夫子之認真,而致澤之道,思過半矣。校讎竣,爰援筆而書其後。

平江受業蔡方炳百拜識。

---

[014] 存於乾隆本續集後,編者前置於此,以集中《政書》所有序跋。

《于清端公政書》書後

《于清端公政書》跋 [015]

于準

　　先祖清端公起家縣令,洊登制府,歷宦二十餘年,凡所施設,俱屬親裁。先清端無留稿傳後之思,隨手散軼。幸楚黃李子中素從廢簏蠹蝕之餘,搜輯政牘若干卷,屬員漕使者劉公鼎爰授之梓,先清端平生政績庶幾不泯。然準每一展閱,猶抱不全不備之感。邇者持鉞吳下,復遍從先清端舊治搜其遺牒,訪諸故家,稍得備所未備。吳門蔡子方炳,昔曾列先清端之門,因委以校讎之役。武陵諸子匡鼎適至,遂與同事,裒為《政書》,而旁及於吟詠,於古文,凡先人遺筆不敢或棄。至於聖天子所眷注褒嘉者,首列之,彰榮寵也。諸當事所諮諏籌畫者,附列之,誌知遇也。刻既竣,敢述重刻《政書》緣起,而跋其後。塚孫準百拜識。

---

[015] 存於乾隆本後,編者前置於此,以集中《政書》所有序跋。此文題目為編者加,原書無題。

《于清端公政書》跋

《于清端公政書・續集》跋 [016]

于大梃

　　先清端公《政書》刊行已久，梃受讀之，見吳、楚各有專祠，羅城獨闕，不禁廢書三嘆。在先清端七年荒徼，剪棘披荊，固非為血食計，而余小子沒世不忘，未免桐鄉俎豆之思。故梃當出守廉江時，日（冀）〔冀〕量移粵西，為先人建立專祠，畢生平願。不意病歸田里，荏苒廿年，有志未償，感慨係之矣。辛巳夏，接三韓金公手書及專祠錄一帙，始知金公攝篆羅城，因父老之請，特捐廉俸，為先清端創建專祠，並撰碑記、迎神等文，以垂綿遠。褒美揚休，情詞愷切，捧讀之餘，不覺感激涕零，沁入心腑。用即命弟大檀繕寫付匠，刊入《政書》，以昭金公厚誼，而余小子之志亦藉以慰焉。雕既成，敢跋《續集》緣起如此。

　　乾隆二十六年辛巳秋日，曾孫大梃百拜謹識。

---

[016] 存於乾隆本續集，編者前置於此，以集中《政書》所有序跋。此文題目為編者加，原書無題。

《于清端公政書·續集》跋

提要

《四庫全書》本《于清端政書》提要

　　臣等謹按：《于清端政書》，國朝于成龍撰。成龍，山西永寧州人，由副榜貢生官至兩江總督。卒謚「清端」，贈太子太保，事蹟具國史本傳。是集皆其歷任所作。曰〈羅城書〉，官羅城縣知縣時稿也；曰〈合州書〉，官合州知州時稿也；曰〈武昌書〉，官黃州同知、署武昌府時稿也；曰〈黃州書〉，官黃州江防道時稿也；曰〈八閩書〉，官福建兩司時稿也；曰〈畿輔書〉，官直隸巡撫時稿也；曰〈兩江書〉，官兩江總督時稿也。任監司以前，皆申、詳、條、議、劄、檄、誡、諭之作，任巡撫以後，始列奏疏。第八卷曰〈吟詠書〉，則其所作各體詩，並以文六首附於後。別有《于山奏牘》七卷，其編次不及是集為有端緒，另錄存目。成龍以清節著名，而自起家令牧至兩膺節鉞，安民戢盜諸政蹟，皆綽有成算，其經濟亦有足傳。今觀是書，其平生規畫猶可見其本末也。

乾隆四十九年三月恭校上。

總纂官臣紀昀、臣陸錫熊、臣孫士毅。

總校官臣陸費墀。

《四庫全書總目提要》之《于清端公政書》提要 [017]

《政書》八卷，山西巡撫採進本，國朝于成龍撰。成龍有《于山奏牘》，已著錄。是集皆其歷任所紀。曰〈羅城書〉，令羅城時稿也；曰〈合州書〉，知合州時稿也；曰〈武昌書〉，同知黃州、署武昌府時稿也；曰〈黃州書〉，知黃州府時稿也；曰〈八閩書〉，歷任福建監司時稿也；曰〈畿輔書〉，巡撫直隸時稿也；曰〈兩江書〉，總督兩江時稿也。任監司以前，皆申、詳、條、議、劄、檄、諭之作，任巡撫以後，始列奏疏，共七卷。其第八卷曰〈吟詠書〉，則其所作各體詩，並以文六首附於後。成龍以清節著名，而自起家令牧至兩膺節鉞，安民戢盜諸政蹟，亦皆綽有成算，其經濟頗有足傳。今觀是書，其平生規畫猶可見其本末也。

《四庫全書總目提要》之《于山奏牘》提要 [018]

《于山奏牘》七卷附詩詞一卷，江蘇周厚堉家藏本，國朝于成龍撰。成龍，字北溟，永寧人，前明拔貢生，入國朝授廣西羅城縣知縣，官至湖廣總督。此集刊於康熙癸亥，自卷一至卷七，皆載其歷任所上奏疏及詳文、牌示，並一時同官往來書牘；第八卷則詩詞，而終之以制藝一首。其後《政書》之刻，即因此本而增損之。此編蓋猶其初稿，至於詩詞，本非所長，制藝一首，尤不入格，亦不如《政書》之刊除潔淨也。

---

[017] 據《四庫全書總目提要》卷一七三錄入。
[018] 據《四庫全書總目》卷五六錄入。

新補

總刻《于北溟先生文集》序 [019]

范鄗鼎

　　康熙戊申、己酉間，予始知有于先生。及予之於先生作無情之應酬也，則在丙辰、丁巳之間。丙辰、丁巳，予選《續垂棘》二集，得先生著作，增光其中。又拔省身、弭盜諸格言，入《三晉語錄》；拔忍字、節儉諸歌詠，入《三晉詩選》。予益知先生，而先生非予，安知予之知有先生也？即使先生知予，然予廿年守抱病蒙放之旨，未嘗於先生有一面之識、一字之通，故於先生相應酬者以神以性，而終不以情。乙丑夏，先生作古人去，予為先生立傳，為先生再三力請當路入三立祠，蒙俞。回憶廿年前，讀先生文章，景先生事功，所以報先生者止此。嗚呼！先生終不得而知予矣。文子三人，文孫四人，予亦傲知先生之意，未嘗識一面、通一字，以與之知。歲辛未，小价購書吳門，假道金陵，傳聞口碑於僉憲，克闡乃祖宗風。會予及門舌耕於京口、錫山之間，所傳聞者無異詞。僉憲謂誰？即子繩世丈，先生文孫也。予夙盧先生之文章、之事功，恐不盡傳，忽聞口碑如此，意繩老能心先生之心，必能事先生之事。先生一言一行，必能紹衣而作求之。頃之，及門寄一函來曰：「《于清端公集》，凡先生之文章、之事功見於《垂棘》、《語錄》、《詩選》者，繩老父子逐字清出，彙成全書。」予且讀且喜，且思予昔所得於及門並小价之言不誣也。與繩老訂交，往來走字，實自此始。繩老乃贈其所彙

---

[019] 據道光五年本《國朝理學備考》第五冊補。

成全書,來索序。或疑文章、事功不足盡先生,亦不足盡繩老之所以紹衣作求者。抑知古孝子憯聞優見,一居處、一笑話猶思而不忍忘,況文章、事功赫赫在人耳目者乎?雖然,繩老所以紹衣作求者,實不在此。予為關中楊忠介公序家乘,有曰:「求忠臣於孝子之門,求孝子於忠臣之門,其理一也。」忠介公乃孫諱紹武,己丑進士,一仕而隱。今繩老德政方新,仕途日躋,將俾予求孝子乎?求忠臣乎?還以質諸繩老。

于清端公政書　首編
恩賜宸翰

恭列《政書》首編

總理糧儲提督軍務巡撫江寧等處地方都察院右副都御史加五級臣于準敬錄

任直撫時蒙頒上諭一道

康熙二十年二月十二日,翰林院掌院學士、教習、庶起士庫勒納,一等侍衛、儀度額真對清,傳奉上諭:「直隸巡撫于成龍,卿自外任小官,即聞有清廉之名,繼歷陞巡撫,益勵清節,自始至終,並無改操。凡有親友、舊識私相請託者,概行拒卻,絕不允從。及往沙河,所屬人員並親友一切餽遺,拒而不納。此等清節,朕聞之不勝嘉悅。卿歷官廉潔,因致家計涼薄,茲特發內帑銀一千兩,朕親乘內廄良馬一匹連鞍,命庫勒納等親賫賜卿。俟事畢日,再至京師謝恩。卿受此寵賫,想當益加砥礪。朕尚親製詩一章,嘉爾清廉。因裝潢未就,俟到京日頒賜,一並謝恩。」

任直撫時蒙賜御製御書詩並序一道[020]

　　直隸巡撫于成龍，秉性惇樸[021]，廉介夙聞。朕心嘉賴，俾典節鉞，保釐畿輔。惟能激濁揚清，始終如一，清潔之操，白首彌勵，真國家之可重，人所不能也。茲來陛見，爰賜以詩，用示鼓勵之義，且以風有位焉。

　　自昔崇廉治，勤思吏道澄。

　　郊圻王化始，鎖鑰重臣膺。

　　政績聞留犢，風期素飲冰。

　　猗哉貞晚節[022]，褒命日欽承。

廣運
康熙二十年二月十三日
之寶[023]
賜直隸巡撫臣于成龍[024]

　　康熙二十年春正月，臣祖臣于成龍官直隸巡撫，督理孝昭皇后梓宮夫役，至京請陛見。上命侍衛持席於午門，傳諭：「巡撫年老不勝步，宜少坐。」乃拜謝坐。少頃入見，賜坐、賜茶，溫語移時，慰勞有加，賜食於御書房。二月十二日，翰林院掌院學士、教習、庶起士庫勒納，一等侍衛、儀度額真對清，傳奉上諭一道，並許製詩一章，以示褒獎。越十八日，大學士明珠，翰林院掌院學士庫勒納，一等侍衛、儀度額真對清，奉上諭：「朕親製詩章，裝潢已就，爾等即齎賜直隸巡撫于成龍，嘉

---

[020]（光緒）《永寧州志》卷二十五題為〈御製詩賜直隸巡撫臣于成龍並序〉。
[021] 惇樸　（光緒）《永寧州志》作「醇樸」。
[022] 貞　（光緒）《永寧州志》作「現」。
[023] 廣運　康熙二十年二月十三日之寶南開大學圖書館藏《于山奏牘》本作「御廣運康熙二十年二月十三日筆之寶」。
[024] 賜直隸巡撫臣于成龍乾隆本無，據南開大學圖書館藏《于山奏牘》本補。

其清節。俟事畢回京[025]，一併謝恩。」及陵工告竣，詣闕謝恩，復賜鞍馬一匹。九月初十日，駕幸雄縣，詣行在，賜魚二包、鹿一隻、兔二十隻、鴈二隻[026]，孤汀五隻。及見，上溫語備至，解賜所禦銀鼠裓，又賜御膳八器、乳酒一瓶。又道旁送駕[027]，上望見行步稍遲，為停轡待之。是年冬，請歸葬，數日即有江南總督之命。竊惟皇上睿思天成，神文炳煥，親製詩章，揮灑宸翰，用以昭明政體，風屬臣工。是將載之簡冊，傳為美談，而臣祖名氏亦在奎壁光芒之中，因以不朽，誠千載一時也。古者侈君之命，勒諸鼎彝，垂之永久。臣既竊比此義，礱玉為軸，裝褫成卷，什襲珍藏，復摹勒貞珉，以顯示來裔，茲更刻於《政書》之首。傳曰：「王言如絲，其出如綸。」天下之士見之，有不鼓舞而淬礪者乎！

　　臣準恭紀。

賜葬時蒙賜御製御書碑文一道

　　太子太保、兵部尚書兼都察院右副都御史、總督江南江西等處地方軍務兼理糧餉、操江、諡「清端」于成龍碑文

　　朕讀《周官》六計弊吏曰：廉善、廉能、廉敬、廉正、廉法[028]、廉辯。吏道厥惟廉重哉！朕用是審觀臣僚，有真能廉者，則委以重寄，錫以殊恩，所以示人臣之標準也。爾于成龍秉心樸直，涖事忠勤[029]，而考其生平，廉為尤著，以故累加特擢，皆朕親裁。蓋拔自庶官之中[030]，涖受節鉞之任，爾能堅守夙操，無間初終。古人脫粟布被，或者嫌於矯偽。爾所謂廉，本於至誠。聞爾之風，可以興起。乃不（愁）〔憖〕遺，忽焉奄逝！日者省方察吏，南及江表，採風謠於草野[031]，見道路之謳

---

[025] 回　南開大學圖書館藏《于山奏牘》本作「回」。
[026] 鴈　南開大學圖書館藏《于山奏牘》本作「雁」。
[027] 駕　乾隆本無此字，據南開大學圖書館藏《于山奏牘》本補。
[028] 法　南開大學圖書館藏《于山奏牘》本作「汯」。
[029] 涖　南開大學圖書館藏《于山奏牘》本作「蒞」。
[030] 蓋　南開大學圖書館藏《于山奏牘》本作「葢」。
[031] 草　南開大學圖書館藏《于山奏牘》本作「艸」。

思,清德在人,於今不泯。惟爾之廉,天下所知。朕俯合輿情,載襃勁節,既考名副實,謚曰「清端」。葬祭以禮,又晉之崇秩,賜予有加,恩爾子。嗚呼!人臣行己、服官、事主之道,爾可謂有始有卒者矣,顧不可以風世也與!

康熙二十四年二月十五日。[032]

第一次諭祭文

康熙二十四年四月二十六日,皇帝遣山西汾州府知府張奇抱,諭祭太子太保、兵部尚書兼都察院右副都御史、總督江南江西等處地方軍務兼理糧餉、操江、謚「清端」于成龍之靈曰:

朕惟國家敷治,簡賢道先,保障人臣,奉公奏「最」,節重清勤。苟「四知」之克嚴,歷終始而弗替,寵襃宜賁,恩郵用昭。爾于成龍志篤醇誠,誼敦貞介,甫膺民社,聿著循聲,既懋旬宣,彌彰令績。是用畀以節鉞,綏乃邦畿。爾克撫字維勤,苞苴盡絕,迨兩江遷鎮,一節罔渝。馭下則大革貪風,勵己則寒同儒素,雖古廉吏,曷以加茲。迺倚任方殷,遂溘焉淪逝,軫懷良惻,異數頻頒。嗚呼!蕭然官舍[033],竟擔石之無存;煥矣綸章,庶泉臺之克慰。苾芬在御,尚其歆承。

第二次諭祭文

康熙二十四年四月二十六日,皇帝遣山西汾州府知府張奇抱,諭祭太子太保、兵部尚書兼都察院右副都御史、總督江南江西等處地方軍務兼理糧餉、操江、謚「清端」于成龍之靈曰:

---

[032] 康熙二十四年二月十五日　南開大學圖書館藏《于山奏牘》本作「御　康熙二十四年二月十五日筆」。
[033] 然　南開大學圖書館藏《于山奏牘》本作「狀」。

惟爾苦節克貞，鞠躬匪懈，真一介之弗取，越數官而彌堅。奄忽云亡，能無憫焉。嗚呼！清風未遠，長存表德之思；寵邺重頒，丕著旌賢之典。爾靈不昧，其克欽承。

康熙二十年冬，臣祖臣成龍奉命總督江南、江西兩省。二十一年夏抵任，二十三年夏卒於官。訃聞，皇上痛悼，諭祭二壇，給全葬銀兩。至康熙二十三年十一月二十九日，上巡幸江南回京[034]，備悉先臣清介勞瘁狀。迴蹕至都，面諭內閣、九卿、詹事、科道等官，會議典具奏。隨經會議得：「仰惟皇上軫恤民生，澄清吏治，內外大小臣工，皆宜砥礪廉隅，殫心職業，以副皇上任用至意。頃者，聖駕東巡，經行大江南北，遍諮民瘼，稽核官評，訪得原任總督于成龍居官清正，為古今第一廉吏。命臣等確加詳議。眾論僉同，宜沛隆恩，以勵臣節。除前已經諭葬御製碑文外，應加太子太保，諡『清端』，廕一子入監讀書。」竊念御賜墓碑，古有常典，大都詞臣奉命撰著，從未有出自御製兼蒙御書者。天恩浩蕩，逾于常格，賜諡賜廕，恩及存歿，榮寵非凡。臣感極涕零，謹刊列卷首，以誌高厚。

臣準恭紀。

御書扁額

康熙四十二年十月，蒙御書扁額，賜江南江西總督、諡「清端」、臣于成龍：

高行清粹

康熙四十二年九月，臣準以原任浙江按察司使丁憂服闋，赴補陛見。皇上顧謂大學士、吏部等曰：「此老總督之孫也。」旋奉旨特陞四川布政司使[035]。本年十月，鑾輿西狩，駐蹕太原。臣恭遭異數，賜賫

---

[034] 回　南開大學圖書館藏《于山奏牘》本作「囘」。
[035] 奉旨　南開大學圖書館藏《于山奏牘》本作「即命」。

無算。復蒙聖慈垂問臣祖塋在何處，幾許遠近。臣以越在二百七十里外對[036]，隨蒙親灑宸翰「高行清粹」四字匾額一幅賜臣。比扈駕至蒲，恭請聖訓，指授之際，又蒙天恩憶念曰：「爾祖寬嚴竝濟，人所難學。」臣伏念臣祖既歿，已歷二十年所，猶廑聖明惓惓不忘如此[037]。君臣遇合，遠軼夏商，直接唐虞矣。臣任蜀藩未四月，旋拜巡撫貴州之命，又調任江寧巡撫[038]。聖慈推念先臣[039]，寵加奕葉[040]。臣慙媿無地，希圖繩武，以無忝祖德，以無負君恩。謹備錄之，以誌不忘。

臣準恭紀。

御書對聯

康熙四十六年五月，恭逢皇上南巡，蒙御書對聯，賜江南江西總督、謚「清端」、臣于成龍：

歷仕甘棠隨地蔭

兩江清節至今傳

先清端持廉飭躬，秉誠報國，荷聖明知遇，膺重寄於封疆，錫殊恩於泉壤，榮寵至極，閱今已二十餘年。欣值翠華南幸，知士民愛戴猶深，特賜御筆對聯，用表先臣勳績。金薤雲章，輝煌照耀，固先臣曠古難遘之奇逢，實聖主風勵群工之盛典。臣準猥以菲材，席先臣餘蔭，疊受弘恩，謬叨節鉞。仰體皇上作忠之意，並承皇上教孝之思，敢不益竭駑駘，毋負吾君，毋忝爾祖，蓋凜凜乎有餘悚焉。爰拜手稽首，以誌弗諼。

臣準恭紀。

---

[036] 臣以　南開大學圖書館藏《于山奏牘》本作「臣當以」。
[037] 聖明　南開大學圖書館藏《于山奏牘》本作「聖慈」。
[038] 又調任江寧巡撫　南開大學圖書館藏《于山奏牘》本無此句，作「則又」。
[039] 聖慈　南開大學圖書館藏《于山奏牘》本作「聖恩」。
[040] 寵　南開大學圖書館藏《于山奏牘》本作「恩」。

新補

國朝聖祖仁皇帝敕命都察院右副都御史臣于成龍[041]

兹命爾巡撫直隸等處地方，管轄紫荊、密雲等關隘，贊理軍務，兼理糧餉，駐劄保定府，專理該管地方，舉核文職賢否，糧餉、刑名一切民事。爾宜宣布德意，撫安人民，約束衙門員役，使之恪遵法紀，毋致作弊生事，擾害兵民。操練兵馬，修浚城池，詢訪民瘼，禁戢奸頑，其衛守備守禦所千總衛千總，經管錢穀，領運漕舡，仍照舊聽爾統轄。所屬地方，應徵應免錢糧，皆照戶部題過新定，經制遵行曉諭，仍細加體察，如有司各官朦朧重收，藉端科派，參奏處治。嚴飭所屬，察解逃人，督理屯政。河間府至通州一帶河道，須督各道屬州縣勤加疏浚，使漕運通便。長蘆等處鹽政，並宜廉飭，期於鹽政無滯。又密雲等關隘，不許擅立關稅，侵擾商民，嚴禁權豪勢要侵人田地，兜攬糧草，蠹耗軍需。天津一帶海口重地，尤宜接聯防備，沿海烽臺，設法嚴察，不得廢弛。備造運艘，製辦火藥、器械，如地方寇賊生發，即會同總兵官計議，統率將領戮力擒滅，務盡根株。凡地方利弊有可蘇息民困、振飭維新者，逐件條奏，請旨施行。地方備儲之計，如常平、社倉等事，責令有司力行備舉。境內逃丁荒糧，責成道府轉行有司從實察核，造冊開報應蠲豁者，一面曉諭招徠，勸課農種，嚴禁濫徵侵占，使民人樂業。毋容有司將現存人戶概派包賠，以致重累黎民。所屬司道以下各官果有真心任事，廉能著效者，即據實舉薦。如粉飾欺偽、貪酷殃民、庸懦溺職者，不時參奏。副將以下武職聽爾節制，並該管防守地方，剿禦賊寇，提調兵馬，舉劾武職賢否，一切軍務俱會同總兵官施行。如有武官騷擾地方，攪害良民，縱兵搶掠及隱匿賊情不報等事，聽爾會同總兵官糾

---

[041] 據（光緒）《永寧州志》卷二十五補。

参，從重治罪。敕中開載未盡事宜，聽爾詳酌施行。年終將行過事蹟及兵餉、錢糧，造冊送部察考。爾受茲委任，須持廉秉公，殫心竭力，以副委任，如怠玩廢弛、貪黷乖張，貽誤地方，責有所歸。爾其慎之。故諭。

敕命兵部尚書兼都察院右副都御史臣于成龍[042]

　　茲特命爾總督江南江西等處地方軍務，兼理糧餉、操江，駐劄江寧府，居中調度，宣布德意，收拾人心。嚴飭文武官吏修浚城池，簡閱器械，稽查奸宄，查解逃人，設險固防，修理戰艦，操練兵馬，裕儲核餉，信賞必罰，弭盜安民，一應戰守機宜，悉聽便宜區處。誠諭文武將吏，共圖保障該省。巡撫提督等官，聽爾節制。如有賊寇生發，即應指授方略，督率提督鎮將等官，戮力剿滅，毋使滋蔓，仍申明紀律，禁約官兵，使所過地方，秋毫無犯。賊若悔罪棄戈，真心歸順者，准與招撫安插。依山據海，負固不服者，設法招撫，務須區處得宜。如招撫事體重大，奏請定奪。內地小盜，嚴責各汛防官及州縣衛所印捕官員緝擒。有隱匿賊情不報者，即行糾參，從重治罪。如有鑽投文武各衙門充為標員吏役，暗通賊信及潛出行劫者，其濫收官員，不分守土駐防，糾參重處。大兵出征，往來境上，須行各該有司將糧草船隻預先備辦，應時支給，毋容州縣衛所橫徵科派，苦累窮民。該省官兵，各有統轄，爾須與統領官及巡撫提督等官計議而行，有不法擾民者，依法處治。駐防滿洲兵丁，如有擾害百姓妄行生事者，爾會同該管官審問，嚴行治罪。軍資糧應行支給，事竣察核。漕糧船隻，沿河撥兵護送，毋致疏虞。其兵馬實數向係道臣查點，今停其查點，爾督同提督選擇武官內廉干者查點。如有虛冒，即行指參。有與各督撫相關者，必會同酌議施行。鄰省如有

[042] 據（光緒）《永寧州志》卷二十五補。

兵事移會，務須犄角策應。爾猶須正己率屬，所統文武大小官員，必常加申飭，令其約束。衙門官役，俾一遵法紀，罔敢作弊生事，擾害軍民。用兵之際，稽遲糧餉、違誤軍機，或臨陣退縮、殺良冒功及借軍剝民侵餉肥己者，文官六品以下、武官四品以下，會同巡撫提督以軍法從事。巡撫提督鎮道等官，飛章參奏，候旨處分。所屬文武官員一秉虛公，嚴行甄別，有實心任事、廉能著效者，即據實舉薦。貪殘庸懦，輕則降黜，重則拿問，具疏奏聞。興利除害，有裨地方事宜，敕中開載未盡，許便宜區處。爾膺茲重寄，須持廉秉公，攄忠殫力，俾盜賊屏息，地方寧謐，斯稱委任。如因循怠忽，或處置乖方，致誤重地，責有所歸，爾其慎之。故諭。

雍正帝諭祭文 [043]

雍正十一年十月二十五日，皇帝遣山西汾州府清軍總捕、同知兼管水利、鹽法、車輛事務盧襄，諭祭江南江西總督、加贈太子太保、諡「清端」于成龍之靈曰：

翊熙朝之泰運，瑞重良臣；稽冊府之鴻猷，宜崇元祀。蓋成芬懋著，生平之風概如存；斯盛烈昭垂，奕世之寵褒益篤。載申綸綍，式薦牲醴。爾于成龍，品概剛方，操持廉慎。自膺民社之寄，早著循聲；歷邀節鉞之榮，彌堅素履。靖共爾位，積夙夜之勤勞；精白乃心，植封疆之表率。於戲！流芳竹帛，卓然一代之完人；樹範岩廊，允矣千秋之茂典。列豆籩於祠宇，渥澤攸隆；布筵几於里閭，湛恩疊沛。靈其不昧，尚克歆承。

---

[043] 據首都圖書館藏《于清端公詩文集》補，原稿無標題，題目為編者加。

于清端公政書 卷一

羅城書

條陳引鹽利弊議 [044]

　　看得柳屬地瘠民貧 [045]，兼以猺獞雜處，自入版圖以來 [046]，從無引鹽舊例。因粵東積引壅滯，疏通無術 [047]，波及粵西郡縣 [048]，乃有銷引之議，蓋自康熙元年始也 [049]。柳屬以引鹽決不能銷，考成斷不能完，各陳艱苦，詳請免銷 [050]，文案如山，附卷可查。撫臺憐憫各郡 [051] 詳請痛切 [052]，題請免銷，部議未允，事出兩難。一面行催立埠招商 [053]，而商人因引目數多 [054]，無人敢於承應；一面行文僉派里商 [055]，赴東領運；一面催開未完鹽引州縣職名 [056]。吏民驚惶無措，幸撫臺深知吏民病苦，補牘再陳區畫戶口食鹽之法，極力調停，部議始允，而鹽引幸減三分之二

---

[044] 奏牘本為卷一之第二篇，題為〈粵西引鹽利弊議〉。
[045] 看得　奏牘本加「查」，作「查看得」。
[046] 自入版圖以來　奏牘本無此句。
[047] 疏通無術　奏牘本無此句。
[048] 波及　奏牘本作「貽害」。
[049] 乃有銷引之議，蓋自康熙元年始也　奏牘本作「而銷引之議自康熙元年始」。
[050] 柳屬以引鹽決不能銷，考成斷不能完，各陳艱苦，詳請免銷　奏牘本把「各陳艱苦」前置，為「柳屬各陳艱苦」；於「考成斷不能完」後加「泣訴」；整句為「柳屬各陳艱苦，以引鹽決不能銷，考成斷不能完泣訴，詳請免銷」。
[051] 憐憫　奏牘本無「憫」字，作「憐」。
[052] 詳請痛切　奏牘本作「詳免痛切」。
[053] 奏牘本無「行」字。
[054] 而　奏牘本作「時」。
[055] 一面　奏牘本作「又」。
[056] 一面　奏牘本作「即」。

矣。自此，鹽課已定，有司雖愁苦中積，亦無可奈何。有招商立埠者，有設法官運者，有僻處山中，招商不應，請命於上司，代為招商運銷者，咸屬急迫無聊之計。幸數年以來，考成俱完，且有溢額之引。原其行鹽之初，何嘗計及此也。今有司之考成雖完，而民窮愈不可支[057]，不可不蚤為之變計也[058]。成龍奉條議之文，確知民苦，不敢坐視不言，謹條列芻議於左[059]：

一、官運之宜禁也[060]。當行鹽之始，民苦無素封之家，吏苦無點金之術，不得不賒借於有鹽之處，以救考成之急。鹽主因無現價，倍昂其值。鹽之來也既貴，則有司之發也自不得賤，且在官之僕役，明知鹽價出之百姓，領運盤費，誰肯較銖計兩，以為官民計者？鹽價之貴，職此故也。至於發鹽之權，自上操之，有招商領運，鹽包數多而頻發者；有不係招商，假名色而予以必發者。上之發於州縣也無已，則州縣之發於民也亦無已。有司明知民苦，即引目已完，而亦不敢不領，為無可如何之勢。領之必速發，發之必速催。鹽價雖貴而民不敢爭，催鹽雖急而民不敢議，引價雖銷而民不敢言，日復一日，而民病已入膏肓。遲之又久，不惟累正賦，而且恐無民之可累矣。官與民皆沉淪鹽引之中而莫之救，其宜禁者一也[061]。

一、埠商之宜革也[062]。官鹽係梧州賒來之物，引稅水腳俱在其中。有司止幸完其考成，而不敢復議貴賤，為窮逼所使而然也。若埠商運自廣東，鹽價可屈指而計，且競刀錐之利，誰肯浪費一二？及至地方，探知官鹽之價若干，亦照樣行之，利踰本數倍，乃無良心之極也。即有輕

---

[057] 此句後，奏牘本多「是一法立而一弊生」。
[058] 不可不蚤為之變計也　奏牘本作「又不可不蚤為之變計」，多「又」字，少「也」字。
[059] 謹條列芻議於左　奏牘本無此句。
[060] 一　奏牘本多「其」字，作「其一」。禁　奏牘本多「嚴」字，作「嚴禁」。
[061] 其宜禁者一也　奏牘本無此句。
[062] 一　奏牘本多「其」字，作「其一」。

利之商欲減其鹽價,而又恐官鹽不行而獲戾焉。是官不樂商鹽之賤而致壅積,商更樂於官鹽之貴而獲厚利,兩相騰湧,民無賤鹽可食,而民愈窮。更有可異者,既名埠商,其發賣自應聽乎其便;無如其發鹽也,必求之有司,而其收價也,三五成群,挨門逐戶而遍索焉。埠商之病民於斯為甚,其宜革者一也[063]。

欲除以上二弊[064],莫若曉諭流商,從便發賣,渠較鹽本幾何,鹽利幾何,斷不至湧貴數倍,民亦不得從而爭議[065]。況前商之鹽貴,而後商繼之,勢不得不減價以求速售。如是而隨時貴賤,非同官勢強壓,而鹽可無一定之貴價;民亦得量其有無,因其緩急,任其多寡,隨便而公易之,而民可無不得不領、不敢不領之苦。民窮稍甦,流商喜於疏銷有利,而來之必廣;窮民一旦得食賤鹽,而銷之必多。則引額較前更踴,有司亦不至有考成之慮矣[066]。然尤有宜為流商計者。從粵東領鹽至梧州[067],交引換票,其查核已嚴矣。後抵柳府,交梧州之票,另換柳州之牌[068],任意於各屬州縣交易[069],不必畫疆界、分彼此,以免煩瑣流商之害,而盤詰私鹽諸務亦可中止,民商俱被寬大之恩矣[070]!惟恐流商罕至,而提標數萬兵口,一年食鹽無算。馬平鹽包不及二百,其餘之引,或可以備不足,是又意外之一策也。若王公將軍有鹽,亦與流商等,任其銷賣,不必經有司之手,則流商之鹽從何而壅,食鹽之民從何而苦也。

[063] 其宜革者一也　奏牘本無此句。
[064] 欲除以上二弊　奏牘本作「欲去官運、埠商二弊」。
[065] 民亦不得從而爭議　奏牘本作「民亦敢從而爭之議之」。
[066] 矣　奏牘本無此字。
[067] 至　奏牘本無此字。
[068] 柳州　奏牘本作「柳府」。
[069] 州縣交易　奏牘本作「交易州縣」。
[070] 民商俱被寬大之恩矣　奏牘本作「民生獲被寬大之情」。

對金撫臺問地方事宜 [071]

問：綠林草竊，如何消弭？逋誅逆獞，如何擒緝？山川地理之險要，如何屯戍設防？狪犽狼獞之驕悍，如何撫綏馴制？倒廢驛站，如何興復如初？森嚴欽限，如何依期完結？土司漢彝交錯之地[072]，如何立法，使邊陲藩籬鞏固相安？錢糧關稅納汙之數如何釐剔，使陋規火耗悉除殆盡？何以清刑獄，使民無幽繫？何以懲刁頑，使民不健訟？何以招流移，使開墾蓁蕪？何以懲貪酷，使澄清仕途？何以察茇衙蠹？何以積儲備荒？

竊[073]綏寧地方之要，莫若安民。而安民之法，必以肅清吏治為先務。吏得其人而潔己愛民，則弭盜固圉，省刑息訟，興利剔弊，諸務畢舉，雖在邊徼[074]，可漸次化理矣。成龍寡昧書生[075]，荒裔下吏，不識時務。仰承憲問，具稔憂時遠慮[076]，為國為民之盛心[077]，敢不率其蒭[078]見，以佐末議。今天下車書一統，中外臣服，粵西遠在南荒，天威底定[079]，巨寇已殄滅無遺[080]。而未雨綢繆，猶廑憲慮[081]，誠為國家樹萬年不拔之基，為萬姓謀久安長治之道也[082]。

夫地方何盜？盜即民也。民雖無知，決不樂於為盜，必為饑寒、刑罰迫之而為盜也[083]，責在有司。清淨寡慾，先之德教，以端風俗，繼之

---

[071] 奏牘本為卷一之第三篇，題為〈對粵西金撫臺問地方事宜議〉。
[072] 彝　四庫本作「夷」。
[073] 竊　奏牘本作「議得」。
[074] 邊徼　奏牘本作「荒徼」。
[075] 寡昧書生　奏牘本作「書生寡昧」。
[076] 具稔　奏牘本無此詞。
[077] 為國為民之盛心　奏牘本作「上以為國下以為民」。
[078] 率其　奏牘本作「悉陳」。蒭　四庫本作「芻」。
[079] 天威　奏牘本作「仗威」。
[080] 已殄滅　奏牘本無此詞。
[081] 猶　奏牘本作「時」。
[082] 誠為國家樹萬年不拔之基，為萬姓謀久安長治之道也　奏牘本無此句。
[083] 必為饑寒、刑罰迫之而為盜也　奏牘本為「有迫之而為盜者」。饑四庫本作「飢」。

保甲[084]，以防不虞。勿戕民命，勿剝民膚，俾各安室家，各戀妻子。此弭草竊之末議也。

粵西猺獞，種類不一，素號凶悍，以殺戮為生，兼之十數年來，地方無主，強陵弱[085]，眾暴寡，無一淨地。天戈一指，么魔屏跡。彼雖仰畏其威[086]，然未盡懷其德。若稍疏一面之網[087]，多方招撫，開誠布公，消疑釋嫌，逆獞雖愚，亦必樂生惡死，悉歸王化，不煩弓矢而土宇寧謐。此安逆獞之末議也。

山川地理，或水或陸，未歷其地，難以懸擬。大約粵西地險獞悍，屯戍之兵不可不設，而統兵之法不可不嚴。兵以衛民，亦有禍民者；兵以防奸，亦有作奸者。屯戍設防，寧簡無濫。此防險要之末議也[088]。

狑犽狼獞，不事詩書，不諳禮法，驕悍固其素習，責在有司。暫羈縻之，漸教育之，寬舒其手足，約束其心思，撫綏馴制，寧猛無寬。此撫綏驕悍之末議也[089]。

若夫驛站，最為民苦。當湯火初出，或可徐議興復，然煌煌功令、火牌勘合之外，嚴禁私役、需索等弊，四季循環，立簿查核。有司實心奉行，勿加譴責，則民吏不受害，而興復如初亦不難矣。此興復驛站之末議也[090]。

欽限事件最為森嚴，有司敢不殫竭心力，勉副功令？然粵西與腹裡不同。猺獞不習書數，吏役乏人，一二經承兼理六房，事繁人寡，簿書堆案，有司攢眉，晝夜不停，而案牘彌積，如造由單、造奏銷、造會

---

[084] 繼之保甲　奏牘本作「繼之以保甲」，多「以」字。
[085] 陵　奏牘本作「兼」。
[086] 彼雖仰畏其威　奏牘本作「彼已悉畏其威」。
[087] 稍　奏牘本無此字。
[088] 此防險要之末議也　奏牘本無此句。
[089] 此撫綏驕悍之末議也　奏牘本無此句。
[090] 此興復驛站之末議也　奏牘本無此句。

計、造徵解，冊籍繁多，毫釐不敢苟簡，此係每年一定之成例。又加以清丈田畝，編審戶口，催造開墾，無事不重且大。以一二書役，朝夕拮据，心血嘔盡，一不合式，查駁再造，而限期已逾，此事之無可如何者也。或有粵東善書算者投充，彼明知工食盡裁，必求里甲私幫。赫赫功令，誰敢自罹法網？是僉役土著苦無其人，召募流役苦無其資。書算者寡，事必遲延，則依期完結之法不能自為之解矣。此早完欽件之末議也[091]。

至於土司，古昔設立土官，撫其種類，誠以人地相宜，性情相近，以彝治彝[092]，縻之以爵祿而為朝廷用，故無反側之憂。今日彝漢錯處[093]，殘忍多乖，皆因土官左右無正人，教導無良法，以至於此。若諭以輔導擇人，循法奉公，使彼內地和平，輸納其貢稅，而無復苛求，自可相安於無事。此土司相安之末議也[094]。

錢糧關稅，國課攸關。然今日粵西之百姓，當兵火二十年，財力俱竭，目擊荒煙茅籬，遍皆鳩形鵠面。穀賤金貴，幸而正賦蚤完，已出望外。況鹽引加派，束手待斃，萬無疏銷之術，國法難逃，而陋規火耗雖甚，不肖者或未必能行之茲土[095]。此除陋規之末議也[096]。

刑獄者，民命所係。寧失出，毋失入，而好生之德自洽[097]。詞訟者，風俗所關。禁止教唆，嚴絕赦前先審察原告之詞色，勿為濫准，而刁頑之風可息[098]。此清刑獄、止健訟之末議也[099]。

---

[091] 此早完欽件之末議也　奏牘本無此句。
[092] 彝　四庫本作「夷」。
[093] 彝　四庫本作「夷」。
[094] 此土司相安之末議也　奏牘本無此句。
[095] 行之茲土　奏牘本多「也」，作「行之茲土也」。
[096] 此除陋規之末議也　奏牘本無此句。
[097] 自洽　奏牘本多「也」，作「自洽也」。
[098] 可息　奏牘本多「也」，作「可息也」。
[099] 此清刑獄、止健訟之末議也　奏牘本無此句。

殺戮之後，人民逃散，田地荒蕪。但使遵行三年起科之實政，吏靜民安，流移可不招而自來[100]；煙火輳集，蓁蕪可漸次而開闢[101]。此開墾蓁蕪之末議也[102]。

　　貪酷者，害民害政之本。然蠻煙瘴雨，地瘠民貧，性命之念重，富貴之心冷。加以憲臺之嚴肅，有司雖不肖，或亦望風而畏罪之不暇。殃民者，莫若衙蠹。芟之毋使濫充，一歲必更察之，毋使倖生而置辟不貸。此清仕途、察衙役之末議也[103]。

　　救荒者，莫若積儲。常平一倉，萬古良法，春發秋收，與民便宜，而緩急有濟，備荒之法莫逾於此[104]。他如土物之採買，里甲之苛派，新役之幫貼，當此邊荒初甦之域，未必如腹裡之事事可議也。

再陳粵西事宜[105]

　　一、塘兵之騷擾未盡除也。奉文嚴飭，遞送公文，文設鋪兵，武設塘兵，兩不相涉，遵行久有定例。無如有司與防弁，或情面相狥，或私弊牽制，縱放塘兵居住民村，日供柴水米食，以故民不聊生[106]。惟在嚴察。

　　一、見年之答應未盡革也。奉文嚴飭，見年止許催辦錢糧，不許答應有司衙內供給上司差役飯食，及過往仕客下程酒席。無如積習難破，肆行無忌者，夫亦不少，且無恥輩藉口某縣有供應，恐嚇里民，逐件欲行[107]，不思洗滌。惟在嚴察。

---

[100] 自來　奏牘本多「也」，作「自來也」。
[101] 開闢　奏牘本多「也」，作「開闢也」。
[102] 此開墾蓁蕪之末議也　奏牘本無此句。
[103] 此清仕途、察衙役之末議也　奏牘本無此句。
[104] 備荒之法莫逾於此　奏牘本無此句。
[105] 奏牘本為卷一之第四篇，題為〈康熙八年離羅城赴合州任抵桂林謁辭金撫臺條陳粵西事宜〉。
[106] 以故　奏牘本作「如故」。
[107] 逐件　奏牘本作「逐逐」。逐逐，奔忙貌，匆忙貌，急於得利貌。據上下文意，奏牘本為宜。

一、知府之權太重也。往例州縣有道、府、廳為之伺察，三分其權，而情難私飾，勢難獨斷，公道不能盡泯。今道、廳奉裁，而有司之賢否，藩臬耳目稍遠，惟知府為最近。若府得其人，則官方自清，民生自遂，地方自安。或不得其人，則是非憑其喜怒，賢否任其高下。而有司畏知府更甚於畏院司，在下曲意為阿從，在上極力為狗庇。從此效尤成風，而民命邊境，關係不淺。惟在裁酌。

一、部頒法馬之宜公用也。粵西地瘠民貧，錢糧不容拖欠，正宜恤民財以完公事。若徒知刻剝，則民多一分之私費，便缺朝廷一分之正項，以至嚴刑追比，差役拷索，使民號泣無訴[108]，必倍貸以緩目前。迨至秋成雖豐，田中之禾先歸債主；一遇歲歉，賣兒鬻女，奔走流離。是當亟加憫念，嚴革收銀用戥，以除暗加明加之害。凡收條編，有司宜親坐堂上，將天平法馬置之座右，不得拘定某盤放銀，某盤下馬。聽從百姓完納[109]，有司即發印票，不得假手書役，一力掌定，民不敢言。如有用戥收銀及書役兌平者，許百姓赴告。

一、納銀納米之宜速收，糧票糧單之宜速發也。近奉新例，四月九月催徵。夫四月適當耕耘之候，九月又在收穫之時，農工正殷，而催科逼迫[110]。民之赴納也，已非得已，又從而揣延之，夫復何望？且有司所司何事？若百姓納銀米，而不即上堂躬收，是怠惰也。若百姓群集，不能隨到隨收，即時發放，以至百姓隔宿守候，則有司之才不才，亦大可見矣。是在嚴察。

一、四月、九月之新例宜通融也。粵西與腹裡不同，夏禾最寡，而秋稻為多。即秋稻亦有二種，有七八月收者，有九十月收者，是四月正耘、九月正收之候也。於此而催科太逼，則公私不勝其擾矣。或稍為通

---

[108] 使民　奏牘本無「使」字，作「民」。
[109] 完納　奏牘本作「充納」。
[110] 逼迫　奏牘本作「值逼」。

融，聽從民便，自三月起至四月止[111]，有願輸納者收之，願全完者獎之，何必拘拘定以四月為限也？或孤單貧弱，或水火災喪，一時力不能辦者，許具呈寬限，秋收上納，又何必於四月納半、九月納半之拘拘也？窮者不得與富者較，有故者不得與無故者較，量人情之緩急而權衡之，期於完正賦而止。即有艱難困苦者，量免一二，而在官俸食，豈不可相為開除，奚若與煢煢赤子較錙量銖而算之無遺力也？又恐不肖藉名豁免而開侵欺工食之弊，是必將豁免者大張榜示，俾民役咸知，各抄一張存照，以杜弊端。如此新例雖定，而恩行於例之中，是催科中之撫字也。若夫未及四月而催徵全完，是必急於火耗；已經徵完而未行起解，是必陰為那移。種種弊端，難逃洞察。

　　一、見年之亟宜憫恤也。粵西見年名色與腹裡里長排年為一例，係十年輪任正務。若不加撫恤，任意刻求，勢必家破人亡於一年之中，即加數十年培養之力，不能復其元氣。夫既革其供應矣，而逐其力以催辦錢糧，是正務也。然見年亦有田地，若終日奔走，挨門逐戶而催之，則自己之田禾荒不能顧，雖未竭其財，而亦已蹶其生矣。當開徵之候，有司出示曉諭，俾百姓隨便上納。如輸納不前，令見年催單頭，單頭催花戶[112]，可不勞而坐致也。至於朔望之點卯，歲時之謁見，日用之伺候，當此邊荒極苦之地，猺獞畏疑之眾，似可盡革，而期於相安。是在裁酌。

　　一、雜派之不可包於官，由單之亟宜發於民也。夫雜派之禁，奉旨嚴飭，不啻再四，然亦有確不可少者。每歲之中，造由單紙張工墨有派，在縣造實徵紙張工墨有派，藥材本色額銀不足有派，表箋包袱額銀不足有派，春、秋二祭禮不敢儉，起解編銀水腳盤費有派，兩次奏銷水腳費用有派，是皆一定之例，萬不能除。但當堂與民公議，期於足用，

---

[111] 三月　奏牘本作「一月」。
[112] 單頭　奏牘本作「冬頭」。

眼同交出其派單，有司硃墨點定，散於見年存照，總有不肖[113]，料不敢將多派硃單留之百姓為話柄也。至於意外之事，如往年幫解雲、貴之餉費有派，幫各道之進表有派，幫潯州之水腳有派，凡如此類，咸由上派定，原有定數。應將原牌付與百姓，從公議派完解，庶有司無不可告語百姓之事，百姓亦無疑畏有司之心，上下相知而緩急可以相濟。若夫愚弄猺獞，欺其無知，藉口派項之多，在官一力包管，初則猶相照顧，終則包外加派，民苦不堪，而逃亡相繼，是在亟為勸諭禁止也。正賦、雜項界限不明，總由不發由單之過，猺獞雖不識字，彼亦知遇人而過問焉。不發由單，則原熟、新墾混淆無所查明，雜派得由而入之矣。然功令日嚴，諱過愈巧，印結甘結，徒事紛煩。若出其不意，稽查一二鄉民，問其有由單否，而官吏無所施其巧也。即如收銀大流水簿，俱係奏銷時打點停當，無關實事，止將納銀發票與由單合否，而官吏又何所肆其貪也？

一、有司之廉恥宜養，百姓之泣訴宜詳也。夫官之於民，猶父之於子。父不慈則子不孝，官不清則民不良。況邊徼之民雖刁，與腹裡大異。腹裡有勢宦挾制，噩衿把持[114]，光棍肆惡，捕風捉影。若夫蠢爾猺獞則不然，不諳官語，不識文字，惟聽外江流棍唆哄告狀，誆騙使用，及至提審，茫無一應，此粵西開闢初年之情形也。數年以來，百姓告官吏者不一，非盡流棍之唆哄，實有逼於不得已者。夫民之告官吏，豈盡是子虛？豈盡是刁詐？且有司之於民，宜化刁為良，上下親睦。至於致民控訴，全無體面，亟宜引罪自悔，聽上處分，辭職離任，庶不致於官民搆訟，以傷體統。若反復爭辯，以祈免罪，加民以刁，寧不自愧？縱使辯明無辜，復何面目覥居民上乎？倘民含冤，不能剖訴，復增一仇敵，愈使民重足而立也。如立意與民洗冤，此風一倡，始也訴之，

---

[113] 總　四庫本作「縱」。
[114] 噩　四庫本作「劣」。

出於無奈，猶知犯上之科；究也稍拂其意，而肆行無忌，恐開刁詐之漸。是在憲臺默挽風化，以釀和平之福也。如有告官吏等事，留中而不必明行，按事而漸除之，以去地方之蠹，以伸百姓之冤，則官吏知警，不至與民廷辯，庶公法行而廉恥亦全。百姓知狀之未有准行也，必俯首歸家，不敢居告官之名，及官掛彈章，百姓群頌為上之明，而不自以為得意。是官之罪狀取之群議而無隱匿，參核之權崇之於上而不顯恃乎告訐。如此則民情上達，而民風或可幾乎淳良也，且以省案牘之煩，而上下蒙清靜之休矣。

一、粵西之邊防宜加悆也。邇來交南內爭，附於中國，以為聲援。然弱則帖息聽命，強則跳梁抗尊，勢所不免。彼目覩兵馬雲集，敢不惟命是從？然二豎之勢不相下，兵馬一退，緩必相謀。彼內豈無智者陽為順從，陰為修備，事未可知。況數年以來，土司之官亦殫力矣，改土為流之民亦未服心矣。且猺獞嗜殺為性，反覆無常，即有司恩養如赤子，而終不能必其革心也。是可危也，又在憲臺未雨之綢繆焉。

治羅自紀並貽友人荊雪濤[115]

廣西柳州之羅城[116]，偏處山隅，東北界連湖南道、通一帶，西北界連貴州清平一帶。其餘土司環繞，山如劍排，水如湯沸，蠻煙瘴雨，北人居此生還者，什不一二。土民有猺獞狑狼之種，帶刀攜鎗，其性好殺，父子兄弟反目操戈，恬不知怪。順治十六年冬，初入版籍。

成龍於十八年到任掣簽後，親者不以為親，友者不以為友。行李蕭條，自覺面目可憎。賒腳錢，寄口食，行至清源。敝同年王諱吉人，初為蕭山尹，繼轉蘇丞。時讀《禮》家居，慷慨仗義，反覆開明粵西非吉

---

[115] 奏牘本為卷一之第五篇，題為〈與友人荊雪濤書〉。
[116] 廣西柳州之羅城　奏牘本作「廣西柳州府羅城縣」。

祥之地。素知成龍家食尚可自給，力勸勿任，以繳憑為高見。成龍時年四十五，英氣有餘，私心自揣，讀書一場，曾知見利勿趨，見害勿避，古人義不辭難之說何為也，俛首不答。王兄默知其意，亦不復阻，灑淚而別。五月初三日至家，別繼母妻兒。資斧艱難，典田賣屋，設法止有百金。攜蒼頭五人，勇壯可伴。臨行敝族相餞，歡飲至夜，扶醉就枕，而天已明矣。古云：「壯士非無淚，不灑別離間。」此不情語也。天明，舉家拜別。大兒廷翼入庠已久，猶如處子，將祖遺田產、文券開明交付外，止云「我做官不管你，你治家莫想我」二語。甫出戶庭，而哭聲已達外矣。拜別祠堂，不覺腸斷。門裡門外相聚而泣，不復回顧，攬轡登程。此時之壯氣，真可吞猺獞、餐煙瘴而不為之少屈。迨行至湖南冷水灘，一病顛連，未免英雄氣短。勉強扶病，陸行至桂林，謁見上臺，皆知羸體伶仃。詢及病狀，咋舌驚訝，惟勸以延醫調治，勿亟赴任。抱屙之人至是膽落，往日豪氣從何得來？病幾危，以苦孽未盡，不速死。扶病至柳州，稍愈，尚不知羅城在何方也。羅城與融縣、沙堽連界，行至沙堽，遇許鄉老，仔細盤問，方知對山即為羅境。登山一望，蒿草瀰目[117]，無人行徑，周山遍似營陣。哀哉！此何地也，胡為乎來哉！悔無及矣。從此想敝同年之忠告不置也。癡人作夢，以為邊境如此，漸入腹裡或不然，可憐黃茅直抵城下。

八月二十日入縣中，一如郭外，居民六家，茅草數椽。寄居關夫子廟，安牀於周倉背後，夜不瞑目，痛如刀割。黎明上任，無大門，無儀門，兩墀茅草，一如荒郊。中堂草屋三間，東邊隔為賓館，西邊隔為書辦房。中間開一門，入為內宅，茅屋三間，四圍俱無墻壁。哀哉！此一活地獄也，胡為乎來哉？鬱從中來，病不自持，一臥月餘。從僕環嚮而泣，無一生氣，張目一視，各不相顧。無如罪孽未盡，死而不死。乞歸

---

[117] 瀰　四庫本作「彌」。

無路，扶病理事，立意修善，以回天意，凡有陋弊，清查詳革。可憾己命不殞，禍及從僕，黃瘦似壁畫陰鬼，相對而泣，莫能相救。無何而一僕喪命，餘僕驚惶，不知所以[118]。至康熙元年正月，群謀為歸計。成龍自忖，一官落魄復何憾，諸僕無罪，何苦累之？叮嚀各自逃生。內有一僕蘇朝卿，仗義大言曰：「若今生當死於此，回去亦不得活。棄主人流落他鄉，要他們何用？」哀哉，幸有此也！其餘掉頭不顧。當時通詳：邊荒久反之地，一官一僕難以理事，乞賜生歸。當事者置之一哂而已。本年逃僕歸家，大兒悲念天涯萬里，一主一僕何以安身？續覓四僕來任，而三僕皆登鬼籙，止存一僕在衙，晝夜號跳，一如風魔。事處兩難，一人難以遠行，欲將存僕伴歸，隻身更苦，無如存僕亦有思歸之念，聽其浩然長往。萬里惟餘一身，生死莫能自主。夜枕刀一口，牀頭貯鎗二杆，為護身符。然思為民興利除害，囊無一物，猺獞雖頑，想無可取之貨，亦無可殺之仇，帖然相安。

　　事到萬不得已之時，只得勉強做來。申明保甲，不許帶刀攜鎗，咸遵無違。間有截路傷命無蹤盜情，務期跟尋緝獲；隱昧事情，盡心推敲，必得真實，立刻誅戮，懸首郊野。漸次心服，地方寧靜，而上臺採訪真確，於是有大事殺了解省，小事即行處決之通行也。境內雖平，憾與柳城西鄉為鄰。此地祖孫父子長於為賊，擾害無已。申明當事[119]，皆以盜案為艱[120]，置之高閣。成龍思漸不可長，身為父母，而可使子弟遭殃乎？約會鄉民練兵，親督勦殺，以對命為主，殺牛盟誓，齊心攻擊，先發牌修路，刻日進勦。此未奉上命而專征，自揣功成亦在不赦之條，但奮不顧身，為民而死，勝於瘴病而死也。主意已定，決不可回，而渠魁俛首乞恩講和，搶擄男女、牛隻盡行退回。仍約每年十月犒賞牛隻、花

---

[118] 以　奏牘本作「似」。
[119] 申明當事　奏牘本多「者」字，作「申明當事者」。
[120] 皆　奏牘本無此字。

酒一次，取各地方甘結存案，敢有侵我境界者，不報上司，竟行勦滅。苐獞人不怕殺，號令一以剝皮為主，而隣盜漸息。至是，上臺採訪更確，反厭各州縣之請兵不已、報盜不休之為多事也。嗣後，官民親睦，或三日，或六日，環集問安，如家人父子。言及家信杳絕，悲痛如切己膚。土謠：「武陽岡，三年必反亂一場。」任至三年，寢食為之不安，賴人心既和，謠言不足信也。又云：「三年一小勦，五年一大勦。」及至五年，又當愁苦，賴官民相愛，謠言不足憑也。時法令太嚴，有犯必殺。情誼為重，婚娶喪祭，民間之禮，一行無不達之隱，羅城之治如斯而已。

　　康熙二年，藩憲金公特取入簾，諸官楨從盛飾，成龍止帶皮套一件，共相驚訝，留意相難。時藩憲峻厲異常，輒欲詬詈屬官。成龍心不平，居闈中屢以抗直，不少挫辱。從此見重，朝夕必求坐談，盛典不可悉數。嗣陞本省巡撫，即以條對下詢，盡心敷陳民間利病，俱係入告重事。納言如流，事事題疏，而主文者辭不達意，旨允者什之七八。

　　康熙六年，成龍以邊俸逾期，八月陞四川合州。時報未到，金撫臺面諭兩司：「如不舉羅城令，本院當特疏薦舉矣。」兩司唯唯從命，而以卓異聞。撫臺又恐地方委用不得人，反滋擾害，崇疏新舊交代。哀哉！數年來，一舉一動，原非為功名富貴計，止欲生歸故里。日食二餐，或日食一餐，讀書堂上，坐睡堂上，毛頭赤腳，無復官長體統。夜晚酒一壺，值錢四文，並無小菜，亦不用箸快。讀唐詩，寫俚語，痛哭流涕，並不知盃內之為酒為淚也。間嘗祝告城隍，謂我無虧心事一點，當令我及早還鄉，幸得保出性命。回想同寅諸公，死亡無一得脫，鬼神無爽，能不寒心？赴蜀之日，別金撫臺，蒙諭云：「我薦舉一場，指望行取。知道你窮苦，我為你湊下盤費，誰知你先陞了，此亦是你的命。但兩司因認不得你，不肯薦舉你。本院發怒，方纔舉來。誰想督臺將你考語『淡

薄自甘』四字圈了，立意粵西單舉薦你一個，亦是公道難泯處。今你往四川，又是苦了，照羅城縣做去，萬不可壞我名聲。我與書二封，一與總督，一與撫臺。」因此益勵前操，至死不變，此數年之大概也[121]。

合州書

請復祀典詳[122]

照得一代之興[123]，首重祭祀之禮。在外府州縣，職司守土，各有宜祀鬼神，載在舊章，萬世不刊。一切香帛、牲醴，咸支用各處正賦錢糧，纂入經費全書。煌煌典制，率土遵行，如春秋丁日祭至聖先師、啓聖公、梓潼帝君，戊日祭社稷山川、風雲雷雨、城隍土地諸神，三月初一日、七月十五日、十月初一日祭無祀孤魂。或以崇文教，或以敦祈報，或以恤幽魂，皆有祭享一定之期，簡而不數，豐而不儉，是誠聖天子百神來享之盛典也。有司奉行，罔敢怠忽。成龍新任合州，目覩地方荒殘，招撫百姓為急務。然當安輯之初，必須培風化之源，重衣食之本，釋厲鬼之恫，則至聖先師為禮樂文物之祖，社稷諸神為百穀生成之佑。至於無主孤魂，倍宜憫恤。蜀土遭刼屠戮，白骨滿地，燐火遍野，往時民人寂寥，雖悲號夜月，無能為崇。茲流民漸歸，煙火漸生，則此等無主孤魂，當人間祭祀之期，必悽愴愈甚。恩祀不及，怨氣所激，或為災眚，或為妖孽，必然之理。

以上諸祭祀，皆宜急為修舉，不可闕一者也。曩因蜀中田地未闢，賦稅無多，祭祀未舉，遂為缺典。間有有司捐俸舉行，或派居民相助，

---

[121] 此句後，奏牘本多「偶書呈以發知己萬里一笑」一句。
[122] 奏牘本為卷一之第七篇，在「採楠木」篇後，題為〈請復祀典詳文〉。
[123] 此句前，奏牘本多「為詳請題復祀典以光盛治事」一句。

然未蒙聖恩，神鬼必不歆享。且以如此重典，而下需吏民捐助[124]，適所以羞朝廷而輕大典。矧今日車書一統，富有四海，一切祭祀，舉無缺略，何獨靳毫末之費，而俾蜀疆神鬼不得霑聖天子之恩歟[125]？伏乞憲臺裁奪，題請修復祀典。豐儉之宜，動支本處正賦錢糧銷算，或開徵糧多者從豐，開徵糧少者從儉。俟田土成熟，漸次如禮，則蜀疆神鬼均受皇恩，而於一代之典制有光矣。事關大典，冒昧上陳。

請正朝儀詳[126]

照得朝賀大禮[127]，天下遵行，臣子敬君自有一定之儀，恐難以邊徼殘荒，任其儀制參差[128]。成龍原籍山西永寧州，凡遇朝賀，各官前一日昧爽，齊集萬壽院習儀祝聖，分班跪迎萬歲龍亭前至州治大堂。本日昧爽，各官齊集州治，向龍亭行朝賀禮，有司詣龍亭前跪，廩生宣祝聖文畢，復位分班跪送。此成龍原籍朝賀之禮也。

成龍初任廣西，在柳州府遇冬至朝賀。禮前一日，提督、分守右江道並文武各官，齊集分司衙門習儀，迎龍亭至柳州府大堂。本日昧爽，文武各官齊集柳州府衙門，文東武西，魚貫而進。提督與道官上月臺先行朝賀禮，分東西面立。後文武各官在月臺下行禮畢[129]，通贊禮生唱祝文，引贊禮生引知府詣龍亭前跪，通贊禮生唱，眾官皆跪，廩生宣祝聖文畢，知府復位，分班叩頭，跪送龍亭。此成龍目見柳州府朝賀之禮也。

今當冬至，成龍肅查朝賀儀式，因地方荒殘，原無上頒定規。往歲文武各官前一日齊集嘉福寺習儀，本日仍於嘉福寺行朝賀禮。此合州舊

---

[124] 需　奏牘本作「為」。
[125] 歟　奏牘本作「與」。
[126] 奏牘本為卷一之第八篇，題為〈請正朝儀詳文〉。
[127] 奏牘本此句前多「為詳請朝賀儀式，以便遵行以垂永久事」一句。
[128] 任其儀制參差　奏牘本作「儀制隨分參差」。
[129] 在月臺下行禮畢　奏牘本多「東西」，作「在月臺下東西行禮畢」。

歲朝賀之禮也。朝賀大典，天威咫尺，臣子拜蹈，罔敢差失。第成龍素未習禮，又無頒式，未知在寺朝賀與在州治朝賀孰為正禮。

又本日祝聖文云：「維某年某月某日，某省某府州縣，臣等荷國厚恩，叨享祿位，皆賴天生我君，保民致治。今茲長至，聖壽益增，臣等無任踴躍懽忭之至。」此成龍原籍與粵西祝聖之詞。今查合州舊儀，將冬至進賀表文宣讀，又未知二者孰為通行定式。夫以合州荒殘，典籍軼失[130]，當草創之時，儀文缺略，然朝賀大禮，臣子不敢苟且。但儀式未頒，成龍寸心難安。謹將儀式申請，伏乞憲臺裁酌舊章，俯准頒賜定式遵行。雖地方荒殘，而威儀漸有可觀，則尊君之禮大彰，而典制可垂永久矣。

查採楠木詳 [131]

康熙七年十一月二十五日[132]，奉巡撫四川都察院張憲牌案照查楠一事：「屢奉嚴旨，隨即通行各屬遍查具報。去後，事關欽工，本院不得不親往誌載產楠之馬湖、永遵一帶，躬率彼地各官兵役，直抵深山遠箐，確查大材楠木，以資國用。除具疏題明，擇吉起馬外，合先行委。為此，仰該州官吏，查照牌內事理，即束裝星馳前往彭水、武隆二縣，會同該縣文武各官，率領兵役、鄉導確查，搖櫓白馬江口，及近酉陽一帶山箐，並南川縣金佛山、馬嘴等箐，堪充梁棟大材楠木，逐一開列圍圓丈尺，計其臨江道里遠近，馳赴遵桐，回報本院，以憑親臨彼地，覆行查看，酌估需用錢糧，題報施行。該州查明一處，即詳悉具稟，封入檄筒，飛遞駐節處所投閱。仍減從兼程前去，不許多帶人役，滋擾地方。若奉行不善，有悮欽工，法在必行，非比他事可恕。如著勤勞，本院定

---

[130] 軼　奏牘本作「逸」。
[131] 奏牘本為卷一之第六篇，題為〈合州採伐楠木報張撫臺〉。
[132] 奏牘本此句前多「旨事」二字。

當特薦。仍先將起程日期報明」等因。

　　成龍捧讀憲諭，凜遵減從[133]，止帶書吏二名[134]，快皂二名[135]，門子一名前往[136]，合併報明外，第今歲災眚迭見，天變異常，邸報不絕，正恐懼修省之日，夫何恬不知怪，大興土木，勞民傷財，驚擾遐方，廟堂之上曾無一朝陽鳴鳳，此成龍之所大懼也[137]。蜀川素產楠木[138]，列朝已有成案[139]，（弟）〔第〕今日之蜀川[140]，非昔時全盛可比。田地荒蕪，煙火絕滅，賦役戶口載在由單，歷歷可數。即有一二孑遺，驚魂未定，尚望安輯撫育之不遑，忽遭此大役，誰為採辦，誰為牽運。哀此殘疆，勢必官與民俱斃，從此流民裹足，居民驚散，可惜蜀川財賦之鄉，終為空虛之地。此成龍抒心太息，不禁痛哭流涕者也[141]。成龍職屬下吏[142]，凜承皇上嚴諭，跼蹐無地，星夜就道，躬入深箐，確查無遺，用以仰副憲命[143]，然不覺有切身之慮焉。成龍由粵西來任，路經楚黔，目睹大箐之中，雲樹參天，日光不到，即夏秋之交，尚有冷氣逼人，當此寒冬栗冽，竟成冰穴。大樹之中，林薄叢密[144]，籐蘿纏結，虎豹成群，人跡罕至，必需夫斬伐開徑，為容身之路，火炮刀鎗，防猛獸之奔逸。且蜀中

---

[133] 凜遵減從　奏牘本作「減從凜遵」。
[134] 止　奏牘本無此字。奏牘本此句後加「陳鼎、李文華」。
[135] 奏牘本此句後加「王印清、王應鳳」。
[136] 前往　奏牘本無此字，多「朱紫貴」，作「門子一名朱紫貴」。
[137] 第今歲災眚迭見，天變異常，邸報不絕，正恐懼修省之日，夫何恬不知怪，大興土木勞民傷財，驚擾遐方，廟堂之上曾無一朝陽鳴鳳，此成龍之所大懼也。　四庫本無此句，作「竊思楠木關係欽工，憲臺題明親勘，成龍仰承牌委，何敢不夙夜罤皇？」奏牘本與乾隆本同。
[138] 蜀川素產楠木　四庫本作「惟是蜀川之產楠木」。
[139] 已有　四庫本作「雖有」。
[140] （弟）〔第〕　四庫本作「而」。
[141] 尚望安輯撫育之不遑，忽遭此大役，誰為采辦，誰為牽運。哀此殘疆，勢必官與民俱斃，從此流民裹足，居民驚散，可惜蜀川財賦之鄉，終為空虛之地。此成龍抒心太息，不禁痛哭流涕者也。　四庫本無此句，作「亟待撫綏。設辦理一有不善，誠恐遠近傳聞，或滋擾累。蒙憲臺諭令，輕騎減從，毋遲毋擾，此誠憲臺為國為民之盛心；而一介下吏亦竊願上不誤工，下不累民，以仰報於萬一。」奏牘本與乾隆本同。
[142] 成龍職屬下吏　四庫本無此句，作「邇者」二字。
[143] 用以　奏牘本無此詞。
[144] 薄　四庫本作「簿」。林薄，交錯叢生的草木。

居民與他省不同，平日既乏皮襖，又無絮衣。驅此啼饑號寒之眾，修深山密箐之路，無衣無食，何以禦寒？必致冷凍顛僕，一慮也；倘有一二顛僕，四外居民聞風奔竄，是工尚未舉，而地方已為騷動，二慮也；隆冬天氣，民徙無依，相聚為奸，是目前所必無之事，亦古來所恆見之事，意外可虞，三慮也。

　　成龍身肩重委，不敢不過為顧慮。復思成龍入箐，必與本地文武官員同行。文官有衙役，或可令備斧斤、鉤鐮，凡密箐無路之所，指揮砍伐。武官有兵丁，或可令備火炮、鎗刀，以防猛獸。且大箐所在，周圍併無村舍，若朝入山而暮就舍，則奔走於茂林蔓草之域，往返躭延，必遲時日，何以報命？必示武官帶一二帳房，偕抵深箐，日暮攢宿於箐中，庶無出入往返之遲悮，而功可刻期告竣。但成龍位微，兼屬同寅，勢在難行。伏祈憲臺迅諭武隆、南川等處文官、衙役備修路之具，武官、兵丁帶防獸之器，仍攜帳房為露宿野處之備，是可不用民間一夫，而地方自安靜無驚。至於國家安危，生民休戚，憲臺封疆大臣，自有灼見，非成龍所敢輕議也。

附　張撫臺復書[145]

　　武隆、酉陽一帶地方素產楠木，所以特遴門下遍查耳。及接來翰，山形地勢瞭如指掌，併分五路並進，到處插牌櫨記認，具見門下措置井井有條。乃所報之木並無一株合式者，門下可悉心確查，如獲巨料，不佞自於疏中題敘，以酬門下勤勞也。萬勿以尖細者搪塞可耳。不盡。

---

[145] 乾隆本、四庫本為卷一之附錄任合州時張撫臺復劄計二道之二，奏牘本為正文後附。

規畫銅梁條議[146]

一、在外流移宜招也。自甲申之變，黎民逃至土司為其迫脅留難者有之；或流居別屬，因種糧而逗遛不歸者有之；或原係宦僕，又負人錢債，懼主索財，畏縮不歸者有之；或一家先歸，而為民上者不論歸與不歸，將名入冊，以阻歸志者有之。為今日計，或遍發告示，或坐名關取，或見在載冊之民歸自外方，凡有父族母黨，給以照票，令其招徠。招到三五家或五六家，俱准入本名戶下，俟三年例滿輸賦。使在外之民播聞此風，各自繈負而至矣。

一、土著流寓既入版籍，俱係縣民，理宜和也。夫食毛踐土，悉屬朝廷赤子，兼奉定例，凡一插標即為己業，後亦不得爭論。今載冊者，多屬流寓萍蹤，以充戶口。在流寓之民，見有房有地，願自整理，整時別無人言。及至料理齊備，土著則云族人之業，或云母黨之產，彼此爭奪，禁人插占，甘心傾圮。若不嚴示，地方終無起色，不惟不廣招來，即見住之民，日益思散矣。

一、荒田宜闢也。查縣屬所轄二十六里，載糧二萬二千有奇。今歸籍者寥寥，載冊者僅三十有九戶[147]。奉行清丈之糧[148]，止三兩一錢有零[149]。開墾萬不及一，各民又防京丈，將見開之田懈怠。如單夫隻妻，租牛辦穀，一年不足一歲之用，終無展眉之日，猶幸安堵如故。務須給示獎勸，教民廣墾，男耕女織，各守其業，毋致饑寒[150]。仍應差人逐月採訪勤惰，勤者賞之，惰者懲之。如此鼓勵，自是家給戶足，有比屋蓋藏之慶矣[151]。

一、風俗宜整也。查銅邑地方，向稱人文禮義之邦。自張寇變亂，

---

[146] 奏牘本為卷一之第九篇，題為〈規畫銅樑條議〉。
[147] 戶　奏牘本無此字。
[148] 糧　四庫本作「糧」。
[149] 止　奏牘本無此字。
[150] 饑　四庫本作「飢」。
[151] 有　奏牘本無此字。

二十年來人煙絕跡，雖經開復，禮教未興。歸籍之民間有幼時拉入營伍，竟不知孝弟忠信為何事，酗酒放肆，任意橫行，官遠法疎，縱橫得以自便。雖有鄉官幾人，本無官守言責，同居桑梓，誰人得而禁之？務令上下二鄉設立鄉約各一名，每遇朔望，將上諭十六條諄切講解[152]，以禮讓為先，勤儉為本，戒遊逸賭飲，無以小過而不改。間有不遵約束者，許令指名報究，使知目有王章，勿令若輩視法如弁髦也。

一、縣城之駐防宜撤也。當年王師進滇，經過銅梁，因王眷尚未遷移[153]，每被逃兵過銅刼掠。自遷移之後，逃兵久已絕跡。前以銅梁有官有印，蒙上司設兵駐防，誠為衛民久安長治之基。今銅梁官撤印繳，民雖零星野處，而頻年賊盜消弭[154]，以城內八九戶之民，安用三十餘名之駐兵耶？兼以將領不能鈐束兵卒[155]，動輒酗酒恣肆。大營尚在夔門，相去千有餘里。向有合州駐鎮可以節制，今云已裁，愈不能約束矣。應否詳撤，庶免黎殘滋擾。

一、寡婦幼子宜恤也。天下最苦者莫若寡婦，伶仃無告者莫過孤兒，自宜優加憫恤。乃有奸弊陋規，令人詫異者。如夫死妻必嫁之言，雖未可概信，而有等奸民乘民婦夫死，視為奇貨，或有鄰居出備衣衾、板木代葬，經年累月不即取償，扣算本利若干，逼其再醮，天理何存？寡婦無門可訴，寧甘受嫁索財。更有賄送官長紅銀，假此因公苛求，雖奉兩院勒石碑禁，公然視為故紙。今吏治清，賞罰明，宜立法飭行。嗣後，有翁姑主婚者，方許他適[156]。若無翁姑、叔伯者，當聽本婦自便，不許奸民逐逼。庶生者安心，死者瞑目也。

---

[152] 將上諭十六條諄切講解　奏牘本作「持聖諭六條諄切講諭」。
[153] 王眷　四庫本作「餘眾」。
[154] 頻年　奏牘本作「數年」。
而頻年賊盜消弭　奏牘本多「逃丁」二字，作「而數年逃丁賊盜消弭」。
[155] 將領　奏牘本作「本領」。
[156] 他適　奏牘本作「出適」。

附　張撫臺復書[157]

合陽荒殘沖瘠，得高賢撫而綏之，自必漸有起色。頃聞初蒞新政，驅冗役，卻輿從，及絕無名之應付，清操毅力即此已見一班[158]，甚快甚慰也。承賜廣藥二種，謹登，但二藥所醫何病，便間望並示知。附謝不一。[159]

上提督請留合州營防兵揭[160]

照得大臣謀國固[161]，相緩急，以設防禦，而下吏守土，亦審時勢，以詳去留。本提督開闢蜀疆，剪除群寇，躬親戎伍，險阻備嘗。及成功大定，度形勢之或險或易，議防兵之宜有宜無，會同前總督李[162]，爰定經制，為國家久安長治之圖。灼見合州據三江之要，會六路之總，必需營兵坐鎮，以資彈壓。因設將領、兵丁五百員名[163]，載在經制，垂之永久。

成龍於本年九月初六日到任，尚未熟悉地方要害，風聞有裁省合州營兵之議[164]，驚惶無措。姑就營兵之有關吏治者，條晰上陳，蒙撫憲批「候部議」在案。嗣後，成龍審閱合陽山川風景，扼重夔之上流，當順保之屏障，地勢險要，么魔敢於盤據，烏合易為糾集。每當歷代季世，遂為瓜裂，如釣魚城之舊跡，純陽山之石刻，鑿鑿可據。以是知本提督與前部院李，老成謀謨，增設營伍，憂深慮遠。茲本月二十四日接閱邸報，為歷陳邊地等事，已經奉旨依議，是部臣據疏參酌，知永寧之為邊慮，而未知合州之有隱憂也。為久遠之計，本提督焦心為國，瞻前顧

---

[157] 乾隆本為卷一之附錄任合州時張撫臺復劄計二道之一，四庫本同，奏牘本為正文後附。
[158] 班　四庫本作「斑」。班，通「斑」。
[159] 承賜廣藥二種，謹登，但二藥所醫何病，便間望並示知。附謝不一。據奏牘本補。
[160] 奏牘本為卷一之第十篇，題為〈請留合州營防兵〉。
[161] 此句前奏牘本多「為殘疆之危險堪慮，經制之防兵難去，伏乞本提督始終重念地方，會同撫臺酌議題留，免更舊制，以保殘疆事」。
[162] 前總督　四庫本作「前任總督」。
[163] 因設　奏牘本作「乃新設」。
[164] 風聞有裁省合州營兵之議　奏牘本作「風聞裁合州營兵之議」。

後，已定之經制必不可更。為目前之計，則成龍利害切膚，審時度勢，已裁之成命尚需挽回。本提督封疆大臣，凡地方利害，知無不言，如合陽之裁兵，實關地方之安危，事非渺小。伏乞憲臺重念甫定之殘疆不可輕為搖動，萬全之經制難以驟為更易，會同撫憲，酌議遠圖，題請遵照舊制，留營駐防，庶初年之經畫有始有終。或以永寧重鎮，勢需增兵，然重慶新設總鎮衙門，所有城守三千之兵去留未定，亦可通融調撥，則合陽之營兵可不裁，蜀省之經制可不更，而中外之土宇可以寧謐無虞。成龍腐儒，不達時務，祇因利害當身，激切再陳，統祈憲鑒。

武昌書

為武昌各屬請緩徵詳 [165]

看得府屬州縣，驚鴻未集，民生失所，尚望殊恩安輯。若復議徵，恐小民輸納不前，軍需必致違悞。悉陳各屬情形，懇乞憲恩生全。如蒲圻、嘉魚逼近臨湘，寇賊犯境，雖飄忽而逝，然士民驚避，罔顧農業。通城密邇平江，民不安生，被賊乘夜襲城[166]，黎明遠颺，而煙火已絕。咸寧聯接蒲圻，人民遠竄湖山，境內十室九空。崇陽處蒲咸、通城之間，雖未流離，而警息時聞，不能盡力南畝。至於大冶，當風鶴之餘，土寇作祟，即不終朝而滅，斯民已受疑畏。興國、武昌、通山與大冶為鄰，土寇煽惑，兼以逼脅肆虐，生民不得樂業。江夏為省會首縣，衝煩疲苦，民不堪命。是各屬危苦情形，久在憲臺洞鑒中。茲奉查議，合就據實直陳，均當軫恤安輯，以恤民生，則開徵之議尚非其時[167]。似應仍前緩徵，以救民困，庶小民無催徵危迫之虞，有司免違悞軍需之慮。

[165] 奏牘本為卷二之第一篇，題為〈為武昌各屬請緩徵上張撫臺〉。
[166] 被　奏牘本多「復」，作「復被」。
[167] 尚非其時　奏牘本作「恐尚非時」。

請復臨湘驛站詳[168]

本月二十七日[169]，據蒲圻縣詳稱：「鳳、官、港三驛馬夫徐但陳等稟，懇詳迅起嶽站等事。該本縣知縣張圻隆查看得蒲屬三驛接壤岳州、長雲等驛，原奉編以六十里為一站，所以節勞逸、惜物力也。目今隣邑未行起站，無馬換騎，節經大人差使往上，俱經越站長驅三百餘里，以致夫馬困疲。前馬既去，後差無以接濟，差使絡繹，勢必貽悞，關係匪輕。合無詳請，俯念驛傳急務，轉詳蚤發岳屬馬匹，各驛起站接換，庶軍機無悞，人馬得甦」等情到府。該本府看得湖北蒲邑與湖南臨湘為隣，蒲有官塘、鳳山、港口三驛，臨湘有長安、雲溪二驛，雖有南北之分，而驛站實為血脈相通之路。目前蒲圻三驛招撫馬夫，增補馬匹，應差無悞，奈臨湘兩驛未設，將港口之夫馬越站至岳港口，勢不能支。將鳳山、官塘夫馬越站至岳，路程愈遠，夫馬愈敝，是以臨湘未設之驛而累及蒲圻已設之驛，恐三驛夫馬愈敝，則差使絡繹，將何以應？此該縣據馬夫之稟而急申請也。伏懇憲臺念郵傳關軍前急務，刻不容緩，移會偏院設法馬匹，蚤立臨湘兩驛，則蒲驛不至拖累，軍機得以迅傳矣[170]。

飛報收復蒲圻詳[171]

成龍奉憲委修咸寧河橋，當有李守備及巡驛各員協力相助[172]，于初七日工成，已經飛報在案。初八日至蒲圻官塘驛宣布德意，有大貴、雙圻二團鄉民投見。成龍遵發憲示，鄉民罔不悅服，亦經飛報在案。初九日沿路鄉民迎接泣訴，各有陳詞，現經彙繳，咸乞憲示。但頒發者已盡，懇領甚眾，祈速多頒，以安人心。本日晚，成龍同武昌衛李守備、

---

[168] 奏牘本為卷一之第十一篇，題為〈守武昌請復臨湘驛站〉。
[169] 此句前奏牘本多「為懇詳迅起嶽站等事」。
[170] 矣　奏牘本無此字。
[171] 奏牘本為卷一之第十二篇，題為〈收復蒲圻報張撫臺〉。
[172] 當有李守備及巡驛各員協力相助　奏牘本作「李守備協力，巡驛各員相助」。

城守王把總、金口郭巡檢、咸寧孫典史渡河進蒲圻縣城[173]，寂無人煙，止有原任丁憂巡檢潘宏錦闔家在城隨查。縣有六門，即壅塞四門，僅留北門、水門以通往來，以便修橋。所有收復蒲圻緣由，合就飛報。

規復蒲圻上王憲副稟[174]

自憲駕回蒲，成龍因崇陽船歸，日夜不寧。今船已足數，值王把總從大營旋奉撫憲有守橋梁之命，則橋有責成，定於二十九日聯舟為橋，庶成龍之職可寬責任。至於招撫士民，當大兵渡河之後，人心踴躍思歸，雖朝來暮去，而路有行旅，市有貿易，無如天雨連綿，道塗泥濘[175]，繼以逃兵浪言，煽惑人心。前此阻士民欲歸之路者天也，後此阻士民欲歸之心者人也。天時人事如此，縱成龍竭盡心力[176]，其何能濟？惟有株守嘆息而已。既無益於地方，應歸省以謝罪。一畏士民之無主，空城寥落；一畏屬員之偕行，驛站廢棄。暫且居蒲，以圖可乘之機[177]。但請署之文未下，精力愈疲，神氣愈耗，似一廢人居一棄地矣。

若逃兵乃德安、興國、（圻）〔蘄〕州、黃協四鎮兵也[178]，於二十七日早渡蒲河，流言散布，耳不堪聞。從崇陽、大冶逃者十之七，從蒲逃者十之三，恐通城一帶自此倍為多事，未知撫憲如何布置？通城、咸寧官不勝任，成龍因蒲署未下，亦不敢多言地方事。目前靜坐河干，料理船隻，鄉紳伺其動靜，頗為帖息。二十八日鄉民往來不絕，以通南北一綫之路，王把總歸來道營中事甚悉。二十三日我師在陳陵磯遇賊，勝負未分，但南寇多鳥銃，料不敵我師之勁弓矢為輕便，天氣晴明，利於馳射。戰勝在即，嗣容報聞。

---

[173] 孫　奏牘本作「衛」。
[174] 奏牘本卷五之第十三篇，題為〈規復蒲圻與王憲副書〉。
[175] 塗　四庫本作「途」。
[176] 縱　奏牘本作「總」。
[177] 暫且　奏牘本作「苟且」。
[178] （圻）〔蘄〕州　四庫本作「蘄州」，從四庫本改。

籌畫蒲圻防守詳[179]

　　看得蒲圻城內留兵防守，必然之勢也。然止留一將領足矣，恐主將多則兵丁難於約束，士民畏懼不歸，依然一空城耳。且兵丁盡住民房，目前士民歸來，將何為安身之處？更有不忍言者，民房、家資、木器已不可問，再過數日，土底蓄物亦在難保。士民歸家，一見傷心，必號泣而他往，成龍亦乏撫循羈縻之術矣。伏乞憲臺酌留何營何將，該兵若干，牌行遵照；或止留城守王把總、兵三十名防守城池，遞送塘報，亦足濟用。今日之事，兵不在多，止在收拾人心而已。

上張撫臺籌報各屬情形稟[180]

　　成龍駐守蒲邑，士民初有歸意，可憾興國、蘄州、黃州、德安逃兵回營，浪布流言，人心震驚，蒲邑附近各縣危如纍卵。上憲差使慌張[181]，空回一應公文，塘兵打轉，道路梗塞，通城文武恐懼離汛。賴有崇陽一縣砥柱中流，差役探成龍動靜，地方稍寧，通城因之報文回縣。嘉魚自寇夜來明去後，避居鄉間，聞今亦已歸縣。蒲邑漸有歸民，村落擊鼓插秧，山中採茶肩擔，沿河船隻貿易未盡斷絕。前尼將軍票查病駱駝一隻，成龍差武童賀世沿賫收管繳營。本月初六日午時來見，言四月二十九日離營，我兵駐紮離陳陵磯五里，附近大江，糧米不絕[182]，止缺燒柴。二十三日陸路大戰，殺賊無數。滿兵引他看殺死者，俱係頭有長髮。二十四日水路大戰，砲打壞賊船無數。二十七日、二十九日，陸路俱大戰，每日我兵四千餘人巡哨，此係確信。本日忽有大冶縣報文二角，武昌縣報文一角，愚民作祟，恐縣文失之驚張，亦宜蚤為安慰。大冶逼近興國，有柯、陳二

---

[179]　奏牘本為卷一之第十四篇，題為〈籌畫蒲圻防守報張撫臺〉。
[180]　奏牘本為卷一之第十五篇，題為〈籌報各屬情形上張撫臺〉。
[181]　慌　奏牘本作「惶」。
[182]　糧　四庫本作「糧」。

家，且通城久已思亂，嘉魚頑悍異常，倘聞風附和，大為心腹憂，縱殄滅不難，亦傷元氣。守憲素得民心，勅速發示，以遏亂萌。且撫有柯、陳庶民，密差曉諭解散，發兵防守，此要著也。恐愚民生疑，反逼成釁端，是解散防守，緩急之間，憲臺自有萬全長策。依成龍愚見，俾興國將領嚴加隄防[183]，通山、武昌兩縣發重兵守禦，且置大冶於不問，順而撫之，則反側子自安。不發兵可無走險之虞。發隣兵以張鎮壓之威，且以杜鄰封通謀之漸，未知可行與否？此事關係非小，尚役賚投。伏乞憲臺垂念封疆，密與守道計議，若守憲肯親臨大冶，相機安撫，自可無事，但不可輕帶兵耳。前日逃兵各懷疑懼，務令各營將領收拾安慰，加以告病假歸名色，無使密釀禍種，聚而成黨。再懇將大冶、通城、通山、咸寧所供荊需，移會督臺暫緩，以安人心。成龍為地方起見，非敢乘機怠緩軍務也，統惟憲裁。成龍僻處山隅，鞭長不及，以貽憲慮，罪難擢數。蒲邑大水冒城，垛垣推倒[184]，城內房屋傾圮，合併附報。

報咸蒲浮橋被水沖壞情形詳[185]

　　咸寧橋成，洪水沖壞，是實天降災殃也。咸寧古有石橋，亦被山水衝傾，則一浮橋又安能支泛漲無涯之水？成龍初九日冒雨至蒲圻，大雨水漲漫，無下樁之所[186]，已經申報在案。初十日料理物料，十一日將橋梁雨中成就[187]，值有咸寧橋被水沖之報，成龍心神慌亂，忙無措手[188]。本日蒲圻大雨如注，水聲如雷，是咸寧已壞之橋，不知如何復修。目前蒲圻已成之橋，又在十分危急也。成龍的於十二日赴咸寧，多方布置物料，力謀再舉，不識天意何如？合就申報。

[183]　隄防　奏牘本作「提防」。
[184]　推　四庫本作「摧」。
[185]　奏牘本為卷一之第十三篇，題為〈咸蒲浮橋情形報張撫臺〉。
[186]　樁　奏牘本作「橋」。
[187]　將　奏牘本無此字。
[188]　忙　四庫本作「茫」。

附　又報張撫臺[189]

　　看得居官辦事，務宜詳慎，況軍前重情，何得張皇妄報，以啓不測之禍。如署咸寧魯經歷，其人者署咸寧之事，不能修咸寧之橋，一味躲避，全無擔當。受成龍看守橋梁之責，值山水暴漲，自宜小心照管，倘有衝壞，自應夫補修，何因水漲，不察橋梁有無衝損，輒自妄行申報。致成龍驚惶，冒雨行至辰山，已經飛報在案。於十三日蚤辰，一路覓船，行至蒲圻界外嘉魚縣黃土坑地方，進湖僱船，每隻給銀三錢，豈意彼地百姓將成龍跟役亂打丟入水中。成龍親身勸覓，仍行持槍執棍，吶喊奪逼，成龍急跳大湖之中，魚鱉為鄰，船戶任克明亦跳入湖，甘蹈不測，浮水拉救上船，是皆魯經歷妄報，以啓不測之禍也。所有衛典史稟報情由，合先報明，以舒憲慮。成龍一月來筋疲力竭，神氣耗散，暫養一日，的於十四日回省，合併敘明。

呈報委撫東山起程日期詳[190]

　　本月二十二日[191]，奉撫部院憲牌，內開：「麻城縣土寇劉青藜狂悖猖亂[192]，本應遣發官兵擒拿，但恐無知愚民或偶被蠱惑，或勢迫脅從，不忍俱加誅戮，特先委武昌道黃州協會同前往，相機撫慰。今恐小民疑畏不前，查該府先任黃州，駐劄岐亭，廉能自持，士民素所愛戴，合行遴委備牌。仰府照牌事理，即將發來告示十張，兼程前去麻城縣各山寨地方，曉諭民人，急蚤悔悟。如為土賊迫脅，不妨自首，以贖前愆。若有力能擒拿賊首，亦許自新，仍加優賚。倘或執迷不悟，該府諭以忠義，曉以國法，力為解散。事平之日，本部院自有酬庸之典，斷不負該

---

[189] 奏牘本此文後附，乾隆本、四庫本均無。
[190] 奏牘本為卷三之第三篇，題為〈申報督撫各憲詳文〉。
[191] 奏牘本此句之前加「為撫綏全賴賢能，合亟遴委，以安地方事。」
[192] 內開　奏牘本作「前事照得」。
　藜　乾隆本、奏牘本均作「黎」，但本書前後文章中多作「劉青藜」，故從四庫本作「藜」。

府賢勞也」等因奉此。成龍已於二十二日晚自會城起程，於二十四日已抵白杲，的於二十五日進東山安撫，理合申報。

初撫東山遣牌[193]

照得本廳鎮岐四載有餘[194]，凡我士民罔不開誠見赤，相安無事。至於分守鄉汛，賴保無虞，殲滅鼠盜，藉力協助。因之偷兒遠遁，狼子回心，年來頗稱寧謐，固本廳之幸，實士民之力也。二月觀歸，詢知地方平靜，不勝慶喜。及赴省署理武昌府事[195]，辦理軍務，又往咸蒲造搭浮橋，仍駐蒲防守城池，雖諸務叢集，未嘗一刻忘爾岐民。自蒲旋省，忽聞東山作亂，誠為怪事。以東山尚義之鄉，胡為有此不義之舉？父母妻子立見亡滅，可惜本廳數年生養，一旦成灰燼也，真可痛心酸鼻。再三請命撫部院矜宥無知，幸蒙撫部院如天之仁，特允所請，以開一面之網。今本廳奉命來撫，合先遣牌傳諭。為此，牌諭東山士民知悉：牌到之日，速候本廳親臨，投見辯明作反情由。爾民素稱良善，何忍背叛朝廷，將本廳平昔勸諭「安生理、保身家」等語竟置若罔聞也！如數月不見，竟成讐敵，本廳立即回省，任兵馬勦滅，本廳亦不為爾民姑息矣。言出衷腸，切勿朦視。

勸畈間歸農諭[196]

照得劉青藜官激民變一案[197]，人心疑畏，地方震驚，以致該縣請兵安慰，自與附近良民無涉。況協府久鎮黃州，禮士愛民，賑荒放生，一片婆心[198]，爾民共知。茲統兵來撫，自是紀律森嚴。爾民當農忙之時，

---

[193] 奏牘本為卷三之第一篇。
[194] 奏牘本此句前加「為曉諭事」。
[195] 及赴省署，理武昌府事　奏牘本作「及赴省署武昌」。
[196] 奏牘本為卷三之第二篇，題為〈諭畈間歸農告示〉。
[197] 奏牘本此句前加「為曉諭事」。
[198] 婆　奏牘本作「嫠」。，同「婆」。

一刻千金，惟恐驚慌遠竄，致悮農業，合行曉諭。為此，示諭沿路居民人等知悉：各宜歸家，盡力南畝。勿畏賊黨扳害，涇渭定有分別；勿懼兵丁往來，軍令毫無假借。如仍前遠避，不惟悮自己一年之生計，且有負協府平昔恤民無方、用兵有律之至意。

安慰各堡諭^[199]

照得本廳奉撫部院命^[200]安撫東山^[201]，於本月二十四日至白杲。據徐家堡生員朱玨、方士位、黃金聲、鄉民周吉甫等呈稱^[202]：「本堡士民夙係耕讀樂業，並無外事，禍因三四匪類附會東山，本月初十日已經解散。十四日復被訛報，鄉堡耆民善人再查，並無形跡。十五日鄉約周美公點卯，遭誣合堡皆賊，見在監禁，以致善良疑畏驚散」；又據生員朱玨等結稱：「本區除四凶附入東山外，再有匪類，願甘認罪」；又據白杲、王家水垣等五堡生員戴其進等結稱：「生員朱玨等俱屬良儒，如有不端，願甘認罪」各等情，已經申報撫院外，合行給示安慰^[203]。為此，示諭徐家堡士民知悉：各歸堡內，乘時務農，勿得自悮生意。如有挾詐讐害，揚言害眾，許即稟明，立刻詳院究治。凡我士民，切勿再生疑畏，離家失業。

申徐道臺請釋無辜詳^[204]

看得狂夫倡亂則宜勦，赤子弄兵則宜撫，自古皆然。況逼而走險，嘯聚山林，情有可原者乎？至于嚴刑慘刻^[205]，逼報良善為賊，意欲一網

---
[199] 奏牘本為卷三之第四篇，題為〈安慰各堡告示〉。
[200] 奏牘本此句前加「為曉諭事」。
[201] 安撫　奏牘本作「安慰」。
[202] 鄉民周吉甫等呈稱　奏牘本「周吉甫等」之後，加「為恩別玉石以安人心免致流離等事」，作「鄉民周吉甫等為恩別玉石以安人心免致流離等事呈稱」。
[203] 合行　奏牘本作「各行」。
[204] 奏牘本為卷三之第五篇，題為〈申報徐道臺〉。
[205] 于　四庫本作「於」。

打盡，何能免鬼神之忌？古人於賊黨之中，尚冀開一生路，為脅從罔治之法，何今人於良善之中，務期株連蔓引，為殲滅無遺之舉？仁人君子安忍存是心，行是法也？茲據生員、鄉民哀訴前來，合亟請命。伏乞憲臺憐念無辜遭此慘刑，罹此法網，速行縣釋放，不惟受刑之殘喘可留旦夕之命，且四境良善得免人人自危之虞。否則，逼人於危，畏禍偷生，將有不可言者矣。

申張撫臺釋放無辜詳[206]

看得東山之禍，起於官激民變，而究其根源，由於縣官心神昏亂。何物鄒克忠，乃衣頂生鄒惺，不孝不慈，無仁無義，此麻邑之窮凶極惡也[207]。縣官視為心腹，衙役倚為爪牙，乘機賈禍，唆官峻刑，逼士民於危亡，（陷）〔陷〕士民於株連，將縣城紳衿概稱通賊，力脅離縣，驚疑無依。又云縣城之外，無非賊黨，贊謀遍勷，以致士民號泣，怨氣衝天。除朱玨、徐克成等呈已經申報外，茲據徐阿曾、李中素呈詞，合亟報明。伏乞憲慈迅查縣官（陷）〔陷〕害良善，並鄒克忠主謀羅織情由，釋放監禁夾傷平民，焚毀刑扳無辜供詞。庶人心自安，禍端可息。

報東山就撫詳[208]

成龍凜奉憲命[209]，於本月二十七日單騎進山。劉青藜之父劉啟禎[210]，帶鎗手三百餘懼躍投見。成龍曉諭以憲恩不忍加誅，安慰解散，天地父母之至意。啟禎跪泣，眾寇崩角稽首，感頌憲德，已經就撫。然山愚無知，

---

[206] 奏牘本為卷三之第六篇，題為〈申報張撫臺〉。
[207] 此麻邑之窮凶極惡也　奏牘本此句在「爪牙」之後，作「縣官視為心腹，衙役倚為爪牙，此麻邑之窮凶極惡也」。
[208] 奏牘本為卷三之第七篇，題為〈東山初撫稟報〉。
[209] 奏牘本在此句前加「為稟報事」。
[210] 劉啟禎　奏牘本作「劉起禎」，據各本判斷，奏牘本有誤。

尤恐事後加誅[211]，意外就戮，環泣始終赦宥。成龍仰體憲慈，已許轉達矜全。伏乞憲恩迅賞矜宥保全告示，以弘不殺之仁。聞山中尚有數孽，祈諭啓禎盡行招撫，無留遺種。商城、英山匪類，隄防入境藏匿，倘有疎虞，應將啓禎前罪俱發。目前，安撫必須解散，解散必須安插，乞速撤黃協兵回汛，勒守憲暫駐，以便安插，以釋疑畏。仍飭麻城縣將監禁疑獄查報[212]，釋放已逐紳衿，曉諭進城，勿再偏聽誅求，以安地方。成龍必俟山黨肅清，安置妥當，方敢旋省。但報文苦無驛馬傳遞，多稽時日。乞憲差星夜馳送告示諭帖，可蚤結此局，成龍可免稽滯日久文案堆積之慮矣。

附　張撫臺復書[213]

日來招撫之事若何，既撫之後，安插尤□停妥[214]，若安插未妥，則前功盡置於無用矣。程鎮邦舊係東山頭領，今聞在黃岡山寨中彼有伊子程鵬舉一案，恐□不出，必負固山隅，如可擒，則令劉啓禎等擒之，不則亦令啓禎招彼率眾來歸。近屢奉上諭，原許從逆之眾反邪歸正，如果有功，不獨待以不死已也，幸親翁密圖之。專布，不一。

上張撫臺陳情小稟[215]

東山安撫一案，五月二十七日就緒。本日差役飛報，候命安插。值禁旅路經麻城，四境鄉民又驚避一空。成龍係地方安危，隻身駐居白杲，經過將軍嗔責藉伊兵威，竊取成功，嚴聲厲色問：「賊在何處，我們去殺！」成龍不敢遜，對以「安撫在先[216]，兵到在後，何為藉威？已經安撫，何為

---

[211] 尤　四庫本作「猶」。
[212] 飭　奏牘本作「敕」。
[213] 奏牘本此文後附，乾隆本、四庫本均無。
[214] □　為印刷模糊，無法辨識之字。
[215] 奏牘本為卷三之第八篇，題為〈申報張撫臺〉。
[216] 對以　奏牘本無此詞。

又殺？」將軍愈怒，云：「既有本事，何不殺吳三桂去[217]？」成龍回稱：「原不曾帶領兵馬，亦曾收復蒲圻。」將軍言：「我不是與你爭功。」成龍稱：「與朝廷辦事，夫有何功？」將軍問成龍鄉貫，忿然而往，成龍無端受其凌辱。竊思成龍年近六旬，鬚髮皓白，耳聾眼花，自筮仕粵西，由蜀至楚，離別妻子，隻身奔走十三年，磨苦已極，功名念灰。近因地方多事，不敢規避。前受知於總憲，新沐寵於憲臺[218]，知無不為，事無不任，風雨寒濕，艱辛備嘗，止圖報憲恩於萬一[219]，實無邀功求進之念。無如時事多艱，大將領兵，咸以嗜利攘功為心，毫無推賢讓能之德。成龍下吏，秉性愚直，實難安位。伏乞憲恩早定東山，成龍星馳旋省，陳情乞休，合先報明。

慰東山士民樂業諭 [220]

照得本廳鎮岐四載[221]，自媿教養無能，然誠信不欺，爾士民知之有素。茲東山不靖，赤子弄兵，撫部院好生為心，不忍加誅，特命守憲徐總府、王統兵撫慰。又虞爾山中士民疑畏不前，因本廳平昔為爾士民所信，旋委前來，曉以忠義，諭以國法，力為解散，以是奉命馳臨。本月二十七日單騎進山，爾士民果釋疑畏，撤旗奔獻，環呼懽躍，申訴冤抑，辯明陷害。除詳報撫部院給示安慰外，合再曉諭。為此，示諭東山士民知悉：既傾心就撫，宜實意安生。履毛踐土，無非皇恩；鑿井耕田，當圖報效。即司牧有一行之乖方，然天下無不是之父母。嘯聚雖稱避禍，弄兵豈為良民？繩以國法，勦滅何辭？幸撫憲有力為解散之諭，恩侔天地；本廳有力為請命之誓，炳若日星。凡我士民，盡釋疑貳[222]，歸

---

[217] 雲　奏牘本無。
[218] 沐　奏牘本無。
[219] 於萬一　奏牘本加「也」字，作「於萬一也」。
[220] 奏牘本為卷三之第九篇，題為〈諭東山士民樂業示〉。
[221] 奏牘本此句前加「為曉諭事」。
[222] 盡釋疑貳　奏牘本作「允釋疑二」。

寧父母，各安身家。僻處山隅，南北之兵戈不到；遊優田里，婦子之嬉笑自如。何等快活！何等受用！永革一時邪念，共用山中太平。本廳千言萬語，無非為爾父母妻子。各宜書紳，永佩不忘。

附　張撫臺來書 [223]

親翁此行，能不負不佞愛惜麻民之意，為之喜而不寐。此時惟推好生之心以答上帝，守如保之念以全小民，何頑梗之不可輸誠？何強梁之不可感化？劉啟禎既率眾投誠，自當令其仍安耕鑿，倘能招致他寨強頑一體歸誠，尤當加以優獎，決不食言也。至鳥鎗軍器，作何收繳給價 [224]？倘有吳逆散劄之人作何獻 [225]？其脅從之眾解散之後安插何處？目今漢陽業已增兵，黃協亦請添兵額，應否可令入伍，或仍編入各里甲？俱煩一一斟酌得宜行之 [226]。招撫之議既成，黃協自可回黃，惟留一守備駐麻。此非疑麻民猶有反側，蓋麻城地界二省，向欲添設守備駐防。此不佞之初意，非自今日始也。諸凡就緒之後，方可回省。發去告示十道，可即張掛曉諭。二十八日接到詳驗，已批行守道矣。二十九日接到來文，俱一一照行。惟二十四日報文，何尚未至耶？幸查之。耑勒，不一 [227]。

申報東山撫事已竣詳 [228]

成龍凜遵星馳，於五月二十四日至白杲駐紮，離賊窠十五里，寂無人煙，已經報明在案。本月二十七日，單騎進山。劉青藜之父劉啟禎，帶鳥鎗三百餘名懽躍投見。成龍曉諭以撫部院不忍加誅，安慰解散，天

---

[223] 乾隆本、四庫本為卷一之附錄佐黃州署武昌時湖廣張撫臺來劄計五道之一，奏牘本為正文後附，題目據奏牘本改。
[224] 至鳥鎗軍器，作何收繳給價？　乾隆本、四庫本無此句，據奏牘本補。
[225] 尚有　乾隆本、四庫本作「至」。
[226] 得宜　乾隆本、四庫本無此詞。
[227] 耑勒，不一　乾隆本、四庫本無。
[228] 奏牘本為卷三之第十篇，題為〈申詳張撫臺各憲〉。

地父母之至意。啓禎跪泣，眾寇崩角稽首，咸願就撫。成龍隨即申報。六月初一日，奉憲牌恩允矜宥，給示安慰，復遵發示曉諭。本月初三日，劉啓禎率眾來白杲，獻「傾心嚮化」旗一面，赴守憲投誠，賞賚勸諭，眾皆悅歸。又奉撫部院諭，劉啓禎既率眾投歸，倘能招致他寨強頑一體歸誠，尤當加以優獎。守憲仰體德意，特委劉啓禎執牌，向各寨宣諭招撫。于本月初七日[229]，啓禎招鮑洪功、陳恢恢、李公茂等率眾來白杲，獻「安家樂業」旗一面，赴守憲投誠，各賞賚勸諭，給照牌告示，護身寧家，眾皆悅歸。東山已靖，撫事已竣，伏乞批示回省。

附　張撫臺復書[230]

　　劉啓禎傾心向化，具見親翁善於招（狹）〔徠〕。但未投誠人等，應逐一招撫，毋令臥榻之側，猶有他人鼾睡也。至啓禎招撫有功，可否令其轅門效用，當以戎旗守備待之？各鳥鎗手作何安插，尤當得所，可否令其入伍？目今漢陽營已奉文召兵，黃州協亦添設麻城、羅田守備，業經題請增兵六百名，而不佞撫標亦見需人。倘入撫標，其中果有雄武之士，當拔置材官、千、把之列。蓋投誠之眾恒苦其反側未安，須以至誠待之，令彼易於輸心向化，則地方自可無事耳。投誠盡至，則黃協方可撤兵[231]；鄉紳盡歸，則小民自然樂業[232]。諸凡事宜，總煩親翁措置妥當，與守道商酌行之。發去賞賚各物，幸同守道散給各頭目，以示投醪之意[233]。投誠事竣，可敘妥詳，不佞當以親翁招撫之功題請優敘也。目今地方多故之際，早為上聞，亦足慰朝廷宵旰之憂也。竚切，竚切[234]。專布，不一[235]。

---

[229]　于　奏牘本作「於」。
[230]　乾隆本、四庫本為卷一之附錄佐黃州署武昌時湖廣張撫臺來劄計五道之二，奏牘本為正文後附，題目據奏牘本改。
[231]　則　乾隆本、四庫本無此詞。
[232]　同上。
[233]　發去賞賚各物，幸同守道散給各頭目，以示投醪之意。　乾隆本、四庫本無，據奏牘本補。
[234]　目今地方多故之際，早為上聞，亦足慰朝廷宵旰之憂也。竚切，竚切。奏牘本無此句。
[235]　專布，不一　乾隆本、四庫本無，據奏牘本補。

招撫後諭東山士民 [236]

　　照得本府前駐岐鎮[237]，頗與士民無忤。近因東山作難，撫部院遴委勸慰。今爾士民相安無事，本府應歸省復命，合行曉諭。為此，示諭東山士民知悉：本府於本月某日，由白杲暫駐岐鎮，爾等須念撫部院生全之德堪侔天地，至誠之心可格豚魚，凡有血氣，誰無知覺？父母妻子，朝夕歡聚，誰歡聚之也？雞犬桑麻，優遊恬熙，誰恬熙之也？婦子無山棲日暴之苦，壯丁無瞭高守隘之累。無畏乎兵戈，而免負銃帶火之艱；無憂乎捕役，而獲薅棉鋤豆之樂。夫妻安枕，而夜半可以不驚；親友往來，而株連可以無慮。此恩此德，今生今世何以報撫部院之萬一也！自示之後，各安生理，永革邪念。食新在即，秋收不遠，山中正好避兵，愚民豈堪將相？一念之錯，皆由訛言之誤；回心之早，即是終身之福。耕田當差，勿藉口禁捕，而併阻乎官役；安下敬上，勿藉口激變，而兼撓乎王法。朝廷設官治民，一定之體；有司差役勾攝，不易之法。從今循理守分，自無恐懼憂患。命由天定，禍自人作，思之慎之！

招撫事竣慰東山士民諭 [238]

　　照得東山官激民變一案[239]，撫部院好生為念，不忍加誅。夙知守憲徐慈祥素著，副府王老成持重，特命撫慰。又虞山中士民疑畏不前，因本府昔駐岐鎮，頗為爾信愛，遴委安撫。於五月十七日單騎進山，士民果釋疑畏。劉青藜之父率眾歡迎，泣訴冤害。六月初三日出山，赴守憲行署，傾心向化。仍宣布院道德意，鮑洪功、陳恢恢、李公茂相繼悅歸，辯明前愆，咸願安家樂業。蒙撫部院矜念無知，概加恩宥。守憲遍

---

[236] 奏牘本為卷三之第十一篇，題為〈招撫後諭東山告示〉。
[237] 奏牘本此句前加「為晚諭事」，據各本判斷，「晚」為「曉」之誤。
[238] 奏牘本為卷三之第十二篇，題為〈招撫事竣慰東山士民示〉。
[239] 奏牘本此句前加「為曉諭事」。

給照示，嚴禁蠧捕仇家株連捏害，多方生全。弄兵赤子安帖無驚，合行曉諭。為此，示諭東山內外人等知悉：亂民已靖，官兵已撤。凡爾原未脅從士民，可無逼脅之慮，亦無玉石之憂。蠧捕不敢肆虐[240]，讎家不敢捏害，各安厥居，共用山中太平。布告遠邇，咸使聞知。

附　張撫臺來書[241]

麻城一案先經具題，今既招撫，應將招撫緣由備敘妥詳，以便題報。目今地方多故之際，早為上聞，亦足慰朝廷宵旰之憂也。竚切，竚切。

又安慰士民諭[242]

照得東山官激民變一案[243]，本廳奉院道憲委，駐紥白杲，單騎進山，曉以忠義，諭以國法，力為解散。山中士民泣訴冤害，畏禍聚集，情願歸家安業，已於本月初三日，劉青藜之父投見，守憲特賜袍帽，歡躍歸家。現今守憲駕臨白杲，開誠布赤，布告士民，凡有一切身被逼害，或以舊事吹求，或以親友波及，情實可憫，合行曉諭。為此，示諭東山中外士民知悉：監禁冤誣，俱已釋放，被俘良善，半已昭雪，眾所共知。捕緝尚未銷案，疑畏不能帖息，因山路隔絕，蠧捕碁布，冤情阻於上達，驚惶無所依歸。示到之日，或星馳申訴，執示護身，務各安厥居，萬勿仍前疑懼，聚眾失業。至於喜亂奸宄，多屬遊手好閑之徒，逃匿亡命之流，原無身家可慮，且有罪案未結，好為訛傳，以驚亂人心，苟全己命。凡我士民，咸有父母妻子、產業身家，縱有株連，尚存公論，一辯自明，切勿為彼輩所愚也。

---

[240] 虐　乾隆本作「盧」，據四庫本、奏牘本改。
[241] 奏牘本此文後附，乾隆本、四庫本均無。
[242] 奏牘本為卷三之第十五篇，題為〈又安慰士民示〉。
[243] 奏牘本此句前加「為曉諭事」。

附　張撫臺來書[244]

前浮橋一案，因准將軍諮移，不得不為題參，詎意部議處分太過。但親翁賢聲素著，不佞自即題留，以孚輿論，況重以麻城安撫之功乎？惟勉力竣事可也[245]。專此，附布，不一[246]。

諭隣境各屬[247]

照得撫院發示[248]，安慰百姓。凡東山相連一帶地方山寨嘯聚人等，俱在一視同仁之內，不止為麻城一縣也。或黃岡、羅田等處，有願領示者，開明某縣某處，以便填註示尾，給發收照。

委護程宧牌[249]

照得本府奉撫部院牌委[250]，安撫東山，已經安撫，報明在案。所有程鎮邦援例赴府乞撫，具文詳報。撫院已蒙批准援例安撫，合行投見。為此，牌仰河泊景可賢、差役左先護送程鎮邦，前去會城投見撫部院，守候回文，沿途毋得稽延時日，致干取咎未便。

---

[244] 乾隆本、四庫本為卷一之附錄佐黃州署武昌時湖廣張撫臺來劄計五道之三之前半部分，奏牘本為正文後附，題目據奏牘本改。
[245] 可也　乾隆本、四庫本無此詞，據奏牘本補。
[246] 專此，附布，不一　乾隆本、四庫本無此句。據奏牘本改。
[247] 奏牘本為卷三之第十六篇，題為〈諭各屬鄰境示〉。
[248] 奏牘本此句前加「為曉諭事」。
[249] 奏牘本為卷三之第十八篇。
[250] 奏牘本此句前加「為撫綏全賴等事」。

附　張撫臺來書[251]

　　浮橋一案，當即請復，幸勿以此思賦歸來也[252]。程鎮邦至省，其家屬已取保發領，以信招徠，今仍令赴親翁處。倘能將黃金龍、梅公素及黃日昇令彼設計擒拿將來，尚可為之敘其功能也。又孫調元及散偽劄諸人，俱須留神密訪。奸人盡得則民心自安，此尤安插事宜之要緊者也。專布，不一。

宣慰陳恢恢諭[253]

　　照得本府奉撫部院安撫東山[254]，費盡苦心，推誠置腹。劉君孚信之最真，陳恢恢在沙廟相見，甚是爽利，恨見之晚。不料鄒君升為盜僕逼脅，君孚仗義進勦，本府因之會集鄉勇，協力相助，申報各憲，以劉君孚、陳恢恢為勦主，四境告示，昭然耳目。且恢恢與眾紳士陪本府每夜飲酒，情意浹洽，何物畜生，輒布浮言，離間我同心！本府年近六旬，離家一十四載，止帶二僕，孤身萬里，一片實心，惟欲保全百姓。駐岐數年，一舉一動，士民咸知，非為功名起見。茲恢恢見疑本府，使心跡未明，殊切憤恨！望君孚作速傳諭恢恢，見亮此心無異。若懷狐疑，將以禽獸待本府也。本府焦勞招撫，精力疲竭，久思回籍，何可久戀官職，為人所疑忌？如本府不以實意待恢恢，天地鬼神速加誅殛！

---

[251] 乾隆本、四庫本為卷一之附錄佐黃州署武昌時湖廣張撫臺來劄計五道之三之後半部分，疑乾隆本、四庫本把兩篇往來文書混為一篇。奏牘本為正文後附，題目據奏牘本改。

[252] 浮橋一案，當即請復，幸勿以此思賦歸來也　乾隆本、四庫本無「浮橋一案，當即請復」，據奏牘本改。

[253] 奏牘本為卷四之第三篇，題為〈宣慰招撫諸賊告示〉。

[254] 奏牘本此句前加「為曉諭事」。

東山就撫後飭行保甲諭 [255]

照得東山向化[256]，士民安業。本府親履田畈，編立保甲，稽查匪類，勸勉為善。惟恐遊手好閒之徒，凶逆亡命之流，不遵本府勸諭，且憾山中就撫，心懷叵測，匿名山間，流禍地方，潛行不軌，勒良從逆，一以壞安撫之實，一以貽良善之憂，深可痛恨！為此，牌仰知悉：如有匪類，速勸投見，倘執迷不悟，脅良作亂，凡我士民，嚴行保甲，協力擒解，或殲滅報功。本府申詳院道，厚加獎賞，以勵忠義，以靖地方。切不可藉端報復，誓害無辜，不惟有負本府撫輯民人、清靖地方至意，且以犯神人之忌不淺矣。

禁止嚇詐就撫士民諭 [257]

照得東山就撫[258]，守憲勸賞，給撫部院告示安插，遠近咸知。但其中有鄰封愚民附和入山，既撫之後，願各歸本地安業，恐鄉保、地棍、衙蠧、惡捕藉口稽查，恐嚇索詐，將歸業好意反致失所，殊非院道安撫之意，合行曉諭。為此，示諭本地士民人等知悉：查本人歸家驗明，守道給票並告示，即善為安插。如有諸色人等藉端嚇詐，除本人稟究外，鄉保即刻指名呈報，以憑報導申院掌解正法。倘通同作弊，或縱容肆害，事犯之日，鄉保均難姑宥。

清理保甲諭 [259]

照得東山已靖[260]，應宜安插，為撫良善後之計。茲本府沿堡清理，設定居長，教訓子弟，編擇甲長，稽查烟民，各安生理，毋縱為非。唯恐

---

[255] 奏牘本為卷三之第十九篇，題為〈行保甲示〉。
[256] 奏牘本此句前加「為嚴保甲，以靖地方事」。
[257] 奏牘本為卷三之第二十二篇，題為〈禁止嚇詐就撫士民示〉。
[258] 奏牘本此句前加「為曉諭事」。
[259] 奏牘本為卷三之第二十三篇，題為〈清理保甲告示〉。
[260] 奏牘本此句前加「為曉諭事」。

有流移遊手之類，無家可歸，無業可務，聚集山中，衣食不足，甚之凶逆亡命之徒，有罪案未消，匿處林藪，苟延旦夕，均應處置得宜，以撫良善，合行曉諭。為此，示仰陳恢恢知悉：亟清理山區，除將本區居民安插務農，照例設定居長、編擇甲長外，如有流移遊手之類，作何安插？至於凶逆亡命之徒，罪案未消，速趁此時投首，可以免罪。若觀望不前，則此會一失，投首無門，山中終非遁逃匿奸之地，後悔何及？思之！思之！

附　張撫臺來書[261]

浮橋一案，不佞見在繕疏，開復親翁，可毋煩縈念，幸將麻事竣局之後，方回鄂渚可耳。又不佞近日將玩法承差頭黃日昇責革之後，聞彼亦逃在東山一帶，煩密查之。黃副將已赴省矣，備述賢勞，殊為欣溯。專布，不一。

保甲事竣再行申飭諭[262]

照得麻城東山撫勤咸輯[263]，士民向化。本府駐麻時，已經親履垣區，編立保甲，稽查匪類，勸勉為善，日無寧晷，心未刻閑。雖有成規，惟恐本府離麻之後，人心渙散，無有聯屬，特委各方總堡，督領垣主、戶首，分任勤勞，逐戶清查。倘有流亡凶逆之輩，遊手好閑之徒，不遵本府勸諭，不聽保長約束，心懷叵測，為害地方，潛行不軌[264]，煽惑我民，以壞安撫之實，以貽良善之憂，深可痛恨！爾西南北一帶，山勢不甚險峻，士民原無異心，但地連兩界，路通光、黃，必須稽察嚴密，永保地方。

---

[261] 奏牘本此文後附，乾隆本、四庫本均無。此附書與前文似無關，奏牘本作此，依奏牘本仍置於此。
[262] 奏牘本為卷三之第二十五篇，題為〈保甲事竣再行申飭示〉。
[263] 奏牘本此句前加「為嚴行保甲，以靖地方事」。
[264] 軌　奏牘本作「宄」。

申飭區堡諭 [265]

　　照得設堡長、戶首[266]，原為清理保甲，稽查匪類。若不徹底清查，顧惜情面，大非借重之意。嗣後，凡屬領牌堡甲所轄區分戶首、煙民，務要遵依憲行保甲之法，聽信堡長教戒。為此，示仰領委堡長及區內人等知悉：作速稽查匪類盜賊，教率子弟，驅除強暴，防守要路，勿使容隱不軌[267]，縱放逃僕。一家有警，隣里協力救護；一方有警，隣堡同心堵勦。爾等宜各以身家性命為重。今日本府拳拳委託，再三叮嚀，總欲爾等共用太平無事之福也。本府更有囑者，地方重大事務，除真實密報，即宜相機早圖，毋令遺患。慎之！慎之！

再諭東山士民 [268]

　　照得本府奉部院命[269]，安撫山中，爾等念朝廷德意，傾心向化，不越十日，漸次蕩平。止因該縣有爾等陽順陰逆之議，部院飭本府暫駐安插，毋得擅離麻邑，期為善後事宜，以致羈留一月有餘。目睹亢旱，憂心如焚，兼之訛言沸騰，傳本月初二、初七爾等破城，縣中男婦縋城逃走，人情洶洶，本府寢食不安。今訛期已逾，保甲已編，幸天雨霑足，四民稱快。又，李公茂隨守憲赴省投見部院，劉青藜出首副將偽劄，俟題優敘。劉君孚保全地方，一片實心，本府倚為左右手。陳恢恢屢次謁見，毫無芥蔕。鮑洪功夜行歌舞。李子茂名雖掛於招撫，實無預於激變。皆爾士民耳聞目見，山中復有何疑？本府難於久駐，的於某日回省復命，合行曉諭。為此，示諭山中人民知悉：嗣後，各安生理，共用豐年，須念該縣撫後復叛之文。爾等誰無良心？應與本府爭氣，勿使其言

---

[265] 奏牘本為卷三之第二十六篇，題為〈申飭區堡告示〉。
[266] 奏牘本此句前加「為曉諭事」。
[267] 軌　奏牘本作「宄」。
[268] 奏牘本為卷三之第二十七篇，題為〈再諭東山士民示〉。
[269] 奏牘本此句前加「為曉諭事」。

效驗，為所恥笑。本府駐武昌，相隔不遠，凡事可速稟報。其餘人民安家樂業，勿再為訛言蠱惑，致生驚擾。

勸諭士民 [270]

照得東山作難[271]，止因被誣士民嘯聚，將附近居民逼脅入黨。哀哉！耆年父老曾經兵戈之慘，曾罹流亡之苦，萬死一生，留此殘喘，撫兒孫而心酸，覰田宅而魂銷。又有衣冠子弟，身受朝廷恩榮，顧惜祖宗門第，禮義廉恥，不忍棄絕，中夜彷徨，莫知所措，父母妻子環聚而欷歔泣下。又有種田農夫，賦性愚樸，十數年來耳不聞金革之聲，目不覩旌旗之色，止知終歲勤動。納糧之外[272]，積儲粟豆花布；茅屋之中，畜養雞鴨豬犬。稍有餘裕，買牛生犢，便稱山中富翁。聞此警息，搥胸頓足，件件難捨。又有商賈之流，或係己資，或係借貸，拋妻別子，經營江湖，折本羞見故鄉。倘有生意，歸家修理房屋，治買衣服、桌椅、器皿，好為精緻，婢女僕兒，好為役使。忽聽無端啓釁，顧惜從前辛苦，棄之不忍，守之難保，痛哭流涕，天日昏慘。凡此士民，情狀堪憐。因之，族微勢寡者，含淚棄家，遠避他鄉，苟全性命，煢煢無依；族大勢重者，糾合同姓異姓，督修堡垣器械，能自守衛，決不苟且從逆[273]。此等苦情，壅於上聞。在爾等各為身家性命，在朝廷便是忠義良善，若不獎勸，何以勵後？合行給示獎勵。為此，示諭東山士民知悉：爾等自能守衛者，忠義可嘉；望風遠避者，良善堪憫。自今伊始，潢池赤子俱是一家，各宜安心樂業，共用山中太平。本府更有囑焉，值此多事之時，不無一二姦民引誘後生，徼倖功名，殊不思耕田鑿井之民，豈慣為披甲荷戈之事？本府曾有訓言，山中正好避兵，農民豈堪將相？古語有云：「一將功成萬骨枯。」這事豈

---

[270] 奏牘本為卷三之第二十九篇，題為〈勸諭士民告示〉。
[271] 奏牘本此句前加「為獎勸忠義良善，以靖地方事」。
[272] 糧　奏牘本作「糧」。
[273] 逆　奏牘本作「黨」。

是容易做的？嗣後，須嚴行保甲，責成戶長稽查詐偽，勤約子弟，勿留禍害之種，勿蹈危亡之轍，慎終如始，以靖地方。

招撫事竣詳[274]

看得劉啓禎即劉君孚，而劉青藜乃啓禎之侄，自幼喪父，啓禎養為己子，住東山曹家河區內。禍緣夏寅生、李攀龍為偽劄一案，忽被拿解，人心已屬驚疑。該縣未出示曉諭，而捕役藉端恐嚇，凡東山一帶舊日招撫遺民，並訛傳劄內姓名，及貿易歸家商賈，形涉疑似，人人有莫保之勢。而徐家堡劉公先、李君聖、方燕及談召賢疑畏入山，鄉保報明該縣，委耆老安慰，已經解釋。陡於五月十五日，魯家臺鄉約魯象美、徐家堡鄉約周美公、曹家河鄉約李祥（瑞）[275]、陳家集鄉約徐克承，赴縣點卯，該縣輕聽人言，將周美公等硬夾取供，仍行監禁。至於楊楚喬，係劉青藜十二年當差頭之保戶，因差銀角口，用刑成招，並無報呈奸細緣由，周美公等泣訴有據。而劉君孚聞風嘯聚，脅眾弄兵，鮑洪（公）〔功〕、陳恢恢、李子茂亦以捕嚇嚮[276]應，山中震驚，縣治戒嚴，幾於燎原。此起釁之由，而該縣請兵鎮勦之所從來也。

成龍于五月二十二日奉撫部院遴委安撫[277]，二十七日進山曉諭。六月初三日，劉啓禎率眾出山，獻「傾心向化」旗一面，赴守憲投誠，賞賚有差，給照票安插，而劉公先、李君聖、方燕及談召賢均在安插寧家之內。劉青藜主張，在父非別有事端，脅從劉元兒、鄒先甫均已解散，本月初四日報明撫部院，發示宥罪安慰在案。劉啓禎蒙守憲牌委，招撫山中餘孽。本月初七日，啓禎招鮑洪功、陳恢恢、李子茂率眾出山，獻

---

[274] 奏牘本為卷三之第二十篇，題為〈招撫事竣詳張撫臺〉。
[275] 曹家河鄉約李祥（瑞）　漏刻「瑞」字，據後文改。
[276] 鮑洪（公）〔功〕　據前後文改。
[277] 于　四庫本作「於」。

「安家樂業」旗一面，赴守憲投誠，賞賚有差，給照票安插。本月初七日，報明督撫部院，照例宥罪安慰在案。本月初八日，奉督撫部院為撫綏全賴賢能等事牌：「仰即將發來告示，特諭各士民。凡被劉逆煽從黨羽，或令徑行解散，或令隨該府赴道協投明歸農，一概不得株連，慎勿任其執迷不悛，慘遭殺戮，累辱父母妻子，有負本部院軫恤至意」等因奉此。遵依發示，曉諭士民：「凡煽從黨羽，有徑行解散者，有赴憲領票歸農者，咸體督撫部院軫恤至意」在案。再查該縣飛報叛形案內開，周美公供稱：「方韶友在雲南來散劄付，藏於劉君孚家」，自招撫之後，遍查無方韶友蹤跡，藏劄亦無的據；李祥瑞供稱：「雲南二人不知姓名，送劄付與劉君孚、劉青藜、邵君弼」，查邵君弼年老，並未倡亂，而雲南二人不知姓名，涉於風影；徐克承供稱：「郭輝之在君孚家行走，叫小的探報信息」，查徐克承係陳家集鄉約，在東山之外，離曹家河三十餘里，郭輝之何由囑其探信也？且曹家河鄉約李祥瑞亦赴縣點卯，何信不可探而囑徐克承焉？如疑點卯鄉約為奸細，則無人不可疑矣。又，六月十七日劉啓禎領程鎮邦出山，赴守憲投誠，十九日護送赴省，投叩撫部院求賜發落。本月二十四日奉批：「已據守道詳批發臬司，將所繫家口取保候給」在案。緣係安撫事宜，合逐一據實詳報。

附　張撫臺復書[278]

東山招撫，全屬親翁勞績。今徐守道交代在即，則善後事宜尤在親翁獨力成之矣。頃聞木樨二里河又有嘯聚之事，不知果否？想大隊既已招撫，此小丑自易為平定也。惟留神，不一。

---

[278] 乾隆本、四庫本為卷一之附錄佐黃州署武昌時湖廣張撫臺來劄計五道之四，奏牘本為正文後附，題目據奏牘本改。

招募反側充伍諭 [279]

　　照得東山逆黨 [280]，一歲三叛，繩以國法，當大肆殺戮，盡絕根株。本府仰體各憲好生德意，念爾愚民無知，為奸究煽惑，以致發兵勦絕，身首異處，妻子家業一旦成空，真可憾又可憐也！除將首逆擒解正法外，餘黨概行免死。但爾等共圖不軌，釀禍地方，凡被害之家，何能甘心隱忍？爾等餘黨中懷疑畏，莫若乘召募鎗手之名，投見本府，充兵食糧 [281]，如有技勇，另加提拔。先給安家銀一兩五錢，隨帶鳥鎗，照例領價。與其提心弔膽，不如披甲荷戈。為此，示仰東山一帶士民人等知悉：凡有願充招募，速行報名，決不相強。至若地方士民與衙蠹、惡捕，假稱兵役，肆行嚇詐，毒害無辜者，本府已訪知一二件，仰受害人等作速申冤，立刻通詳拿究，勿謂城狐社鼠。本府生性執拗，決不假借，總使勢不兩立，亦自無妨也 [282]。

上張撫臺善後事宜稟 [283]

　　成龍奉嚴命，酌行善後之法，焦心勞思，採訪山中地勢、路徑、隘口，已有成局。大約良民居多，而頑民有數，編以保甲，諭以利害，各有互保身家之心。成龍擇殷實良善，舉為區長，聯絡守禦，家自為守，人自為戰，料宵小不能出其範圍。木樨河現委夏鼎安、夏正宗、夏柳宗、丁貴卿、丁吉生等彈壓。夏族人丁有二百餘，前倡亂之時，立志不變，已與逆為讐，用之，此路可保無虞。二里河果有李公茂先撫，不知名姓。因劉啓禎未行招撫，氣激嘯聚。本月十八日啓禎聞風往慰，十九日報信安息。且此地有鄉耆田初陽二男，俱係青衿。啓禎未往慰之，先

---

[279] 奏牘本為卷二之第三十六篇，題為〈招募反側充伍示〉。
[280] 奏牘本此句前加「為禁約事」。
[281] 糧　四庫本作「糧」。
[282] 奏牘本此句後加「特示」。
[283] 奏牘本為卷三之第二十一篇，題為〈上善後事宜情形上張撫臺〉。

因公茂作孽，曾設相鬭之勢。公茂氣餒，嗣啓禎往慰而止。李公茂即李攀龍之叔，攀龍在監，可以挾制其心。目前委田初陽為區長，以樹其敵。且有東義洲區長鄭君佩等、殷家園區長商克繩等、落梅河區長張在如等、南莊區長金鼎黃等、木子店區長童瑞之等，俱巨族富室，為之聲援。此逆已在籠中，但因啓禎往慰，姑開一面。茲奉憲諭，亦必令出山申誡，以懲將來。十九日據劉啓禎密稟稱：「外縣竟有不軌之徒私來殺禎，不忿招撫。」似此人心不體朝廷德意，非勦不能靖。祈發四張密票給余公進、夏仲昆、袁興明，督煙民堵截關口要路，布揚聲勢，自然奪魄。至於山中，李公茂已經解散，禎大膽承任，凡事不煩過慮。尚有潘家塘大盜馬歪嘴乘釁刧擄人家，禎欲處死，不葡肯發令否？成龍時在麻城，當夜密差飛遞硃票，相機擒殲，數日尚無動靜。今麻城附近，東山內外，編甲已就，紳衿和好，成龍刻期仍赴杲鎮布置[284]。山中有黃寅生，並無黃日昇。守道甚得人心，雖交代在即，尚宜款留善後。局面已定，可計日以待。成龍年邁力疲，不善飲食，強勉辦事，以報憲恩之萬一。仰祈洪慈，俯念成龍奔走之苦，委員接署，生死感激。倘有可効力之處，決不以官之去留異心也。[285]

---

[284] 刻　四庫本作「尅」。尅，亦作「剋」，通「刻」。
[285] 奏牘本此句後加「天時亢旱，二穀枯槁人情洶洶。合併稟報。」

附　張撫臺復書[286]

　　接來翰，具悉尊意，但疆圉多事，正藉賢刺史善為撫馭，以恤殘黎，不佞行即繕疏題留矣。幸親翁盡瘁王事，勉抑私情，其東山善後事宜，尤望留意。率復，不一[287]。

請委武昌署員詳[288]

　　本年六月十四日[289]，奉總督部院蔡憲票：「差官張虎前去武昌府，著落官吏查照[290]，後開穀草數目，勒限全完，協同解官人役，限本月中旬以內飛解來荊接濟」等因奉此。該職遵查，於六月十六日為「亟請署員等事[291]」。照得成龍係黃州府同知[292]，於本年三月初九日委署武昌府事，因就近補授一案，授武昌府知府，尚未領憑。值禁旅南征，成龍奉委修搭浮橋，被山水衝毀，失悞軍務，題參部議處分，應遵奉離任。且成龍奉憲往撫東山[293]，遙隔省治，一切府事俱高閣觖悮，如軍前草束舊欠新派不及催辦，欽案部件熱審重情不及清理，負罪滋深。幸東山已靖，撫事已竣，本月初七日詳憲，候批歸省。蒙批：『一應安插善後事宜，該府必須計慮停妥，另詳報奪回省。』成龍凜遵成命[294]，撫事雖就，而善後非旦夕可奏，仰體憲慮為地方生民圖久安之計，現在清查保甲[295]，立守望相助

---

[286] 乾隆本、四庫本為卷一之附錄佐黃州署武昌時湖廣張撫臺來翰計五道之五，奏牘本為正文後附，題目據奏牘本改。
[287] 率復，不一　乾隆本、四庫本無，據奏牘本補。
[288] 奏牘本為卷二之第二篇，題為〈辭武昌任請署員上蔡制臺〉。
[289] 奏牘本此句前加「為軍務事」。
[290] 著　奏牘本作「箸」。
[291] 等事　奏牘本作「以理府治事」。
[292] 照得　四庫本作「竊」。
[293] 憲　往　奏牘本無此二字。
[294] 成命　奏牘本無此詞。
[295] 現在　奏牘本作「目前」。

之法。延日逾久，積案愈多[296]。現今武昌同知新任，正可接署，料理府事。伏乞憲臺俯念欽部案件、軍需，關係重大，迅委同知接理。成龍受憲籌畫[297]，得以盡心効力，不敢以去位貽害地方生民」等因，具詳憲臺，未蒙批發。又于六月二十五日[298]，奉布政司信牌：「為特參違玩官員事。本年六月十四日，奉撫部院張憲牌行司：『照牌內諮文奉旨事理，欽遵施行』等因奉此。看得成龍原任黃州府同知，本年三月初九日委署武昌府事，蒙題補武昌府知府，尚未領憑。因浮橋一案，題參革職，例應解任。伏乞憲臺勅司速詳，委員署篆理事，庶一應軍需、欽部案件，責有攸歸」等因，於六月二十六日申詳[299]，亦未蒙批發。今奉憲差催辦穀草[300]，隨該看得自五月二十二日成龍委撫東山，未嘗一刻忘解荊軍需，奈羈處僻隅，不能分身以應，憂心如焚，亟欲撫竣，回省料理。又因善後之計，多方布置，非旦夕可就，唯恐日久遲悮，于六月十六日詳請委署催辦軍需[301]。又本月二十六日詳請署員接理，撫事、軍需，兩無違延，俱未蒙憲示。茲差官目覩成龍艱辛疲病之狀，事出兩難。伏乞憲臺查批原詳，仰鮑同知接印理事，刻期督催，庶可有濟[302]。

---

[296] 愈　四庫本作「逾」。
[297] 受憲籌畫　奏牘本多「守」字，作「受守憲籌畫」。
[298] 于　四庫本作「於」。
[299] 同上。
[300] 辦　奏牘本無此字。
[301] 于　四庫本作「於」。
[302] 刻期督催，庶可有濟　奏牘本作「刻期督催，不至遲悮，于公事庶可有濟耳」。

于清端公政書　卷二

■ 黃州書

初至黃郡與友人書 [303]

　　天下有極苦之地，居之久而不為苦者，羅城、合州是也。天下有不苦之地，入其境而即為苦者，黃州是也。羅城為蠻煙瘴雨之鄉，其苦古今人共知之。然久之而茅屋頹垣，布衣（蔬）〔疏〕食[304]，裸體跣足，長歌痛哭，習以為常。彼其心不在此也，在乎欲全生歸家而已。又久之而時和年豐，盜息民安，官民親睦，在下易於見德，在上易於見功。日用之需費有限，而一於儉。上司禮節不行，無所憎惡。迨至合州，人煙絕滅，水陸衝煩，苦矣。僕則挑水運柴[305]，主則讀書飲酒[306]，民間供應盡裁，上司誅求亦寬，往來仕客聞風而嘆惜，以去夫役，因之無擾。在上則曰「清操毅敏」，又曰「刻苦矯厲為良吏」。美之又加悲焉，憫其窮也。在下垂涕號泣，無復官民禮。此居極苦之地而不為苦者也。

　　若夫黃州則不然。居郡丞之位，履文物之邦，署宇嚴肅，役胥羅列，士民聚觀，耳目雜遝。狐裘煌煌者[307]，同寅也；衣裳楚楚者，屬邑也。蒞斯土者，主尚可布衣而步行乎？僕尚可挑水而運柴乎？為之治其

---

[303] 奏牘本為卷五之第十二篇，題為〈初至黃郡與友人書〉。
[304] （蔬）〔疏〕食　四庫本作「疏食」，從四庫本改。
[305] 僕則　奏牘本作「其僕也」。
[306] 主則　奏牘本作「其主也」。
[307] 煌煌　四庫本作「黃黃」。

執事，備其傘蓋，繁其交際，咸借貸以應。而冷署如冰，下無以為德，上無以為功，五窮環至，應接不暇，如之奈何？此居不苦之地而適為苦者也。

八年十二月二十五日蚤，舟中驟見小犬，長者龐然，幼者突然，竟不識為誰家子。徐聽其聲音，抱頭痛哭。此命數蹇陋，父南子北者九年，一旦見面，肝腸欲碎者也。頃捧手札[308]，數載隔絕，如對芝眉，灑淚痛懷，始知老年伯奄忽仙遊。猶記聶親翁觀旋，寄有尊諭，勉慰備至，尚存笥中。忽焉乘箕上天，五內震悼，此痛切而難已者也。惟年兄以禮節情，為時自玉。積緒萬千，書不盡意，統希台照。不次。

初守黃郡上張撫臺稟[309]

成龍於七月二十五日在麻城縣望花山，准武昌府關移，委官賫黃州府印信，本日叩恩接印，理黃州府事。於八月初四離望花山，初六日至省，回復撫部院嚴命。又因新派槽、鍬、鍋、桶等項軍需，向閫司領協餉置辦，羈遲數日，於初十日辭赴黃州。十一日巳時到府，即將草一百萬束，照糧均派，行各州縣催解，已經報明在案。又軍需困民已久，成龍不忍將槽、鍬、鍋、桶等項再派民間，情甘自任其勞，分委屬官覓買木料，差役調取匠作，買辦鐵、炭、楠竹、籮筐、木掀、撮箕等物，查結各憲守催事件，拮据半日，神已昏瞶。十二日早[310]，親看起爐處所，復清查堆積公文，有黃岡縣縣丞王公濯呈繳日收公文，自七月十七日起至八月初十日止，共拆公文四百六十一件；十二日鋪司投遞公文九十一件，共五百五十二件，自巳時至二更方行拆完。成龍不覺頭暈目眩，嘔血不止。查各項公文，堆積如山，咸係要件，非經承敢於怠玩，亦非成

---

[308] 手札　四庫本作「手劄」。
[309] 奏牘本為卷二之第四篇，題為〈初守黃郡上張撫臺〉。
[310] 早　奏牘本作「蚤」。

龍敢於懸閣，皆緣缺員塵封，一時何以速理？且成龍于本年三月初九日理武昌府事，晝夜不遑。四月初四日委往咸寧、蒲圻，於五月十五日歸省，即辦解岳州軍需。五月二十二日委往麻城東山，於八月初六日方得回省。數月奔走，身履危險，罪戾滋深，精力已竭。夫以積勞之微軀，一旦覯要件之沉積，頓使心神驚悸，感成痨瘵之危症。目前扶病料理，務期新派軍需毫無違悞，但恐病勢危篤，將來不可保也。合先稟明。

附　張撫臺復書[311]

積勞之後，慎勿過于鞿掌[312]，以致欲速反遲也。接來翰，殊為念切，幸善為調攝，以慰不佞惓惓。麻城一案，備述賢勞，已繕疏具題矣。附聞，不一[313]。

到黃州任申飭諭[314]

照得本府新奉督撫兩憲會疏[315]，補授黃郡，撫綏人民，全賴賢有司相助為理，以匡不逮。本府凜遵憲檄，夙夜匪懈，為爾民謀安生樂業之長策，寢食未安，惟恐有負上意。茲於七月二十五日在麻屬望花山鋪開印視事矣，合行飭知。為此，示府屬官民人等知悉：嗣後，各體本府愛民至意，大家齊心固守，清查保甲。如有面生歹人，聲音互異，立刻驅逐境外，務使兵民協和。城守事宜，照依往例，多撥人役，嚴加守禦，盤詰奸宄，以靖地方。該巡捕員役，毋得疎玩取咎未便。

---

[311] 乾隆本、四庫本為卷二之附錄任黃州時湖廣張撫臺來劄計八道之一，奏牘本為正文後附。
[312] 于　乾隆本、四庫本作「於」，據奏牘本改。
[313] 附聞，不一　乾隆本、四庫本無，據奏牘本補。
[314] 奏牘本為卷三之第三十二篇，題為〈開印申飭告示〉。
[315] 奏牘本此句前加「為申飭防禦，以固地方事」。

為黃州各屬報災請蠲詳 [316]

　　覆查看得天災流行[317]，所在恆有，或災于夏而有報蠲夏災之例，或災于秋而有報蠲秋災之例，未有如今歲之水旱相仍，夏秋並災之甚者也。遍閱九屬士民痛籲州縣哀請，真淚溢紙上，悲不成聲，成龍不覺心酸涕流。雖夏災報逾定限，乃緣風鶴有驚，士民奔竄，呈訴愆期。性命之念重，初不計及水旱之洊至，誠有如蘄州里民張重高等呈稱「播遷未歸，以致失時不報」之詞，確為真情。通計一歲正賦錢糧，既免夏災，復免秋災，所剩徵納協濟軍需，亦無幾何[318]。當此叛賊交訌之日[319]，荊岳用兵之時，訛言起滅不常，士民居徙無定，誠有如前府餘三汲所詳「恐欲徵而無民可徵」之語，實為有見。至於老弱溝壑，少壯流離，慘不忍言；饑寒切膚[320]，群聚為盜，宜為後慮。此各屬士民，有寧死於他鄉。「為民請命，計出萬全」之詞，誠有如前府餘三汲所詳；「（挺）〔鋌〕而走險」，黃安知縣徐秉仁所詳。以安為盜之心，瞻前顧後，均有裨國家之石畫也[321]。逆賊作亂，人心共憤，指日授首。當事請協餉以濟軍需，暫寬此日災民之命，將來百姓感恩、踴躍輸賦報効者，正自無窮。誠有如黃梅縣革職知縣王庭龍所詳，「留此一邑災黎，為後日種田輸賦之民」，可謂痛哭流涕、實意為國為民者矣！成龍更有請焉。目前荊岳進勦，備辦槽、鍬、鍋、桶，起運草束、穀米等項，無不藉民力以輸將。若寬小民今歲之賦，雖未得小民効順之財，而歡呼趨事，亦可得小民効順之力，並可得小民効順之心。成龍愚昧，不識忌諱，統祈憲裁，詳請題蠲。除未奉緩徵之先各屬已征銀兩，並照秋糧盡數恩豁，以救民命，以培國脈。合據黃屬士民州縣呈詳，妥議申報。

---

[316] 奏牘本為卷二之第三篇，題為〈為黃州各屬報災請蠲上張撫臺〉。
[317] 奏牘本此句前有大段文字，作「該成龍于本年八月十一日至黃州府查緩徵已荷等事一案前府余三汲於本年七月初五日呈」。
[318] 無　四庫本作「復」。
[319] 叛賊　奏牘本作「遇賊」。
[320] 饑　四庫本作「飢」。
[321] 石畫　四庫本作「碩畫」，奏牘本作「石晝」，「晝」疑為「畫」之誤。石畫，大計。

請免彝運詳 [322][323]

　　竊照力役之征[324]，古今通義。前次赴荊運彝軍糈，派黃州府七千五百石，蒙嚴飭僱覓夫驢，勿派里甲力役，誠愛養百姓、培植國本之盛意也。漢陽僱騾可稱盡善，武昌僱驢亦蚤有成算。成龍奉文稍遲，忙不及備，若買驢僱夫，必延遲悞事，晝夜焦思無已。設借驢之法，言定驢回給主，傷損官賠，里民踴躍赴公[325]，毫無難色。而領運無人，點衙役代勞，各役向隅環泣，費幾唇舌，方有定局，各屬照例遵行。此成龍一片苦心，於倉卒之際[326]，為濟急之舉，期以上不悞公，下不病民已耳。無如夫驢至荊，便已疲斃，日久所傷必多，兼悞運事。而荊州之夫驢一呼可以萬計，於是委官審度時勢，為僱夫之舉[327]。每石夫價有一兩者，有一兩一錢五分者，有一兩二錢三分者，除官價六錢五分，應幫夫價自三錢五分至五錢八分不等。此外，去役之盤費，驢隻之草料，賠驢之價值，俱屬妄費，咸係官賠。方幸運米蚤竣[328]，私為得計[329]，倏焉二運之檄又至矣。牌仰在荊夫驢再運[330]，然夫驢久已各回，將何以應？各屬申請盈案，紙上之哀訴盡是哭聲，筆端之揮灑無非淚漬[331]。成龍之心已碎，術已窮，是當年西山之運苦在民，而今日彝陵之運苦在官。如逼之仍照前運，有司力竭，豈甘坐困？掩耳盜鈴，安能舍里甲而索奇計也！莫若行力役之征，光明正大，官民相濟，終為久遠之法。如里甲艱於遠行，有前運僱夫之成例在焉。

---

[322] 奏牘本為卷二之第九篇，題為〈請免彝運上張撫臺〉。
[323] 彝　本文中之「彝」字，四庫本均作「夷」。
[324] 奏牘本此句前加「為直陳彝米萬艱，官難再運事」。
[325] 裏民踴躍　奏牘本加「借驢」二字，作「裏民借驢踴躍」。
[326] 於　本篇中之「於」字，四庫本均作「于」。
[327] 為僱夫之舉　奏牘本作「僱夫之舉行焉」。
[328] 方　奏牘本作「止」。
[329] 私　奏牘本無此字。
[330] 牌　奏牘本無此字。
[331] 灑　奏牘本作「灑」。淚漬　奏牘本作「淚珠」。

成龍萬不得已，更有泣陳。前次派武、漢、黃三府運米之數[332]，漢陽府兩縣派米二千石，武昌府除江夏、蒲圻、通城、嘉魚量派外，尚有六縣該運米六千石。黃州府除黃梅、廣濟量派外，止有七縣該派米七千石，前次多派米五百石。成龍以運米未必如此之苦，且夫驢可以帶運，此五百石之任勞似無傷也[333]。不料一石有一石之費，彼此輕重不均，各屬議論沸騰。今二運多派之米似難再運[334]，如以已派不便紛更[335]，查德安府於已派內新減一千石，或可援請。伏乞憲裁，敕司道公議，定官民運米之法，施均派恩減之仁，庶奉行不至遲悞，軍需可以濟矣。

上張撫臺請免運夫稟[336]

成龍於十九日晚渡江，敦請各驛店，婉辭懇求，無如堅執不許，憂心如焚。崇委馮縣丞叩稟憲垞。漢陽有驟，武昌有驢，成龍將何以應？即於二十日夜至黃，細問（圻）〔蘄〕蘄水縣丞王遴自荊至彝路程、運米事情[337]。荊州六十里至穿心店，三十里至河溶，五十里至當陽，三十里至玉泉寺，四十里至連平，四十里至涼亭，二十里至風寶山，三十里至彝陵，共三百里。山路崎嶇，一夫止負米三斗，帶食米一斗，多負決不能行。兼有被褥雨蓋之累，領米收米必需半月，是一月止可運米六斗也。荊州除遵法官僱外[338]，運米一石，索銀一兩六錢。王縣丞離荊時，一兩六錢已不肯運。頃有信自荊州來[339]，土人每石討價二兩五錢，是運米七千五百石，須費萬金以外。黃屬甫定之餘，災傷之際，何堪當此

---

[332] 武漢黃三府運米之數　奏牘本作「武漢黃運米」。
[333] 此五百石之任勞似無傷也　奏牘本作「任勞一以無傷也」。
[334] 今　奏牘本無此字。
[335] 奏牘本此句後加「再有下情疊陳，黃屬惟廣濟、黃梅最苦，今歲又罹災傷，前次量派運米，迄今號泣，何堪再運，或者正賦可邀題蠲運米，亦可冀憲恩也。此例似非未被災郡可比。」
[336] 奏牘本為卷二之第十七篇，題為〈請免運夫上張撫臺〉。
[337] (圻)〔蘄〕水　乾隆本作「圻水」，誤，從四庫本改。彝本文之「彝」字，四庫本均作「夷」。
[338] 遵法官僱外　奏牘本作「官僱遵法外」。
[339] 頃　奏牘本作「值」。

苦累？目前正餉雖完，南漕正在催比，轉盼明歲錢糧又行開徵，民窮莫措，委實難支。官價六錢五分，為數雖少，何至浮加數倍？未必非射利之徒乘機作祟，貽害百姓，貽悞軍需。成龍計窮力竭，與士民密議捐輸夫價[340]，以救一時之急。伏乞憲臺恩憐成龍苦心，俯允捐輸[341]，恩免運夫。成龍幸甚，地方幸甚！

請捐輸運價免役運夫詳[342]

竊照我國家三十年來愛養百姓[343]，堯天舜日，海內享昇平之福，一旦吳賊逆天首亂，湖北震驚。邇來侵犯彝陵，[344] 王師會勦，軍行糧從[345]，難容刻緩，需夫餽餉，勢所必至。凡踐土食毛之氓，正効力報恩之日也。茲因荊民疲于奔命[346]，派及武、漢、黃三府[347]，黃屬該運米七千五百石，敢不竭蹶從事？成龍攷古度今，審其時勢，權其機宜，有用民之力者，有用民之財者，名雖殊而實則相濟，惟期有裨公事而已[348]。如黃屬者[349]，應用財而免用力之區也。黃屬九州縣，以時勢言之，除黃梅、廣濟今夏水災，題達請蠲，而黃梅兵馬過往，踐傷更甚，已蒙司道公議裁減、量派不議外，麻城、黃岡、羅田、(圻)〔蘄〕水環繞崇山峻嶺[350]，接豫省之商城、固始，連廬州之六安、英、霍，聯絡四十八寨，素稱易與為亂、難與為治之地。去歲么魔蠢動，人心叵測，

---

[340] 捐輸　奏牘本作「蠲輸」。
[341] 同上。
[342] 奏牘本為卷二之第十八篇，題為〈請捐輸免運夫上督撫兩臺〉。
[343] 奏牘本此句前加「為請効捐輸之誠，乞免運米之役，以申大義，以安人心事」。
[344] 彝　四庫本作「夷」。
[345] 糧從　奏牘本作「糧食」。
[346] 于　四庫本作「於」。
[347] 及　奏牘本作「夫」。
[348] 公事而已　奏牘本加「乃」，作「乃公事而已」。
[349] 者　奏牘本無此字。
[350] (圻)〔蘄〕水　乾隆本作「圻水」，誤，從四庫本改。

屢煩官兵，而麻城令屈振奇、黃岡令李經政、（坼）〔蘄〕水令蔣燦、羅田令王光鼎[351]，相與戮力撲滅，題敘各軍功在案。黃安密邇羅山，豫寇釀禍，黃安令徐秉仁躬親招撫，題敘紀錄在案。黃陂與孝感、黃安接攘[352]，逆賊搶楊店驛馬，查報題明在案。黃屬之時勢如此。

迄今婦子以寧，地方無驚[353]，然投誠向化之輩，雖云革面，難信革心，成龍何敢一刻置諸懷？則權其機宜，不得不為萬全之計也。查派運米七千五百石，每夫運米五斗，計用夫一萬五千名。呼之難猝至，聚之深可憂，是夫未至荊，而成龍膽先落矣。奉守憲牌，議運米一石，應給官價銀六錢五分，則七千五百石，應支官價銀四千八百七十五兩。是朝廷未嘗輕役一民，有此官價，何處不可覓夫？成龍為軍糈計，又為地方慮，情願勸勉屬民，捐輸銀四千八百七十五兩，為募夫之助，少省朝廷金錢，以伸黃民急公之義，以彰上憲恤下之仁。用民之財，寬民之力，婦子仍然以寧，地方仍然無驚[354]，于軍糈、民生未必無裨益也[355]。如捐輸不前，成龍任遲悞軍需之罪。或恐成龍藉端分外苛派，甘心正法，以謝州縣。或恐州縣藉端分外需索，成龍揭報，以謝士民。此成龍窮極計生，憂心焦悴，權其機宜如此。否則運夫之催逼，中途之逃亡，運米之遲速，一日公事未竣，一日憂心莫展，成龍惟有愁悶絕命已耳。伏乞憲臺迅飭司道各憲會議[356]。成龍寢食俱廢，晝夜望賜恩命，以解倒懸之危。

---

[351] 同上。
[352] 攘　四庫本作「壤」。
[353] 驚　四庫本作「警」。
[354] 同上。
[355] 于　四庫本作「於」。
[356] 迅飭　奏牘本作「迅敕」。

謝徐守憲詳免派夫稟 [357]

成龍屢聞派夫之議，晝夜愁悶，如坐針氈。於本月初十日稔知憲臺詳請折價，武、漢、黃三府士民戴如天之仁，陰德萬代；朝廷受無疆之福，鞏固百世。成龍不覺心折手額，踴躍欲舞。復望憲臺一力主議，哀懇必行，成龍奉命唯謹。伏乞憲鑒。

為麻城請改南折詳 [358]

麻城一邑，僻處萬山之中，東北與豫省光、息、商、固接壤，東南與江南英、霍、六安比鄰，不通水次，惟宋埠一鎮僅有盈盈一水。九月之後，水涸沙淤，需用竹簰，僅裝米八九石不等，尚須人在水中牽拽百里之遠，出鵝公頸，方抵大江，艱苦異常。此歷來南米蒙允改折，久經憲臺洞悉，無庸成龍瑣陳也 [359]。

目今軍糈扣算已定，刻不容緩，若俟麻邑南米接濟，夫以盈千累百之米，用八九石之竹簰輓運 [360]，曠日遲久 [361]，欲其速濟軍需，豈可得乎？在百姓筋疲力竭已不可言，而軍中之庚呼毫無裨益。茲據里民梅天章等呈稱「恩詳改折，以從民便」，呼籲痛切。成龍悉知麻城之山隅不近水次，更審酌軍糈之緊急難容緩待，不敢膜視，合據詞請命。伏乞憲恩憐山城水路阻遠，兵食萬難刻緩，俯從民便，飭糧憲照例允折 [362]，庶公私有濟，兵民受福無窮矣。

---

[357] 奏牘本無此篇。
[358] 奏牘本為卷二之第十二篇，題為〈為麻城請改南折上張撫臺〉。
[359] 庸　奏牘本作「容」。
[360] 運　奏牘本作「遲」。
[361] 遲　奏牘本作「持」。
[362] 飭　奏牘本作「敕」。

上張糧道諫止採買稟[363]

　　成龍猥以謭劣，幸荷恩培，感戴終身。然覆餗之懼，恒切寸心。目前軍糈孔亟，憲臺晝夜不遑。成龍屬在下吏，不能少助一籌，自反深（漸）〔慚〕。（苐）〔第〕採買糧米，成龍有三慮，不敢不為憲臺陳之。黃屬邇來鼠竊狗偷，遍地橫行，憲差賫銀務宜慎密。前聞有盜自省跟憲差至陽邏，托憲臺洪福，來差早已登岸，倖免無事。茲聞來差不加慎密，將銀兩裝在口袋，明搭騎走，惹動匪類計算，恐不可測。此露白之慮，一也。賫銀採買，必訪殷實經紀，自可無失。茲聞憲差不察虛實，概行混領混給。若輩領銀之後[364]，販豬買鹽，視為己物，不惟遲悞軍需，恐此輩窮棍花費一盡，攜家逃走，定煩緝追。此散銀之慮，二也。採買軍需，係上倉糙米。茲聞憲差遍發示條，糙米之外，一概收買，大船小船絡繹不絕，以致民欲買升合不能到手。宋埠附近地方居民[365]，已鬨然不能相安，今聞牙魚坑百姓又有奮不顧身之舉。此地方之慮，三也。伏乞憲臺密飭差役小心謹慎，細擇經紀，糙米之外[366]，勿包攬客船，仍分些須以濟民食。成龍不識時宜，冒昧上陳，可否，惟候憲裁。

上張撫臺請免募鎗手稟[367]

　　成龍質腐才疏，仰荷知遇之恩，即肝腦塗地，難酬萬一。惟期保障黃土，紓憲臺東顧之慮[368]。幸今歲雨暘時若，百室頗盈，婦子頗寧，人心貼息，無復去歲風鶴之驚[369]、逆黨煽惑之擾，咸賴我憲臺恩威並用，

---

[363] 奏牘本為卷二之第十三篇，題為〈諫止採買上張糧道〉。
[364] 若輩　奏牘本作「一夥」。
[365] 地方居民　奏牘本加「李招」，作「地方李招居民」。
[366] 之　奏牘本作「已」。
[367] 奏牘本為卷二之第十篇，題為〈請免募鎗手上張撫臺〉。
[368] 紓　奏牘本作「舒」。
[369] 驚　四庫本作「警」。

深仁厚澤，淪浹黃民之骨髓，成龍毫不敢有所假飾，以欺憲臺也。惟鼠竊狗盜未能絕跡，雞犬尚為騷動，成龍恒鰓鰓憂之。邇來民多訛傳調軍前之夫，抽民間之丁，成龍靜以鎮之，訛言甫息。忽於本月初三日，奉藩司牌召募鎗手，某州縣招募若干名，立刻催報。前此百姓之所訛傳為抽丁者，即此故也。愚民實不知為召募也，第此亦關係地方安危大事。夫以為召募則可，若定某州縣招募若干名，恐未盡善也。黃屬皆耕田鑿井之庶民，有父母妻子之關切，其中或有遊手好閒、情願為兵者，召募入伍，彼亦甘心，可濟實用。此招募不拘多寡，行之則可。如定以某州縣若干之數，有司不善奉行，畏上督責，猝募無一應者，勢不得不押鄉保以公報，勢不得不派銀兩以僱覓，恐此一舉，地方多囂動矣。奸人乘之，禍不可測。且有成龍不敢言者，遇知己之賢[370]，又不忍不言也。前荊州調黃協之兵，甚至親友泣別，灑淚赴途，光景淒慘，不堪聽聞。更有一二僱覓代行，彼已情願入伍，尚且如此，況耕田鑿井之民，有父母妻子之累，一旦逼以招募之舉，又不知作何光景也。伏乞憲臺裁酌，俾憲臺焦心苦思、剿撫經營之地方獲以萬全。如召募必不可免，似不宜分派州縣限定數目，止責成成龍量其緩急，陸續招解。可否允行，統祈憲鑒，蚤為定議，庶人心安而地方無虞矣[371]。

上張撫臺招募獵戶稟[372]

庸材腐質，蒙恩拔識，寵以章服，優以異典，知己之感，千載一時，德難酬報。當此逆賊侵犯，正大彰撻伐之期[373]，凡屬臣子，罔不奮勵。況成龍受憲恩隆重，恨不能坐展一籌，少（舒）〔紓〕憲憂，寢食為

---

[370] 賢　奏牘本作「主」。
[371] 奏牘本此句後加「為此激切上稟」。
[372] 奏牘本為卷二之第十一篇，題為〈招募獵戶上張撫臺〉。
[373] 彰　奏牘本作「揚」。

之不安。於本月十二日巳時恭接憲牌，取用獵戶，各縣不能奉行，致違憲命。但獵戶與鎗手雖同而實異，黃屬獵戶最少，鎗手可學而能，各屬或泥定獵戶，不敢妄報，罪誠有由。成龍凜遵憲檄，多方勸諭，招致年力精壯、習熟鳥鎗者，濟時之用。伏乞憲臺霽威，姑宥各屬無知之愆，成龍感戴無既[374]。

附　張撫臺復書[375]

歲暮匆匆，五馬遽返，殊愧未盡懷抱，粗服聊表緇衣之好，何煩覶翁齒及耶。鳥鎗已查收矣。附復，不一。

復張撫臺招募鎗手並運驢夫役稟[376]

張漢一委牌遵諭面給，仍再四勸勉，竭力報恩，無滋擾地方，已赴黃安縣訖。於本月二十七日譚以從來黃，成龍復發委牌一張，俾與張漢一協力召募。又託羅山生員羅一者，亦往召募[377]，不拘多寡。此委羅一者，便于譚以從勸募[378]，可無他說也。運米驢已有六百隻，點衙役二百四十名。每夫四名，領驢十隻，立一小旗。每夫二十名，領驢五十隻，立一大旗，以免混淆。驢尾烙印記，驢項繫懸牌，書毛色並夫姓名，以便認識。口袋、雨具俱全，均有記號。又恐衙役辛苦，設備帳房，委照磨李德、署縣丞唐紹先督領，刻日起行。尚有夫驢，如法陸續前往。木料委經歷張徙溟催辦。合先報聞，以紓憲慮。

---

[374] 奏牘本此句後加「緣奉軍務合先報聞，統祈憲鑒」。
[375] 奏牘本此文後附，乾隆本、四庫本均無。
[376] 奏牘本為卷二之第二十一篇，題為〈招募鎗手並運驢夫役復張撫臺〉。
[377] 往　奏牘本無此字。
[378] 于　四庫本作「於」。

附　張撫臺來書[379]

荊州大將軍新設援勦營，急需鳥鎗手。頃據張漢一、方茂貞二人稟稱，暫委職銜，彼可以各招募五百名。今將委牌二紙付去，如其言果屬可信，於地方無擾，則將牌給彼，親翁或再給與執照。倘親翁處可以召募有人，而其事於地方有礙，似又不必多此一番委募，即將原牌仍繳回可也[380]。幸酌之，速速[381]。

附　張撫臺復書[382]

兩接來翰[383]，夫驢一項已有成緒[384]，殊慰懸懸。但委官必須府佐方能彈壓，且交米領米俱得迅速，幸再酌之。其夫驢起程日期，亦須即為速報，以便檄知荊、彝等處[385]，並諮督院禁飭就近營汛拉扯耳。鎗手分招，極善。並復，不盡[386]。

捕盜巴河歸報張撫臺稟[387]

成龍叩謁憲楷，回府料理運米，苦無頭緒，以致心火焚熾。又因夜查關廂街道[388]，城門一嚮，馬驚墜傷，成龍倍加憂悶，數日稍愈，夫驢亦就，甫得安枕。不料心火外發，膚生膿胞，臥牀呻吟。于本月初十日忽聞巴河有失盜之傳[389]，漸不可長。成龍扶病微行，由徑至鎮，入失主

---

[379] 乾隆本、四庫本為卷二之附錄任黃州時湖廣張撫臺來劄計八道之三，奏牘本為正文後附。
[380] 仍　乾隆本、四庫本無此字。
[381] 速速　乾隆本、四庫本無此詞。
[382] 乾隆本、四庫本為卷二之附錄任黃州時湖廣張撫臺來劄計八道之四，奏牘本為正文後附。
[383] 兩　乾隆本、四庫本無此字。
[384] 夫驢一項　乾隆本、四庫本加「知」，作「知夫驢一項」。
[385] 彝　四庫本作「夷」。
[386] 不盡　乾隆本、四庫本無此詞。
[387] 奏牘本為卷二之第十四篇，題為〈捕盜巴河歸報張撫臺〉。
[388] 又因夜查奏牘本作「又值黃岡縣夜查」。
[389] 于　四庫本作「於」。

之屋，細看前後兩門，並無打壞蹤跡，情有可疑，亦不敢苟且輕易。再行密訪，挈獲一犯，居住偏僻，素行不端。十一日復以點煙甲為名，遍訪真盜，立刻緝挈，當晚二更回衙。十三日失主到府，文武同赴城隍廟會審，失主身無點傷，情更可疑。當晚刻挈失主家奴，十四日早審，窺見隱情[390]，知為失主奶公通盜也。但真盜未獲[391]，何以服失主奶公之心？於十五日晚在葦源口挈到一盜，即時鞫訊，自認情真。十六日蚤再加細問，滿盤托出，則成龍前訊奶公通盜之情果無差謬。隨傳失主面聽供詞，陸續叫失主家僮俾盜識認，第一、第二供稱不認，至第三乃為奶公。盜大言是他調線開門，而失主奶公俛首不能強辨[392]。立刻即將盜口供出的黨[393]，差役分布緝挈。大約多係興國地方慣盜[394]，一面差役往興國移文協挈[395]，隨將盜與奶公寄黃岡縣監候，差役回府必有著落。此夥竊盜毫無顧忌，若不嚴法以懲，人人傚尤，將來何所底止[396]？另容申報憲臺[397]，創一懲百[398]。

成龍因此勞攘數日[399]，膿胞益勝，臀不能坐[400]，手不能持，腿不能站。又值木料堆集江干，不躬親檢查，終不放心，強病支持，遍體疼痛，不能假寐。（圻）〔蘄〕州木料先行，（圻）〔蘄〕水木料頭幫已過黃岡[401]，不過一、二日裁截停當，合幫赴荊。地方事宜委張武舉、鄒貢生

---

[390] 窺見隱情　奏牘本作「隱」。
[391] 但真盜未獲　奏牘本作「但此夥竊盜毫無顧忌，若不嚴法以懲，人人傚尤，將來何所底止？且真盜未獲。」
[392] 而失主奶公俛首不能強辨　奏牘本作「而失主俯首奶公尚為強辨」。
[393] 口　奏牘本無此字。
[394] 興國地方慣盜　奏牘本加「緝捕府」，作「興國緝捕府地方慣盜」。
[395] 移文　奏牘本作「遍文」。
[396] 此夥竊盜毫無顧忌，若不嚴法以懲，人人傚尤，將來何所底止？　奏牘本此句已前置，此處無。
[397] 另容　奏牘本作「即是竊盜」。
[398] 創一懲百　奏牘本加「嚴法」，作「嚴法創一懲百」。
[399] 成龍因此　奏牘本作「又」。
[400] 臀　奏牘本作「腐」。
[401] （圻）〔蘄〕　乾隆本作「圻」，誤，從四庫本改。

沿路立堡巡防，事尚未竣。成龍血氣久衰，精力已枯，力不從心，強勉供職，地方一應事宜，伏乞憲臺寬慮[402]。

上張撫臺籌捕盜稟[403]

　　成龍才力疏庸，自愧難肩重任，久荷憲恩俯鑒。至于地方盜賊橫行[404]，失主與鄉保矇蔽不報[405]，習染成風，以致鼠狗無忌，真堪裂眥。成龍已痛切上陳，幸憲臺頒式嚴飭[406]，成龍敢不一力奉行？若成龍屬員，朝夕告誡，一己之功名事小，百姓之殘害、地方之擾亂事大，天理良心，安可以一己功名竟置百姓地方于不問也[407]？巴河、烏林二案，非成龍抱忿不甘，微行密緝，又蹈前轍。目前烏林港一事，訪有蹤跡，但恨成龍力薄，不能供養緝挐人等。不料鼠輩仍無顧忌，行刦倍甚，自（圻）〔蘄〕州至九江[408]，處處變亂。成龍躁激欲死，又蒙督憲嚴檄，責成龍前在岐亭盜息民安，何今日奉行不力，反致盜案纍纍？成龍更苦之甚矣！前在岐亭，稍有風聲，便可傳知，朝聞夕挐，傾刻立擒，登時處死，皆躬親經理。今地方寥廓，各屬蒙蔽不報，在成龍以為可幸無事[409]，誰知養癰至此。成龍疏虞之罪，其何能辭？無奈遍發捕役，各處打聽，（圻）〔蘄〕州又失兩事[410]，失主帶傷，鄉保不報，州官不知。成龍即刻行查，務遵憲頒式，以滅此鼠輩。特成龍血氣衰弱，實不能當此焦勞，統祈憲憐。

---

[402] 奏牘本此句後加「黃安鎗手李監生正在府守催銀兩。十九日蚤，憲舍賷銀至，即差役賷送黃安。成龍先具實收，統祈憲鑒。」
[403] 奏牘本為卷二之第十五篇，題為〈又籌捕盜報張撫臺〉。
[404] 于　四庫本作「於」。
[405] 蒙　奏牘本作「矇」。
[406] 嚴飭　奏牘本作「嚴責」。
[407] 于　四庫本作「於」。
[408] （圻）〔蘄〕州　乾隆本作「圻」，誤，從四庫本改。
[409] 以為　奏牘本作「止以為」。
[410] （圻）〔蘄〕州　乾隆本作「圻」，誤，從四庫本改。

附　張撫臺復書[411]

巴河獲盜，具見摘奸發伏之奇。此等萑苻橫行，自當嚴為懲創。但失事未據報聞，是強是竊，尤宜據實具報，毋致代為下屬受過也。瘡痍尤冀慎攝。率復，不一。

上張撫臺籌報水災稟[412]

今歲水災，自四月泛漲，至十月初旬尚未退涸，變出異常。蒙憲駕臨仙桃鎮，親看水勢，軫恤災黎，勅藩司取各府屬被災情形，繪圖請蠲，誠覆載斯民、鞏固邦本之至意也。成龍愚昧，揣度時勢，竊有眇見上陳。

凡天下事，情與勢而已。官與民休戚相關，如遇疾苦，何忍膜置？痛哭陳情，職所當然。若今歲之水災，各屬為民請命，此今日之情也。目前西南用兵，日費不貲，而賦稅全盛之省，惟有北直、浙江、江南、山東、山西、河南。是朝廷之所入有限，而兵馬之需餉浩繁。且關榷與鹽課俱不能征如舊額，司農仰屋，因之官俸、役食等項裁扣殆盡，而加徵鄉宦、編派屋稅，無非艱難補苴之計，此今日之勢也。以今日之情審今日之勢，國用匱乏，災傷疊告。皇上痛念民瘼，勅諸王大臣會議蠲免。在廷諸臣憂心軍需[413]，輾轉無策，欲蠲災則絀餉，欲充餉則勸徵，勢處兩難。此安徽撫憲豫審情勢，有水不成災之疏，而部議又有高郵等處亦不准蠲之覆也[414]。目今湖北水災最苦最慘者，無踰陽、潛江、景陵、漢川、黃梅、廣濟[415]，如以被水諸縣概為請命，合計蠲免錢糧太

---

[411] 乾隆本、四庫本為卷二之附錄任黃州時湖廣張撫臺來剳計八道之五，奏牘本為正文後附。
[412] 奏牘本為卷二之第十九篇，題為〈籌報水災上張撫臺〉。
[413] 在廷諸臣憂心　奏牘本作「而在廷計臣必憂心」。
[414] 覆　奏牘本作「復」。
[415] 奏牘本此句後加「而已」。

多，部臣必有難色。倘如江南事例，則最苦最慘諸邑受害自不可言，即痛哭流涕，恐難補救。或回天有力，幸邀皇仁，而司農計窘，必將十六年民賦如鄉宦一例加徵，是以絀于十五年者[416]，加于十六年[417]，則蠲災之惠淺，而加徵之累更甚。且蠲災不過一歲，而加徵必俟事平，苦若之何？雖朝廷必無之事[418]，成龍籌及兵餉，不得不為之過慮也。揣情與勢之間，而期於救民實際，或擇被災之最苦最慘者，會請蠲災。其餘仍行勸輸，將國計與民生相濟為用。尚未卜廷臣之會議何如也。此成龍愚昧之見，未知有合時宜否，伏乞憲鑒。

附　張撫臺復書[419]

民生困苦，又繼以水災，雖河伯為虐，而地方各官尤當加意軫恤殘黎，以稍救災民於萬一耳。惟親翁加意率屬，以為此一路福星可也。

報張撫臺地方妖異稟[420]

成龍才疎德薄，久荷覆庇，兼辱教誨，而區區緝盜安民之私，素蒙洞鑒，至恩拔郡守，惟覆餗是慎[421]，倍加防禦。幸履任一載，頗保無虞。忽於去歲五月，大風示警，以後怪異疊見。自冬迄今，府城回祿屢虐，兵民受困。或見為火團，或見為赤鴉，齋戒祈禱，茫無一應。此一異也。猛虎晝行，路絕人稀，夜傍民舍，巧為緩步之狀，故作嘔吐之聲，哄人出視、犬出吠，則啣之而去。此又一異也。有一等賊民，三五成群，匿於林中，日將暮，伺有孤客，粧成猛虎，一喊跳出，將客挾入

---

[416] 于　四庫本作「於」。
[417] 同上。
[418] 雖　奏牘本作「此」。
[419] 奏牘本此文後附，乾隆本、四庫本均無。
[420] 奏牘本為卷二之第二十三篇，題為〈為地方妖異報張撫臺〉。
[421] 慎四庫本作「懼」。

深林，縛歸藏土室內，不見天日，遞賣他方。有一等妖民，青天白日，大路之上，用手將行人臉上一抹，其人即不能言語，頭畜、行李公然收去。此又一異也。至于山隅孤村[422]，有一等惡少，高郵、沔陽流民，人物魁梧，衣服整齊，口稱討米，勒索無厭，稍不如意，傾家搜刮。城市鄉村，男扮女粧，公然行走，沿門乞食，徑入內室與婦人鬧爭，全無忌憚。人不知覺。若夫偷盜牛驢，到處皆是。成龍欲以德化之而德薄，欲以法制之而法窮，將刑不勝刑，盜不勝盜矣。種種怪異，從未經見。更可異者，豫省光、羅，大雪盈尺，即黃岡境內，雨雪潤濕，而麻城、黃安，自秋徂冬，全無雨雪，土堅成塊，犁不能入，麥未下種，野無青菜。固成龍不肖所致，亦是造化枯不齊。目前開徵，不知何狀！茲當新正履端之始，乃憲臺百福駢臻之會，正千官慶賀之辰，亦即萬姓望澤之期，成龍備敘黃屬情形，仰冀憲鑒，俯賜軫恤，以垂弘庥。

上張撫臺籌緝逋寇稟[423]

史國柱包藏禍心，煽惑地方，蒙憲臺面諭密緝。成龍凜遵指授，幸未漏網，鼠賊就縛，咸仗憲臺威靈，成龍何功，敢當獎諭[424]？至練長王芳遠等感荷憲恩[425]，特賞袍帽銀兩，成龍愈踧踖不安。茲奉密諭，孫調元、汪華之、陳克韶，成龍刻即設法迅擒。倘遁入黃安，便為籠中之鳥，決不致兔脫，貽禍內地。但成龍新聞陳鼎業、陶白雪潛逃九江，苦無的役緝挐，唯望王芳遠、張漢一、方茂貞來黃密議。陶、楊二生，成龍給以委牌，俾防守畢家鋪一帶地方。又六安、麻埠告警，密邇羅、麻，成龍于羅田界隣六安、英山等處已發委牌[426]，諭有身家生員豫為防

---

[422] 于　四庫本作「於」。
[423] 奏牘本為卷二之第五篇，題為〈籌緝逋寇報張撫臺〉。
[424] 成龍何功，敢當獎諭　奏牘本作「成龍何敢當獎諭優溢」。
[425] 至練長王芳遠等感荷憲恩　奏牘本作「練長王芳遠等荷憲恩隆厚」。
[426] 于　四庫本作「於」。

備，仍委武舉張尚聖赴羅偵探。成龍揣度時勢，另具密稟，伏乞憲鑒。又，招募鎗手，係生員吳之鄒經理。成龍因黃梅饑荒[427]，募穀四百餘石，委生親往賑救，尚未回黃。俟吳生回府[428]，清查頂替情由另報。

附　張撫臺復書[429]

奸人屢擾內地，此番又擒史國柱，皆親翁之妙略也。但孫調元尚爾逋誅，聞其同行有兩人，一為汪華之，一為陳克詔，同遁入黃安一路。且聞譚以從、陶克淩、李素之，係其親密舊好。查譚以從等舊係招撫之人，尚未發回羅山。幸親翁密授方略，俾其迅擒賊首調元，不致兔脫。切速，切速。專此，不一[430]。

附　張撫臺又書[431]

水師鎗手尚未足額，正在需人，吳生招致六十三人，具見急公之義。已據守道文報，俱發營收伍矣。王副將病故，身後之事，幸親翁就近善視之。不佞已即為題請存恤矣。不一。

報張撫臺籌捕餘寇稟[432]

才疎性拙，幸逢知遇，格外殊恩，感佩終身。黃、麻東山，仰賴憲威，頗稱寧謐。孫調元就擒，已除腹心之禍。止有陳鼎業，仍祈溫諭張漢一遍緝，料難漏網。訪孝感山崗中藏賊甲三十副，鳥鎗數十杆，已密差查起，未知虛實。江右寧州賊平，興國、大冶無驚，而黃州可以安

---

[427] 饑　四庫本作「飢」。
[428] 俟　奏牘本作「候」。
[429] 乾隆本、四庫本為卷二之附錄任黃州時湖廣張撫臺來劄計八道之六，奏牘本為正文後附。
[430] 專此，不一　乾隆本、四庫本無此句。
[431] 專此，不一　乾隆本、四庫本無此句。
[432] 奏牘本為卷二之第六篇，題為〈籌捕陳鼎業等報張撫臺〉。

枕，伏乞憲鑒。外，程鎮邦家貧，糊口不給，武舉魯試挈賊盜一案，久在武昌，統冀恩施。

附　張撫臺復書[433]

狡逆作祟，煽惑鄉愚，致令無知交相受刳。已獲者自應解往武寧，聽其質對；未獲者多方躧緝，以靖根株。至於無辜弟侄，非緣坐者，應予保候，以安人心。若夫未經供出，或名同字異者，平素與其往來，尤當令其自為舉首，以邀減免，是亦好生之德也。率復，不盡。

報張撫臺獲陽邏偽劄稟[434]

十月二十七日晚，據陽邏生員楊瓊枝、陶大定出首遊擊偽印劄綾一段、守備偽印劄紙一張，同黃岡縣知縣李經政至衙密繳。二生冒雨星夜來黃，實屬忠誠，當賞銀二十兩。其送劄陳遇之子陳鼎業，即刻會同朱守備，委吳把總密擒[435]。已將偽劄二張呈驗守憲轉繳，合就報明，祈即會同各上憲，以備叵測。緣係機密事宜，恐有洩漏，不便關移。

附　張撫臺來書[436]

陽邏地方報出首散劄之人，今忽聞陽邏驛馬三十匹，盡被賊劫，不知去向，驛道竟無隻字報聞。頃來見面詢始知，而地方官並未申報，何耶？親翁即速挨程密訪，要知此馬係何處賊寇所劫，今劫往何處，務得下落。至陽邏內地，而逆賊倡狂，應作何布置，並煩留神速為料理，並即見復。顒切！顒切！

---

[433] 奏牘本此文後附，乾隆本、四庫本均無。
[434] 奏牘本為卷四之第五十八篇，題為〈報張撫臺獲陽邏偽劄〉。
[435] 密　奏牘本作「前」。
[436] 奏牘本此文後附，乾隆本、四庫本均無。

附　又復書[437]

　　兩接來翰，蒿目時艱，籌畫防禦，同心之言，已識懷抱。但方此多事之時，要當以綢繆禦外侮，尤在以鎮靜安人心，斯為兩得之耳。孫調元幸即密訪，毋令兔脫，此賊就擒，則內地稍可安靜。陳鼎業亦煩追蹤速獲，其王方遠等已令其迅回黃州，聽驅策矣。麻埠之警更望留神。餘俱具悉，不一。[438]

慰諭陽邏士民諭[439]

　　照得地方之不靖[440]，由於人心之未安；人心之未安，由於疑畏之未釋。陳鼎業父子家世陽邏，同鎮士民非親即友，偽劄一案，或有附和入黨者，或有知情觀望者，或有畏禍結舌者。鼎業事露，人人自危，誠無足怪。本府確知爾等隱情，概不株連，於去歲十二月內親臨爾鎮，發示勸諭，爾民之心可以安矣。春三月間，爾民復驚畏不安，或因不軌之徒潛布流言[441]。今史國柱等已經授首，則爾民之心可以無驚矣[442]。或又見陳玉之久禁，首犯未除，恐其波及。今陳玉之等已正法，則爾民之心更可以安矣。又或見陳鼎業、陶雪白等未獲[443]，遍行緝拿，致生疑畏。不知已逃必捕者，朝廷之大法；來歸必釋者，朝廷之大恩。即張漢一、方茂貞投誠有功，撫部院賜袍帽銀兩，現今錄用，已有明驗。若陳鼎業、陶雪白等洗心改過[444]，親自投誠，不但不究前非，亦且嘉與維新。倘執

---

[437] 乾隆本、四庫本為卷二之附錄任黃州時湖廣張撫臺來劄計八道之七，奏牘本為正文後附。
[438] 孫調元幸即密訪，毋令兔脫，此賊就擒，則內地稍可安靜。陳鼎業亦煩追蹤速獲，其王方遠等已令其迅回黃州，聽驅策矣。麻埠之警更望留神。餘俱具悉，不一。乾隆本、四庫本無此段，據奏牘本補。
[439] 奏牘本為卷二之第三十九篇，題為〈慰諭陽邏士民示〉。
[440] 奏牘本此句前加「為再行曉諭，以安人心，以靖地方事」。
[441] 因　奏牘本作「見」。
[442] 矣　奏牘本作無此字。
[443] 陶雪白　四庫本作「陶白雪」。
[444] 同上。

迷不悟，定期必獲。此理勢之必然，與爾民何干？多此一番疑畏。合行曉諭[445]。為此，示仰本鎮諸色人等知悉：凡倡亂者，許自投誠，即行獎賞，親戚鄰佑概不株連。有私行詐害者，許被害之家不時喊稟，便行究治。各宜安心樂業，毋自貽戚。

招安六安州麻埠諭[446]

照得歲比不登[447]，小民失業者眾，困於衣食，往往相聚為非。原其初念，豈便甘心作賊？不過計窮無聊，希延旦夕耳。朝廷知爾民此苦，故投誠歸命者，概從寬宥，分別獎賞。各省督撫久悉此情，故倡亂、脅從者，先事招徠，不忍遽勦。本府仰體上意，俯察下情，疾首痛心，無非欲保爾民之身命，洗爾等之惡名。區區此誠，天日可鑒。

前者蒲圻不守，言者遂指為從逆。大將軍震怒，將加剪滅。本府單騎入城，招徠底定，至今安土樂業，得免誅夷[448]。次值麻邑東山告變，主勦之言，一日數至。本府親加撫綏，各憲賞賚優隆，今茲家室豐登，盡為樂土。近者羅山賊首隔省來歸，本府不以越郡為嫌，督撫不以鄰省歧視，迅發銀布衣食，移諮豫撫及所在官司，赦其罪愆，護其田里。彰彰耳目，共見共聞。此豈本府別有異術[449]？不過仰仗朝廷寬大與各憲慈恩，處置得宜，能服其心耳。

今聞爾麻埠地方亦有亂信，風聞不的，虛實未分。事屬南省[450]，在本府可以膜視，但念爾等同處天壤之間，誰非朝廷赤子？或為勢豪所迫，或為饑寒所驅，或輕信亡命之徒假造偽劄，轉相煽誘。以致二三無

---

[445] 合行曉諭　奏牘本作「合存出示」。
[446] 奏牘本為卷四之第五十九篇，題為〈招安六安州麻埠告示〉。
[447] 奏牘本此句前加「為勸諭事」。
[448] 彝　四庫本作「夷」。
[449] 豈　奏牘本作「寧」。
[450] 南省　奏牘本作「南州」。

賴謂釁隙可乘，富貴可望，甚至謂大兵精銳進討湖南、江西，可以乘間陸梁。不知挾持偽劄之人，即係近省犯罪潛逃者，計無復之，故假此入夥。若此輩果係滇、黔親信，則彼必留為自用，安肯遠奔數千里之外？其人若果有才能，亦必自戀富貴，又安肯出萬死一生，以試虎口？即爾等偏信不疑，亦須審度時勢，試看湖南、江西相持一載，彼曾進尺寸否？自救不暇，焉能救人？目今滿兵一萬新駐九江，而四王爺、李（千）總統大軍不下數萬[451]，正從信陽過師，分駐廬、鳳、江州等處。倘聞爾等竊發，遣一旅之師關會江西、湖廣、河南、江南，四省與爾連界，郡縣會兵進勦，爾等求撫不得，欲逃不能。滇、黔之遠水不救近火，本地之親鄰盡為敵國，黠者背約先逃，愚者束手待斃，眼前之妻子盡屬他人，祖遺之田產盡為官物，仇讐快意，親戚悲傷，垂及子孫，尚為笑柄。爾時求本府今日一紙書，安可得耶？如謂本府不出實心，徒以大言相恐，不妨廣為偵探，商之老成，以決從違。

蓋好亂喜事之人，常以訛言哄動，爾等不察事勢，轉相傳布，認假為真，至敗方知，悔已何及？往年爾等地方亦曾有亂，彼時首事者尚有膽識，結連者尚有數郡，控弦者尚有萬人。曾幾何時，灰飛煙滅。父老尚能言之，爾等當亦目擊，則其效亦可睹矣。合行曉諭[452]。為此，示仰麻埠士民人等知悉：或有難白之隱情，切膚之痛楚，以及饑寒、科役、仇傾、勢挾種種苦情[453]，不妨徑赴本府投訴。本府一面移會爾府官司善為安插，一面飛詳本省撫憲轉諮爾省撫憲，求其寬宥賑濟，一如羅山等處事宜，決不食言。其有才力過人、志懷報效者，本府定保舉題敘，以憑錄用，立賜顯榮，必不以傾心向化之誠，置之空言無用之地。此本府一片婆心，故不避越俎之嫌，諄諄勸勉。如慮本府地方區堡嚴密，不

---

[451] 李（千）總　乾隆本漏「千」字。
[452] 曉諭　奏牘本作「出示」。
[453] 饑　四庫本作「飢」。

敢徑通，當令二三老成隨傳示人前來，先為照會。倘執迷不悟，則本府與爾輩相隔數百里，風馬牛不及，利害俱非所關，亦坐視爾等之噬臍而已。思之慮之，以毋負遠念至意。

上張撫臺籌畫預備稟[454]

今日之時勢靡定，人心之向背無常，相機制勝，圖萬全之策，在封疆大臣審先後緩急之宜而已。成龍下吏，沐恩高厚，稍有聞見，何敢緘默不言？

去歲滇、黔告警，人心蠢動，時勢之一大變也。王師雲屯，荊、鄂鞏固，而人心定矣。嗣後江右告警，人心復為蠢動，時勢之又一變也。禁旅電馳，府縣恢復，而人心再定矣。目前秦、川用兵，聲聞不一[455]，人心易于搖動[456]，奸宄煽惑，潛謀叵測，此時勢之變而又變也。凡所以肅清內地，謹防外寇，無一事不為要務。憲臺受國家重任，晝夜不遑，形神勞瘁，而湖北繫天下安危[457]，愈不得不蚤為之籌畫矣。今歲元旦，生員吳之鄒在署，成龍命占一課，得旅卦，官鬼不動，主無賊寇，但恐四月有一小警。立春日，命程鎮邦占一課，亦係旅卦，官鬼不動，恐四月有一小警。本月十九日，徐司獄寄一課，係鼎之訟，斷云「地方反側已安，四月有一虛警，無害，五、六月漸就平息，勿慮」。成龍愈憂之。蓋徐司獄之課最驗，去歲成龍自蒲圻歸武昌也，占主敵人受降。未幾，而有招撫東山之役。自撫竣而赴武昌也，占云「東南還有一行」。冬月，而果有勦何士榮之舉。茲占四月有警，安敢不豫為隄防？

黃府屬所可慮者，麻城、黃安、羅田、黃梅四縣。今趙提督鎮守潯

---

[454] 奏牘本為卷二之第七篇，題為〈籌畫預備上張撫臺〉。
[455] 不一　奏牘本作「不確」。
[456] 于　四庫本作「於」。
[457] 而湖北繫天下安危　奏牘本加「此時之焦心愁思更以」，作「而此時之焦心愁思更以湖北繫天下之安危」。

江，黃梅可無虞也。羅田年來安靜，無有釁端。成龍諭生員蕭二至小心謹守麻城，渠魁殲滅，猝難再禍，且有協兵五十名駐紮項家廟，虛實動靜可以緩急相聞。所慮者黃安離府太遠，譚以從倡亂之時，城中紳衿聚蒼頭數百將為內難，以從一撫，居為首功。今以從未歸羅山，又不便發兵防守，此處恐有疎虞[458]。成龍于黃、麻地方[459]，命鄒家河貢士鄒世美練鄉兵五十名，潘家塘生員蕭命福練鄉兵一百名，牙魚坑余忠信、觀音閣陳玉環共練鄉兵五十名，居中豫備，以防不時之警。此成龍一府之事也。其餘形勢要害，憲臺自有籌畫，成龍不敢不鰓鰓過慮之。細閱諸家占辭，應主西南，則荊、岳堤防，更宜嚴慎。成龍受恩難報，敢以所見所聞陳獻[460]，期盡此心，伏乞憲鑒。

籌廢藩及江淤地畝認糧議[461]

清查田畝一案，關係國計民生，既防欺隱，又免包賠，誠於目前籌餉之中，為久遠善後之圖。煌煌天語，培養根本，積累功德，豈微識淺謀所可幾及也？成龍自奉清丈之檄，查算黃屬田畝，咸遵部頒《全書》起科，原無缺額，可省行丈滋擾屬民。惟為國用計，止有衛所地畝荒熟未清，江湖崩淤，小民爭訟，似應清丈認課者也[462]。至於廢藩宅基、園塘，原無錢糧，不在更名地畝之內。曾條陳藩憲酌詳，以清丈理頭緒，總期不病國，不病民，為籌餉涓滴之一助也。成龍准(圻)〔蘄〕圻衛請丈出首蘆地[463]，報明前往。而該衛已經查確，出具印結申報，毋容再丈。因見(圻)〔蘄〕城滿目荒草[464]，居屋晨星，查係故明荊府諸

---

[458] 恐　奏牘本作「稍」。
[459] 于　四庫本作「於」。
[460] 敢以　奏牘本作「惟以」。
[461] 奏牘本為卷二之第二十五篇，題為〈籌廢藩及江淤地畝認糧議〉。
[462] 似應清丈認課者也　奏牘本作「請丈認課」。
[463] (圻)〔蘄〕　乾隆本作「圻」，誤，從四庫本改。
[464] 同上。

王宗室廢基。麒麟山下荊府，正宮建立佛殿，東宮建立關夫子廟，四傍營兵蓋屋居住。蒼雞山前德安府，為已故王參將修屋，家眷居住。東城應山府，為現在李鄉紳領修街房。鳳凰山底永福府，已開為菜園，有庠生願領為學堂。一時人心鼓動，爭認價求領，有十數兩者，有二三十兩者，有四五十兩者，合算有七百餘金，而懇領尚未止息。查更名地畝一案，係載正賦錢糧，在《(圻)〔蘄〕州全書》額內[465]。比時苦於承墾無人，正賦缺額，變價之說格格難行，何暇議及廢基荒園也？田地招人開墾納糧，尚且難之，城內之荒基招人建屋居住，將誰應乎？國家三十餘年，地方享承平之福，雖數載寇氛密邇，而人心鞏固，咸為子孫之計。願上價承業已建屋者無官基虛懸之慮，甫認領者有創造日新之漸，合乎人情，似屬可行。若編入更名地畝，恐人心退避，蓋以地畝每年耕種納糧，與屋基修蓋居住有不同也[466]。但變價之說，恐開後釁，或易變價之名為上價，令開廢基修屋居住，以實城內之煙戶，以壯金湯之氣色。未知可否，伏候憲裁。

若夫淤地一項[467]，臨江鋪與洲民相爭，松楊鋪與屯軍相爭，屢懇丈立界限。又羅湖洲李家嶺首報，新淤三十五頃。成龍親赴鴨蛋洲踏看，除久淤已種熟者，將新報之弓口畝數與老冊封查，內有溢額者[468]，照畝認納蘆課，此無容議。惟相爭之地界[469]，尚在盈盈一水中。先將竹纜量定丈數，兩家駕船水面，插竹水底，各立界限，成龍均平分之。鴨蛋洲量定四十九弓，臨江鋪自認一百三十二弓。此地江流在上，並草塌、白沙之無跡，不知相爭之意為何也？成龍細加採訪，據洲民崔雲從稱，臨江鋪界內占去伊今年麥地，蓋以九十月之交，水涸地出種麥，至來年

---

[465] 同上。
[466] 有　奏牘本作「之」。
[467] 一項　奏牘本無此詞。
[468] 者　奏牘本無此詞。
[469] 惟相爭之地界　奏牘本多「者」字，作「惟相爭者之地界」。

三四月間收麥，任江水湧流。如此之地，似可免議，留百姓以有餘，無如各願認課，永為己業，祈免後來之葛藤。松楊鋪與屯地，亦同此類。至羅湖洲李家嶺，據報三十五頃，又報一十五頃，係互控，黃岡縣憑眾處明立約，今丈明，願承蘆課。但西江之水雖淤，而東江之水已崩，似非永業，將來包賠之苦在所不免。但不認課，則承業者終不安心[470]，旁觀者難禁指摘。成龍仰體德意，凡一切已崩者，可否將新淤補還，准賜印照，以杜眾議，庶可免賠已崩之糧，而又認新淤之課也。又有葉家洲，係大江流水溢入，有淤無崩，似可承課。又查蘆政，淤地五年一丈，自康熙二年丈後，迄今十有餘年，值茲奉行丈定，似可免將來部差之煩。又有陽邏等處湖[471]（清水曰湖，止水曰汊），載蔴、鐵、乾魚正供，長江流水業甲納府鈔正供。江水崩淤不常，凡有新淤水濱[472]，應歸長江業甲。無如湖課業甲與兩岸居民，每多私占取魚，亦爭請丈，且有舉首隱沒湖瑠淤地。成龍因案牘積久，回府料理，伏乞憲裁，可否併查？如奉文查出田畝多寡，有「紀錄加級即陞」之例，誠以鼓舞効力之法。雖清查為州縣職所當然，但成龍在（圻）〔蘄〕在洲[473]，目覩州縣在烈日之中步行查丈，揮汗如雨，面顏頩黑，為國盡心，不憚勞瘁，「紀錄加級即陞」，固屬酬庸之恩典。然或邀一時之功名，貽日後官民之苦累，此成龍之本心所不安也。又，廣濟民首出王莊[474]，未知虛實，可否行查，首虛反坐？合併敘明，統乞憲裁。或勅藩憲酌議萬全，杜百姓之物議，免大部之瘢索。賜示，以便遵行。

---

[470] 則　奏牘本作「而」。
[471] 湖濱　四庫本作「湖陰」。
[472] 同上。
[473] （圻）〔蘄〕　乾隆本作「圻」，誤，從四庫本改。
[474] 莊　奏牘本作「庄」。

附　張撫臺復書[475]

　　清查田地，事關國計民生，固不可任民欺隱，以虧惟正之供，亦不可聽有司邀功，以滋異日包賠之害。然必求其實，使上下均受其益。（圻）〔蘄〕州清出廢藩宅基地[476]，如堪載賦者，宜於更名田地內清出陞科。昨接親翁之詳，已批藩司查議矣。至於公議價值之說，查昔年更名田畝，曾有變價之部行，後因民累不堪，遂爾中止。今應作何舉行，閱稟未晰[477]，幸再為備復可耳。

勸諭急公[478]

　　照得滇、黔作亂[479]，大兵征勦，鍋、槽、草、豆，勢所必需，非官司之忍心苛求，實兵馬之日費浩繁。爾民遠處山谷，辦解固苦，而各官軍前支放，淒楚尤甚。本府在武昌答應，因草不足，曾撞頭於柱上；因豆不足，曾逼跳於江中；因船不足，曾捨命於湖內。傷哉！九死一生，言之涕泗交流。是屢次派徵爾民，有賣兒鬻女之慘，而催解不前，居官有性命存亡之危。即撫部院、朝廷大臣身受窘辱，大小官員奔走泥塗，實厄運偶逢，三桂造孽，害我官民，夫誰怨尤！在朝廷軫念民艱，一應軍需，現發帑銀，尤恐下情難達，特委三大臣料理糧糗，決不派之民間。浩浩皇恩，諭告屢頒，且撫院告示有「軍需孔亟，念切如傷，請銷腳價，請緩征賦，宵旦不遑，形神交瘁」之語，昭然在人耳目，爾民閱之，豈不痛哭？

　　無如上恩有餘，而下行則阻，如買草每束一分二厘，未嘗短價，而

---

[475] 乾隆本、四庫本為卷二之附錄任黃州時湖廣張撫臺來劄計八道之八，奏牘本為正文後附。
[476] （圻）〔蘄〕　奏版本作「圻」，乾隆本、四庫本作「蘄」，從乾隆本、四庫本改。
[477] 閱稟未晰　乾隆本、四庫本無此句。
[478] 奏牘本為卷二之第三十四篇，題為〈慰諭急公示〉。
[479] 奏牘本此句前加「為曉諭事」。

發銀未能足數。且零星發買[480]，必有折損，差役鄉約，俱有盤費。此項銀兩，豈非一分二厘數內乎？若夫軍前折草，官價一分二厘，如數支給。查每旗有三營，每營甲喇四五名，共有十四甲喇不等，即分銀十四封，稱折最苦[481]，且五日一放，無限留難。又八旗有八委官支持，每放有賞賜。哀哉！此分外費用，不准開銷，責之官賠，窮官有何家業而能賠耶？爾民之苦，官知之；居官之苦，爾民何能知之？若夫武昌之草費至二分，荊州之草費至三分以外。哀哉！官民交病，誰好為之？如本府署武昌時[482]，因安撫來麻，時銜中尚有總督令箭供奉棹上，差官夜不收，坐則眾喧嚷，行則拉馬頭。居官如此之苦，而欲州縣之緩催得乎？所幸者，禾苗豐盛，天恩也；錢糧停徵，皇恩也。黃屬地處江北，雖有兵馬往來，不過一時之驚。比之荊、襄、鄖、岳、武、漢一帶，大兵駐紮，野無青草，糞積如山，民人流離，不知何所。黃屬尤（檄）〔徼〕天幸[483]，得享太平[484]。合行曉諭。為此，示仰黃屬民人知悉：軍前需用，勉力支持，且照糧派解，尤屬眾擎易舉，縱受追逼[485]，皆由天定，切勿怨尤。難星無不過之日，逆孽有速平之機，照項蠲補，以酬勞費，諒不爾靳[486]。

慎選鄉約諭[487]

照得朝廷設立鄉約[488]，慎選年高有德，給以冠帶，待以禮貌。每鄉置鄉約所、亭、屋，朔、望講解上諭十六條[489]，勸人為善去惡，甚盛典

---

[480] 且　奏牘本作「因」。
[481] 稱折　奏牘本作「傷折」。
[482] 如本府署武昌時　奏牘本加「催解嚴切爾民知爾民之苦」，無「時」，作「如催解嚴切，爾民知爾民之苦，本府署武昌」。
[483] 則　奏牘本無此字。（檄）〔徼〕　乾隆本作「檄」，據四庫本、奏牘本改。
[484] 得享太平　奏牘本作「享太平也」。
[485] 縱　奏牘本作「總」。
[486] 諒不爾靳　奏牘本作「特諭」。
[487] 奏牘本為卷二之第二十八篇，題為〈重選鄉約示〉。
[488] 奏牘本此句前加「為重慎鄉約，以端風化，以靖地方事」。
[489] 講解上諭十六條　奏牘本作「宣讀六訓」。

也。後世查奸戢暴、出入守望保甲之法，更多倚賴焉。無如黃屬風俗澆漓，教化陵彝[490]，凡有司勾攝人犯，差役不問原、被告居址，輒至鄉約之家，管待酒飯，稍不如意，詬詈立至。且於朔、望點卯之日，肆行凌虐，倘人犯未獲，即帶鄉約回話。是差役之嚇詐鄉約，倍甚於原、被二犯。更有苦者，人命、盜賊不離鄉約，牽連拖累，夾責受害。甚之詞訟小事，必指鄉約為佐証，投到聽審，與犯人何異？且一事未結，復興一事，終朝候訊，遷延時日，無歸家之期。離縣近者猶可早來暮去[491]，三家店等處遠在縣治百里之外，即以點卯論，兩日到縣，一日點卯，再兩日歸家，是半月內在家不過十日。加以協拿人犯，清理區保，手忙足亂，無一寧晷。若三家店丘鄉約賣一婢女[492]，止應得鄉約一年，民間那有許多婢女以供因公賠累乎？凡為鄉約者，所宜痛哭流涕也，言之可為太息！當日給冠帶、待禮貌之優典何在？講解十六條[493]、查奸戢暴之良法何在？一旦責成保甲，彼鄉約曾未家居，何由而勸人為善去惡？何由而諭人出入守望？名實不符，上下相蒙，世道頹靡，大不堪言。因之，年高有德鄙為奴隸，殷實富家視為畏途，或情或賄，百計營脫。而寡廉喪恥之窮棍，兜攬充役，串通衙捕，漁肉煙民，以編甲漏造為生意，以投呈証佐為活計，惟恐地方之不多事也，居民之不興訟也，差役之不來照顧、官府之不來呼喚也。事勢至此，尚可言乎！故報充鄉約，巡檢有常規，差役有常規，書辦有常規，此等銀兩非出之煙戶而何？鄉約之苦，至此極矣。於是有半月之鄉約，一月之鄉約，有朋應幫貼之鄉約，真如問徒擬軍，求脫離而不可得。更有良心喪盡之輩，報一名，賣一名，臨時必用陪點，上下交接又有頂首。積弊錮習不可救藥，欲端風化，靖地方，宛如癡人說夢。

---

[490] 彝　四庫本作「夷」。
[491] 早來暮去　四庫本作「朝來暮去」。
[492] 丘　四庫本作「邱」。
[493] 講解十六條　奏牘本作「宣讀六訓」。

茲奉上臺嚴檄，力行保甲。本府仰體德意，痛革前弊，合行曉諭。為此，示諭地方人等知悉：自示之後，有司隨查明鄉分，於適中之地立鄉約所、亭、屋，選年高有德者，擇吉迎送，給以衣、頂，行二跪一揖禮，在鄉約所任事，朔、望諭鄉民聽講十六條[494]。此外，一不許票仰協拘人犯，二不許差役到家飯食，三不許原、被告指為証佐，四不許朔、望點卯，五不許請立印簿，六不許差督編查煙甲，七不許買辦軍需，八不許人命、盜案牽連姓名，九不許投遞報呈，十不許紳衿把持。凡人命、盜案，勾攝人犯，惟保甲、（保）長地方是問。惟爾鄉約，無事則勸化愚民，有事則密稟自封，用圖記牢釘，星夜飛遞。一年更換，地方平靖、訟獄不興者，年終給以「稱職」字匾；地方多盜、訟獄繁興者，年終書「不稱職」，用木刻條釘於門首；或斂錢擾害、不公不法者，訪實即時懲革，於縣前懸大木牌，書貪惡鄉約姓名於上，以示勸懲。於以端風化，靖地方，庶幾近之矣。凡我屬邑，勉力行之，以宣揚上憲德意，未必於地方風俗無裨益也。

禁士子充里役諭[495]

照得國家設立學校[496]，考取民間俊秀子弟，優免差役，以示作養之意，誠盛典也。故上自縉紳，下及編氓之家，凡有子弟，延師教授，罔不冀一青其衿，雖前程遠大，此其階梯。而養尊處優，實不等於齊民，即武途與文學並重，朝廷原無異視[497]。無如楚風不古，黃屬文武生員，訪有充當里役，奔走衙門，恬不知怪。日與隸卒為伍者，不思國家優免之謂何，黌宮臥碑之謂何，豈盡有司失隆重之禮？抑亦諸生甘自蹈秦士

---

[494] 講十六條　奏牘本作「宣六訓」。
[495] 奏牘本為卷二之第二十九篇，題為〈禁士人充里役示〉。
[496] 奏牘本此句前加「為禁止生員充當里役，以端士習事」。
[497] 朝廷　四庫本作「國家」。

之賤也。合行嚴禁。為此，示諭所屬文武生員知悉：自示之後，務宜各愛體統，自重名器。如生員名下糧石數多，另立名色，親身上納，不許催收甲戶錢糧。或云戶口消乏，豈果無一二人丁可應里役？何苦自賤至此！如必欲包收應役，該州縣將應役生員姓名查對紅案，別釘一簿，直書學名申繳，本府以憑轉報學憲查核。法在必行，該州縣勿得隱諱，貓鼠同眠，以致士風愈下。此本府一片熱腸，慎毋有違。

申飭保甲諭[498]

照得編查保甲、團練、鄉勇之法[499]，無事則稽察盜賊，以遏亂萌，有事則相機救援，防禦堵勦。不動支糧餉而兵足，不調撥官兵而賊除，兵農合為一家，戰守不分兩局。自古及今，消弭奸逆，安靖封疆，未有善於此者也。若不揣事勢者，以修立垣堡，遂為聚眾，見製造器械，輒云謀叛。不知為逆之人，聚匿深山水澤，何常有一定之垣堡？私造利戟長矛，幾曾畏有司之禁約？惟善士良民，守分奉法，堡無完牆，家無寸鐵。倏忽之間，死賊突至，赤手空拳，東投西竄。賊能縱恣殘民，民無所恃拒賊。妻子為擄，牛種為掠，骨肉分離，室如懸磬，歸怨於上，相率為賊。田地日荒，糧稅日減，其何以培國脈、固根本耶？

本府前奉督撫司道，編查麻城三鄉區保甲冊籍，委用堡長、垣主，分派戶首、煙甲，嚴取隣居互結，責以守堡禁夜，總期地方盜息民安，向化樂業，正寓兵於農，以人治人之微意也。乃好事奸宄，懼此法一行，彼無所匿，從中造捏訛言，妄稱抽丁，恐嚇愚昧。見保長編冊，疑惑橫生，或不遵稽察，或隱漏戶口，殊可駭嘆！當此禁旅如雲，所向克捷，各省客兵尚多閑置，何須爾等村農荷鋤充伍？即使果欲抽丁，莫非

---

[498] 奏牘本為卷二之第三十三篇，題為〈團練保甲示〉。
[499] 奏牘本此句前加「為再行申飭保甲，以全生命事」。

王土,莫非吾民[500],功令孰敢不遵?奚必先假編查,然後按冊索取乎?且爾等疑保甲為抽丁,隱匿不肯入冊,小而言之,漏戶有抗法之罪,大而言之,觀望有闔門之誅。試看東山逆地,屍橫遍野,血流成渠,是保甲、抽丁而死者歟?抑從賊作逆而死者歟?編保甲、出鄉勇者,未損一人;不編保甲、妄想富貴者,死已千百。保甲無害於人,從逆無利於己,固自彰明較著。奈何勸爾為善,便自千難萬難;未嘗驅爾為逆,竟若神牽鬼使?何愚於為惡,而不智於為善乎?本府憐爾等癡頑,再申儆戒,宜乘此閒暇,修築垣堡,各備器械,以資防禦。爾堡長、垣主、戶首、鄉保、煙甲人等,宜自愛重,慎勿驚疑。果能妄念不生,非事不作,士為善士,民為良民,本府待為腹心,州縣隆以優禮,橫逆不至,刑罰不加,何等安逸尊榮!較何士榮等妄想富貴而家破身亡者,豈止天淵懸隔哉!本府更有勸諭:被賊煽惑入夥者,宜作速投見,改過遷善,即為好人,若潛伏草澤,為人捕得,自送性命。爾堡長、垣主當以招徠為念,切莫乘機挾財悞命。從來不義富貴,都是禍根孽緣,能於此中分明,便是希聖希賢心地。思之,慎之。

請禁健訟條議 [501]

　　查看得楚黃健訟,從來久矣,而安邑刁風,於今為烈,所以該縣有請嚴主唆越訴之詳[502]。是必積鬱憤懣,深疾牢不可破之陋習,仰冀肅清奸宄之嚴威。細繹詳內辭意,實有所指,難逃洞鑒。蒙批府嚴查[503],遵即行縣,據實敷陳。去後,該縣復稱「仰體兩部院使民無訟之心,謬抒愚衷,以期小補,原非有所指」等情,申覆前來。成龍據文轉報,奉憲

---

[500] 吾民　四庫本作「王民」。
[501] 奏牘本為卷二之第二十四篇,題為〈請禁健訟條議〉。
[502] 所以該縣有請嚴主唆越訴之詳　奏牘本作「該縣請嚴主唆越訴等事之詳」。
[503] 府　奏牘本作「成龍」。

臺斧鉞之嚴[504]，申飭玩忽之罪，責令確議具詳[505]。成龍又何敢疏略如前，而不為憲臺備陳之？

　　湖北地方自十三年風鶴之後，水旱頻仍，兼以湖南未復，憲臺為封疆大臣，日夜焦勞。凡屬僚仰遵憲飭，防奸察偽，以綏寧地方為急務。且用兵日久，荊、岳軍供，有司拮据不遑，去歲洪水為災，疚心倍甚。無如黃屬奸棍，倖免兵馬之擾如江右之慘，不念皇上憫恤之弘仁，不惜有司保全之辛苦，不畏連年天災之疊見，專以起滅詞訟為長技，魚肉良善為兒戲，破人家產為得志，誣衊紳衿富室為威風。安邑貧瘠，民雖好訟，可無大傷，而麻城、黃岡、(圻)〔蘄〕州之刁風[506]，實為可異。一夥奸棍，呼朋引類，搖唇鼓舌，人人自危。成龍再四勸諭以王法可欺，鬼神決不可欺，將來男盜女娼、滅門絕戶之報，毫不可爽，而惡等恬不知怪。夫使民無訟，古帝尤難之。成龍德涼才薄，豈能易俗於一旦？亦付之無可如何而已。該縣之詳，傷時憫俗，實非無意，而「無所指」一語，乃遁辭也，不得已也。成龍又何敢忖度他人之心，而懸擬之？

　　憲檄下飭，將州縣已經審結之案，准於解文備敘，詳奪有無煩瀆，是否可行。誠憲臺審酌上下之情，欲以嚴禁小民之刁訟，又欲大破有司之賄庇，甚費盛心也。如民間詞訟止許有司准理，而禁止越訴，惟恐勢豪紳衿、積年衙蠹一手把定，有司受賄狥情，亦未可定。或執一偏之見，或多疏略之失，以致民冤莫伸，上干天和。是許民上控，以清積弊，誠不可緩也。辯理軍民冤枉，國法具存，既經上讞，自有公斷，則州縣審結之案，似不必於詳文備悉，恐開文飾到底之病，又滋往返駁究之煩。但州縣為發跡之始，有未控州縣而徑赴上控者，有原告在州縣而被犯徑赴上控者，有原、被俱控州縣，未經審斷而急赴上控者，一事而

---

[504] 奏牘本此句前加「若不確議具詳，則草率之咎奚辭業」。
[505] 責令確議具詳　奏牘本此處無此句。
[506] (圻)〔蘄〕　乾隆本作「圻」，誤，從四庫本改。

衙門告遍，種種不一。成龍曾有禁訟條約，如州縣不准民詞，或已准塌案不審，許赴府控告，務於狀內開明州縣不准、塌案不審年月情由。如本府不准民詞，或已准塌案不審，應赴上控訴，務於狀內開明告府不准、塌案不審年月情由，將府州縣以不職參究。如州縣已經審理，或受賄狥情，或執拗疎略，不恤民隱，許赴府申冤，務於狀內粘連州縣審語。如本府已經審理，或受賄狥情，或執拗疎略，不恤民隱，應赴上申冤，務於狀內粘連本府審語。果有不法等弊，分別輕重，輕者記過，重者參革究擬，于審察民情真偽之中[507]，寓甄別州縣優劣之意，於以禁刁訟而嚴官方。此成龍一片苦心，已通行各屬張掛曉諭，而奸棍藐不遵依。黃民無良，傷天害理，莫此為甚。成龍因事涉瑣屑，當軍務倥傯之日，憲臺寢食不安之時，不敢煩瀆，止自愧德薄化淺，引罪負愆而已。

成龍更有下情，痛切陳之。小民之訟也，非盡原告之失也。止因稍有口角，在傍訟棍陡起風波，挺身代告，書名作証，即原告亦不能自主之也。且牽告無辜，或以泄宿忿，或以食弱肉。及至提審，彼飛颺遠遁，脫身事外，致原、被兩敗俱傷。此代告之害，深可痛恨也。嗣後，原告上控，即發江夏縣押歇家，解本犯回（藉）〔籍〕查實，取收管回報，另行起解候審，則代告之獘或可少除矣。又有一等光棍，聚集省會[508]，出入衙門，開張客店，專以包攬詞訟為生涯。或有愚民一時小忿，投入羅網，便成驚天動地之詞。一黨奸棍塞滿村墟，止寄一原、被佐証姓名，訟事從天而降，儼然居停禍福在其掌握。此包攬之害，深可痛恨也。嗣後，申飭江夏縣挨門嚴查，凡麻城、黃安等處刁棍在省會者，無論久住暫住，押解回籍，取本地方官收管存案。仍力行保甲，諭民本分生理，禁止出入衙門，則包攬之獘或可少清矣。

又有一等訟師，凡告訴不准之詞，一經毒手，無不聳准。如成龍奉

---

[507] 于　四庫本作「於」，奏牘本作「如」。
[508] 省會　奏牘本作「會省」。

批上行事件，或有以（圻）〔蘄〕州而冒稱武衛者[509]，或有以武昌而冒稱黃屬者，此猶其小者也。有以田土之事而捏稱夥兵活殺者，有以口角之微而捏稱殺傷人命者，誣之以不得不准之詞。及至質審，不曰代書張大其詞，己不知情，則曰事不告大，不得上准；不曰無謊不成詞，則曰路遇人誤寫。加以反坐，哀號乞命。是原、被、証佐之家，盡淪喪於訟師之筆端。此代書之害，深可痛恨也。嗣後，准理詞訟，先考定代書，分衙門伺候，無得攙越。有代書圖記者准理。臨審，情與事違者，代書依律究治。仍將原犯罪狀坐於代書名下，則代書之獘或可少止矣。

再飭州縣彷木皂隸之法。凡遇准理詞訟，差木皂隸遞送鄉保知會，依限赴審。如過期不至，或失落沉閣，先加欺公之罪，後定原、被之案。若夫本府奉上批詞，州縣解到人犯三日內不審，或已審之後十日內不招詳報上者，成龍甘認曠職之罪。州縣遠近不同，近者以半月為期，遠者以二十日為期。如過期不解，成龍即行報明，繩州縣以曠職之罪。或各犯居住星散，難以依限申解，亦應州縣詳明，轉請展限，仍按期結案。庶幾府州縣勵精圖治，民冤無抑，可省上憲清問之勞。從此訟獄衰息，風俗雍睦，時和年豐，家給人足。于以輸正賦、供軍需[510]，綽綽乎有餘裕矣，何患乎南寇之不蕩平，楚疆之不底定哉！緣奉批飭確議事理，成龍不揣愚瞽，不識忌諱，冒昧上陳，冗繁過多，未知有（神）〔裨〕清訟與否。

與王協鎮書[511]

前者臨江出師，有投石超距之勢。老親臺緩帶輕裘，謀在萬全，即刻稟明撫憲，來諭慰甚。昨承翰教，兼賜塘報，賊之形勢如在目中。增

---

[509]（圻）〔蘄〕　乾隆本作「圻」，誤，從四庫本改。
[510] 于　四庫本作「於」。
[511] 奏牘本為卷五之第二十篇，題為〈與王協鎮書〉。

兵已請命酌議，戰船業奉俞允，現買五隻，餘俟陸續備辦。火藥俟天稍晴，與朱親翁料理。吳把總鳥鎗四十杆，解赴軍前，相煩查用。東南軍務[512]，撫臺藉重，實恃為太山。引領企望，不盡願言。

與同僚書[513]

今日之事，人心思亂，惟在靜以鎮之而已，不必與愚民較短長。我心不動，則浮言自息，此謝安石之所以全江左、寇萊公之所以定宋室也。借船二十一隻，特著貴價押回，緩急相濟，感何可言！但每船領銀伍錢，未知肯開銷否？共銀十兩五錢，望取船戶一領狀，粘連用印，申繳存案，財帛分明。大丈夫此生此心，惟有天日可表耳。臨楮感切。

與各屬邑令書[514]

正值分秧之時，忽有挑夫之檄，令人愁眉不展。幸黃岡縣慷慨捐募，並不問之里民，頓覺心胸爽快。不佞何緣遇此賢能輩相助為理也！生民之慶，朝廷之福。但捐募必須有法，斟酌妥當，方克濟事。望同乃心力，無俾一人專美。不勝欣瞻。

與屬令書[515]

今日居官，咸怕盜案，殊不知盜案何足懼也。目前失主，鄉保恐其拖累，概隱不報，即有報聞，概稱竊盜。以致鼠輩毫無忌憚，且成群打夥，揚言誰敢報官，定行報讎。縱盜而盜愈多，始也畏事，既也畏盜，地方敗壞，已不堪言。嗣後失事，鄉保不報，嚴加懲責，盜賊自然斂

---

[512] 奏牘本此句前加「尊體違和，弟中心憂念，懇為朝廷保重，勉強加飱」。
[513] 奏牘本為卷五之第十八篇，題為〈與同僚書〉。
[514] 奏牘本為卷五之第二十一篇，題為〈與各屬邑令〉。
[515] 奏牘本為卷五之第十六篇，題為〈與屬令書〉。

手。十案之中縱不全獲[516]，亦可獲其半，盜賊自然膽裂，是不畏盜而盜自滅也。或云盜案可壞功名。（苐）〔第〕不思一己之功名其事小，百姓之受害、地方之受驚其事大。天理良心，何忍以一己之功名，竟置地方、百姓於不問也？勉力報緝，不佞一力相幇，可不數月而地方清靜矣。此不佞躬親之事，勿謂老髦不聽也。惟留神，不宣。

禁諭荒民[517]

照得六月旱災已極[518]，七月以來連日下雨，東山一帶其雨已足，竟稱豐稔，岐、宋之間亦屬大有。唯西北一帶，雨雖不足而陰雲四起，已非無雨之象。近聞西北等處人心洶洶，或向有穀之家封倉閉糶，不但理法不容，亦見人心昏昧。時維七月，尚未交秋。目下有雨，仍屬豐年，即令無雨，種麥種菜，尚望有秋。若秋後無雨，田禾盡槁，十月之交[519]，爾百姓一面竭力支持，諸有司自當設法賑濟，未有豐凶未定，自蹈法綱，先干不測者也。除已往不究外，合行禁諭士民人等各安生業[520]，毋得妄為。倘有不法，許區長指名首報，以憑究處。慎勿死於法而得生於饑，則幸矣。

籌黃安饑民諭[521]

照得黃安饑荒[522]，較他屬尤慘。本府雖以軍需繁劇，晝夜焦勞，未嘗一刻少忘。至府之日，業將九屬情形痛切呈詳，請蠲請賑，已蒙撫部

---

[516] 縱　奏牘本作「總」。
[517] 奏牘本為卷二之第三十五篇，題為〈禁諭荒民示〉。
[518] 奏牘本此句前加「為曉諭事」。
[519] 十月　奏牘本作「十冬」。
[520] 生業　奏牘本作「分業」。
[521] 奏牘本為卷二之第三十二篇，題為〈籌黃安饑民示〉。
[522] 奏牘本此句前加「為曉諭事」。

院知照,彙題在案。其未完槽、什物等項,一概免解,新派草束,發餉銀代買,我民自可安心受窮。但所種禾稻有不獲顆粒者,八月秋中,荒村男婦尚不得一飽,若至十月之交,雨雪載塗,其何以堪?今計九月,天氣猶暖,爾民尚可竭力支持,及至隆冬,必致饑寒不能出戶[523]。凡老山羊角、石灰等處,有真正孤寡貧窮、朝不保暮者,本戶量為周濟。倘本戶貧乏不能周濟,鄉保設法賑救。若鄉保貧乏不能賑救,報官設法。若戶首、鄉保坐視其死,隱忍不報,查出定償命不饒。仰生員某等逐戶細查饑民緩急,確冊彙報,以便本府設法量給升斗,苟延時日。本府先借銀一百兩買穀積貯,候買完報數,本府親臨給散,以救須臾,餘俟勸輸全賑。爾百姓各宜安分俟命,決不使我民餓死。特諭。

慰諭黃安饑民 [524]

照得府屬災荒[525],惟黃安最甚。本府念切民艱,業已具詳請齎請賑,蒙撫部院彙題在案。又,目今槽、鍬、草、米等項,本府一一代為備辦解訖,爾民既免軍需,可以安枕。又思爾民饑荒,除出示勸諭鄉保、戶首設法賑救外,本府隨借銀兩買備穀石,俟隆冬給發,斷不令爾等餓死,我民可以放心無憂。近聞光、羅交界一帶,間有竊發,或迫於饑寒[526],或迫於催科,或窘於軍需,種種苦情,皆未可知。我民患切震鄰,合行出示曉諭。為此,示仰黃安連界士民知悉:探彼情形,速相勸諭,令彼悉將苦情具詞,本府以憑詳院移諮豫撫,體恤撫綏[527],轉危為安。倘彼不悟,爾等宜自為身家計,並體本府苦心,督率鄉勇,嚴為堵

---

[523] 饑　四庫本作「飢」。
[524] 奏牘本為卷二之第三十七篇,題為〈慰諭黃安饑民示〉。
[525] 照得府屬災荒 奏牘本作「近因府屬災荒」,奏牘本此句前加「為曉諭事,照得黃麻、東山一案,本府已經撫勤事竣,各村堡安輯如故」。奏牘本整句作「為曉諭事,照得黃麻、東山一案,本府已經撫勤事竣,各村堡安輯如故,近因府屬災荒」。
[526] 饑　四庫本作「飢」。
[527] 體恤　奏牘本作「體情」。

禦，以分涇渭，定將有功士民詳請獎賞。目前大兵經過，恐動聽聞，乘便撲滅，噬臍莫及。思之，慎之，毋忽。

勸賑諭帖[528]

今歲饑荒太甚，窮民畏法，甘心餓死，罔敢為非。凡我士庶，孰無測隱之心？本廳已倡輸化緣，晝夜憂思，自已力薄不能溥施，又恐募化錢穀難於周給。有一法於此，饑民咸有戶族，仰戶長稽查，合族化米贍養。如無戶族，責在甲長稽查，報知鄉保與練長會議，計區內饑民之多寡，合一區煙民，布施搭救。上戶節省酒肉，中戶減少飲食，集日用口腹之餘瀝，救戶族隣佑之死亡。鬼神有知，必報以戶族興盛，隣佑和睦。施多者，子孫富貴；施少者，家門平安。或饑民繁多，竭區內之施化，力不能給，即據實報明公議，設法官助。如區內戶長、甲長坐視饑餓，不報知族尊、鄉保、練長，以致饑民餓死者，戶長、甲長照見死不救科罪。鄉保、練長力不能繼，忍心不報官者，各倍罰賑。此以族中之布施養族中之饑眾，區內之布施救區內之饑眾，易為照管，法似省便。且以官賑備其不足，或可野無餓殍，和氣召祥，豐稔可俟。將此立斃之殘生，得見來秋之大有，不惟施救者欣同樂利，而更生者不知如何頂戴也。此法出自苦心思維，凡我士庶，勉強而力行之，不勝引領以望。

賑饑募引[529]

民為邦本，故《周官》制貢，必通以二十年；食乃民天，故《周官》救荒，則經以十二政。蓋天災之流行時有，而人事之補救宜然。今奉督撫司道俱有賑濟之惠顧，我紳衿士庶寧無樂輸之人？余禱愧桑林，憂深

---

[528] 奏牘本為卷二之第三十篇，題為〈勸賑諭帖〉。
[529] 奏牘本無此篇。

雲漢，重念茲土罹此疾威。自夏徂秋，既彌月而不雨；為耕為　　，遂百畝之如焚。隔宿無糧，十室恒有其九；半菽不飽，四民奚止於三？餘晝思而夜省，念嗷鴻之無策；恒傷心而慘目，懼巧婦之難炊。欲為議代議更，既無緒之可議；思為移民移粟，實無地之可移。故效持鉢之小技，暫為燃眉之急圖，共丐洪茲，大施惻隱。幾石幾斗幾升，可救一時之婦哭兒啼；或銀或米或錢，立甦片刻之饑魂餓鬼。無亡七級，尚賴一忱。

補遺

覆糧道催彝運印領詳[530]

查得彝陵兵米[531]，初奉派運之時，茫然無措，亟為夫驢馱運之舉，費盡焦勞。周折一時，官民驚恐，緣不知荊州有夫可僱惟虞稍遲軍供也，竭力催辦，甚至衙役為夫，兒送婦泣，號天慟地。每一州縣，夫驢絡繹數里。及至荊州，夫頭攬運，一日用夫數千名，立刻可備。復為僱夫之議，而夫驢空回，往返月餘。夫之口糧，驢之草料，其費不資[532]。且損一驢，賠價二兩三兩不等，盡出有司之囊。此番之妄費，深可惜也；初時之張皇，深可危也。彼荊州夫價之多寡，誰復為之瑣計耶？至二運之時，已有成局。夫價之低昂款項，咸得而知之。撫部院洞燭往事，再四申飭，嚴禁州縣私幫，而運米之規大定矣。煌煌憲令，孰敢少違？憲臺仰體撫部院深意，牌仰糧廳督運，府官出具印領，荊庫支夫價六錢五分。赫赫憲令，又孰敢不奉行惟謹？茲忽奉憲牌，有催州縣差役赴荊幫運之行，卑職竊有疑焉。荊州有夫可僱，荊庫有餉可領，押運有官

---

[530] 彝　四庫本作「夷」。奏牘本無此篇。
[531] 彝　四庫本作「夷」。
[532] 資　四庫本作「貲」。

可委,更有廳員坐理,安用州縣差役為也?或以僱夫,亦需差役。該廳有糧捕、差役兩班在府,領本年春夏二季工食,赴荊伺候,儘可役使,又安用州縣差役為哉?若夫三運六千石之派,不知黃梅、廣濟之全免米若干,麻城、黃安、羅田之量免米若干,尚未蒙憲頒確數,卑職無憑奉行。前三月內,該廳赴荊督運,卑職出具二千六百六十石印領,在荊庫支餉,僱夫運米,報明憲臺在案。迄今數月,屢催運米實收,未准該廳關移,難以報憲。俟前次印領米數實收移府之日,卑職將後次運米印領星夜飛賫,決不敢稍有延緩。合並敘明。茲奉飭催,應據實申報,伏乞憲鑒。

移糧廳運米乏員牒[533]

查得黃州府派運彝米[534],初次運過七千五百石,此數原多派五百石。蒙督部院垂憐,減運五百石,以七千石作實數,實裁去浮額之數,不在恩免正數之內,有本府原詳可查。復奉撫部院痛切民瘼,全免黃梅、廣濟兩縣,量免麻城、黃安、羅田三縣,應在七千石內酌免。查黃梅原派運米六百四十九石六斗,廣濟原派運米七百三十二石四斗五升,兩縣共米一千三百八十二石五升。今派運米六千石,是黃梅、廣濟二縣全免米內,尚少免米三百八十二石五升也。奉糧憲檄開,量免麻城、黃安、羅田運米,誠仰體撫部院如傷之仁,憐念黃屬邑疾苦之德也。再查奉藩憲檄行,酌議量免麻城、黃安、羅田三縣運米。本府遵依議,免麻城三百六石,應運米三百六石;免黃安二百九十三石六斗四升,應運米一百四十六石八斗;免羅田一百八十三石七斗五升,應運米一百八十三石七斗五升。共該免米七百八十三石三斗九升。今派運米六千石,是麻城三縣有撫部院恩批量免之名,而未沾石斗升合之惠,且于糧憲檄開除

---

[533] 奏牘本無此篇。
[534] 彝 四庫本作「夷」。

量免麻城、黃安、羅田運米之行不合[535]。至于黃梅、廣濟兩縣二次彝米已經全免[536]，復經催運，實為苦累。貴廳曾言免文在後，催運在先，第三次運時可以抵兌。此本府通盤打算，有二千六百六十九石零之印領也。疊准貴廳移文止稱運米六千石，並不詳及黃梅、廣濟之全免若干，麻城、黃安、羅田之量免若干，實在清算，何得尚有六千之數？或以本府議免麻城、黃安、羅田之米為太多，亦無虛負撫部院憲恩，石斗升合之不免也。且細繹糧憲檄文，並無不量免麻城、黃安、羅田運米之行。貴廳催檄如雨，堅執六千石之見，恐黃梅、廣濟之米未經全免，麻城、黃安、羅田之米未經量免，日後訟興，以為違悖撫部院、糧憲之批示牌文，誰任其咎？雖貴廳為急公起見，亟思奮志于功名[537]，然為上為德，為下為民，亦當披肝瀝膽，向上憲激切陳之。凡事必實落有據，自可奉行無礙。再，貴廳在荊一月有餘，荊庫之餉銀現貯，每米一石，夫價陸錢五分[538]，不知目今已運米若干，果否已獲實收？何諄諄然止慮二千零之外尚有未送之印領也？果將前印領內米數運完，祈蚤頒實收，星夜再送印領，決不遲悮貴廳急公立業之美意。

若夫委官當時移送，立催起程，又經移明貴廳申報撫部院、藩糧二憲在案。因前又派夫五百名赴荊搬運軍器，需委的員，而黃屬之員勢若晨星，本府經歷張徙溟移送貴廳，照磨李德解米武昌，而本府乏員矣。黃岡典史周錦移送貴廳，團風河泊所唐學增、陽邏巡檢夏應陞奉上調委，團風巡檢汪源感噎疾臥牀，止留署縣丞唐紹先候解運夫，而黃岡乏員矣。蘄水典史施鳳翔送貴廳，巴河巡檢張一經、蘭溪巡檢金華國奉上調委，止留縣丞王霖候解運夫，而蘄水乏員矣。廣濟武（六）〔穴〕巡

---

[535] 于　四庫本作「於」。
[536] 同上。
[537] 同上。
[538] 陸　四庫本作「六」。

檢潘應選奉上調委[539]，雙城驛丞王驎在荊未歸，止留典史湯銘候解運夫，而廣濟乏員矣。麻城巡檢孫承祐、龔熙俱奉上調委，止留典史楊蕙芳候解運夫，而麻城乏員矣。黃安巡檢金之彪移送貴廳，雙城巡檢李永潤久調軍前，止留典史陳銓候解運夫，而黃安乏員矣。蘄州典史鄭淑聲奉各憲飭知[540]，留任巡緝，大同巡檢陳祥瑞奉上調委，茅山巡檢劉源深奉上飭知，丁憂不許委用，止留州判吳日性候解運夫，而蘄州乏員矣。黃陂典史李文煥申報抱病，止留縣丞馮時奉候解運夫，而黃陂乏員矣。羅田在萬山之中，巡檢一員不敢離任，止留典史陸錫綏候解運夫，而羅田乏員矣。黃梅兵馬接踵，差使絡繹，尚請委員協濟，又非可以他邑較也。惟本府似為贅疣，藩憲又以貴廳捕務相責，正在議復。若各州縣徵比錢糧，無擅離汛地之例，時勢至此，捉襟露肘，將何術以應之？審時度勢，以揮霍有餘之才，應束手無策之事，萬懇貴廳一力支持，先將前次印領內米數刻期運完，則後來之印領星電飛賚，可無煩慮矣。合行牒覆。

申撫院變通彝運法詳[541]

查得三運彝米一案[542]，前蒙糧憲詳請，知府出具印領，糧廳在荊庫支銀募運，與州縣無相干涉，似視運事太易。檄文到府，卑職早已料此運之必致遲悞，揭參之萬難倖免矣。當本府王通判赴荊之時，卑職曾諄諄面囑，如有苦難，亟申請上憲裁奪。無如該廳仰怵威嚴，鉗舌不敢申訴，止向卑職曉曉不休。今糧憲已開揭參究矣，卑職不得不詳悉陳之。

糧憲之初詳誠為美談，但未細審。出具印領者責在知府，荊庫領銀

---

[539] 武（六）〔穴〕　隆重本作「武六」，誤，據四庫本改。
[540] 典史　四庫本作「吏目」。
[541] 彝　四庫本作「夷」。奏牘本無此篇。
[542] 彝　四庫本作「夷」。

者責在糧廳，而僱募承運較工價之多寡，爭錙銖之末利，肯運與不肯運，其權又在夫也。即荊州本地之官，亦不能強不肯運之夫而督之使前，況黃州隔屬之官，豈能強荊州不肯運之夫而押之速運乎？此遲悞運米之由，實勢之所必至，而亦事之無可如何者也。至於揭參一事，在卑職尚邀愛惜州縣之虛名，即加斧鉞之誅，怡然受之而不辭。最可憐者，以一無米而炊之糧官，自春徂秋，夫不肯運，價不能增，束手待斃，其憂懼愁苦不知何似。一旦揭參罹罪，寔寔冤枉。此該廳之不敢陳情，而卑職不忍不代訴者也。每石夫價陸錢五分[543]，已為定例，況當國用告匱、司農仰屋之時，裁扣加增，無非為軍需不足起見，夫價誰復敢言？然當計窮力詘之日，又不能不通融於其間也。糧憲檄行照武、漢事例，武、漢豈有神輸鬼運之術？亦不過行州縣協運之一法耳。時勢至無可奈何，萬不能不待濟於州縣，否則卑職受參，糧官累死，毫無補於彞運[544]。伏乞憲裁俯允，照武、漢之例，州縣協運，則運米雖遲，而告竣亦易。失之東隅者，尚可收功桑榆也。若止責成糧官，終必悞事。卑職雖具印領，亦難逃遲悞軍需之咎，惟有席槁待罪而已。茲准該廳據荊州夫頭申瑞等「為賞電民情始末，懇著本屬僱運，以免違悞事」，閱其情詞，寔乃夫不肯運、價不能增之確據。而糧憲檄行，「仍著本屬僱運」之語，亦無非州縣協運之法。合據寔詳請，統乞憲鑒批示，以便遵行。

上偏沅韓撫臺用兵事宜[545]

　　台旌抵石頭口，卑職祇誠晉謁，伏承溫諭，並令條陳長沙事宜。卑職某山右書生，不諳軍旅，辱承清問，不自度量，謹以素所聞見，審酌時勢，披瀝肝膽，冒昧上陳。

---

[543] 陸　四庫本作「六」。
[544] 彞　四庫本作「夷」。
[545] 沅　四庫本作「院」。奏牘本無此篇。

一、用兵之道，以審酌時勢為第一要務。今日西南交訌，各處時勢不同。封疆大臣荷朝廷恢復之責，須揣度用兵之利害何在，主張先定而後指揮，可以如意，務期勝敵，尤先期我之不為敵勝。目前王旅深入長沙，逆賊堅壁清野。彼必料自江右達湖南，山路崎嶇，運糧艱難，欲以坐困我師，求戰不得，求攻不克，進退維穀。此淮陰之屈服左車、諸葛之六出祁山，正此故也。目前憲臺奉命統兵長沙，兼理糧餉，蒿目運饋之不繼，誠識時勢之要務，合當題明。長沙未復，州縣負固，總有餉銀，採買無地，勢不能不問之江右。督撫運糧有責成軍中無庚癸之慮，庶得以抒展謀慮，漸次布置矣。

一、運糧重務，雖責成於江右，而江右之山路與岳州之水路不同。且江右人心渙散，再加以運米之苦，倘奉行不善，益深益熱，禍不可測。況江右運米之處，正我兵出入之門戶，轉輸之法不可不早定也。審酌形勢，或五六十里，擇堅固城垣為屯糧之所。如無城垣，創立土堡，積貯糧米，撥兵防守，遞相轉運，可無長途之累。題定糧道、糧廳督運將官領兵護送，不惟饋運相踵，亦且聲援相接，正合兵家步步為營之法矣。

一、資糧於敵，非久遠之計，誠如憲慮。但目前長沙居民為逆賊趕逐，扶老攜幼，勢不能遠去，必與附近郊圻百姓避兵山谷，朝不保夕。且遍地禾苗正值收割之時，罔不揮淚痛哭，亟宜遍傳示諭，俾民收割，即發餉銀現買。以百姓已失之禾，獲意外之價，人不悅服，未之有也。第恐大兵蹂躪已久，民不相信，疑畏不前。幸馬臬憲隨征，當日衙役料避居長沙不遠，倘招致一二人，開誠布赤，確示以不忍相欺之實意。若得一二戶向田收割，則聞風接踵，塞滿南畝，即逆賊亦不能強為之制矣。較諸葛祁山割麥之策似高一著。不惟兵餉可足，藉以少紓江右饋運之勞，且收拾人心、平復湖南之一大機括也。

一、湖南自用兵以來，長沙之民與江右之民往來未嘗斷絕，先施恩於江右，則仁風必及於湖南，可動南方向化之心。再訪連界居民親眷，厚加賞賜，俾彼此援引，則叩謁轅門者自不乏人。且湖南最苦穀賤，如有積粟之家，重價採買，而沿路城垣、土堡所貯之米可備而不用。或有投見貧民不能糊口者，安插江右，勿俾失所，以牽係萬姓思慕之意。此平復湖南之所以漸及也。

一、逆賊堅守長沙，既料我兵乏食，又料我兵不能渡江，則湘潭一帶決無重賊防守。然我得長沙人心，自有渡江奇策。當年元兵受困於揚子江中，扣船獻計者盡出人意計之外，天下事何可量也？湘潭、山陝客商最多，久滯思歸，選本地豪俠仗義密諭，多給護身牌票，彼客商必募船私渡。叩見之後，恩保資本歸家[546]，不惟湘潭各處人心搖動，而我兵亦可藉彼船以渡江矣。此出其不意、攻其無備之一法也。

一、湖南官員身陷賊地，父母妻子多在北方，誰不望雲欷噓？且皇恩浩大，竟未誅求妻孥，雖有風聞，終是魂夢驚疑。須查縉紳，開出籍貫，移諮各省督撫，行文本籍，俾家人寄平安書信，必有乘間來歸者。縱賊境盤詰，不能脫身，亦可擾亂彼地人心。

至於天時、地利、人和，前賢言之甚悉，無容贅陳。勿肆殺掠，固平定之首重；勿分滿漢，尤戰取之密慮。書生一得之見，未知有合時宜否，伏祈憲鑒。

---

[546] 恩　四庫作「思」。

新補

建宋賢祠引[547]

岐亭之有季常也，非岐亭有季常，乃季常有岐亭耳。由來人以地傳者十一二，地以人傳者十八九。余每談〈方山子傳〉，因感其初在岐亭時韜晦勳閥，庵居菇蔬，岐中人士莫知器識。迨東坡公一過杏花村，坐蕭然環堵中，依依有故人情。一旦使其地與人並傳千古，是黃州之有岐亭，因季常之一寓；而岐亭之有季常，又因蘇子之一識。故夫岐亭之得名良有以也。

余奉命守鎮茲土，將幾三載。計三載中，承委署郡邑者四，監兑給賑者二，暨詣天顏自闕下數月，乃得還黃。其間僕僕奔奏，頗為鞅掌。是歲春朔之杪，始偕岐中士子過杏花村，謁季常先生墓，尋昔時所謂蕭然環堵者，竟不可得。噫嘻！賢人處此，何今古落落多同乎？爰與諸紳士約，謀建椽茆數間於杏花村址，邀士子讀書其中，歲時伏臘，豆雞壺酒，奠飲於季常先生墓側。余聞光、黃間多隱君子，後有賢人處此，必以此（都）〔郡〕人士能深緇衣之好。亡者尚爾，存者可知。自餘來岐後，賢人接踵，俗美風淳，庶幾乎大宋團練使一識之於前，五百載重溫之於後，坡公或不笑余之陋劣矣。是為引。

---

[547] 據（乾隆）《麻城縣志》補。

于清端公政書　卷三

黃州書

曉諭各屬[548]

　　照得黃岡縣李家集叛逆方公孝等[549]，肆行刦掠，又敢倡亂，誘聚逃僕，成群入山，以老賊鄒君升為首。本府會同戎府駐紮望花山，於本月二十四日，據鄒家河鄉約鄒益能拿獲賊一名楊克利，鳥鎗一杆，解來梟首，懸掛麻城縣示眾。又追獲鳥鎗一杆，弓一張，箭十枝，賞銀二兩，紅三疋。二十五日，據龍王墩區長王方遠報稱，拿獲賊一名方公孝，賞銀二兩，紅二疋。隨差役陳貴眼同彼地鄉保梟首，懸掛李家集示眾。本日委生員吳之鄒等，領鄉勇一百五十名入山進勦，老賊鄒君升離窠流遁。所有黃岡縣永寧鄉、羅田縣茅田畈、（圻）〔蘄〕水縣上窯等處[550]，俱係連界，宜各加小心隄防[551]。如遇賊到，協力堵殺，報功行賞，以保身家，以靖地方。除申報院司道外，合行曉諭。為此，示諭該縣士民人等知悉：本府同戎府會集鄉勇入山進勦，鼠賊流遁，誠恐潛入該縣地方，貽害平民。該縣傳諭各區士民，齊心協力，堵殺報功，勿令（免）〔兔〕脫，以留禍根。各為身家性命，切勿疎忽。慎之！

---

[548] 奏牘本為卷四之第二篇，題為〈曉諭各屬告示〉。
[549] 奏牘本此句前加「為曉諭事」。
[550] （圻）〔蘄〕　乾隆本作「圻」，誤，從四庫本改。
[551] 各加　奏牘本作「各區」。

143

進勦紙棚河逆賊委牌 [552]

照得逆賊鄒君升招納流盜叛僕[553]，擾害附近良民。本府出示招撫，冀其悔罪來歸，詎意狂悖長惡，執迷不悟，已經申報撫部院在案。今同戎府統兵會勦[554]，票催各鄉義勇，聞聲響應，慕義子來，所有兵眾合行委任總統，以便整飭勉勵。為此，牌仰某督率分隊編伍，務要合力進攻，不許臨陣退縮。功成之日，飛報督撫部院照功題敘，紀錄優獎。

附　張撫臺復書 [555]

麻民既已安堵，而又有鄒君升等倡叛，梗化斷難，再事姑息之仁，以長其奸也。楊克利自當正法，一面仍聯絡鄉勇，相機堵勦，毋□滋蔓，致費收拾，惟速圖之可耳。

布告紙棚河大捷諭 [556]

照得逆賊鄒君升招納逃僕流盜[557]，嘯聚紙棚河，妄行倡亂，擾害地方。本府於七月二十二夜，星馳望花山，預與劉君孚會議，命夏仲崑、余公晉伏鄉勇於布袋坳。仍同戎府調各區堡長，督率義勇，於二十五日進勦，直擣賊窠，望風奔潰。至二十六日，夏仲崑等於項家廟生擒賊頭鄒君升，斬首四十餘級，竝俘餘賊，殲滅無遺。為此，示諭知悉：凡屬協從，各宜自惜性命，火速投誠，慎勿疑畏。捷音所到，咸使聞知。

---

[552] 奏牘本為卷四之第一篇，題為〈進勦紙棚河逆賊鄒君升等委牌〉。
[553] 奏牘本此句前加「為進勦事」。
[554] 統兵會勦　奏牘本無此詞。
[555] 奏牘本正文後附，乾隆本、四庫本無此附文。
[556] 奏牘本為卷四之第四篇，題為〈布告紙棚河大捷告示〉。
[557] 奏牘本此句前加「為布告大捷事」。

曉諭止殺 [558]

照得逆賊鄒君升、黃金龍俱已授首[559]，餘賊擒斬甚眾，其有一二未盡，難以悉誅。如必概行殺戮，不獨非本府不忍之意，誠恐傷天地好生之心。為此，示諭紙棚河內外一帶區堡人等知悉：自今以後，凡屬藏匿餘黨，聽其自來投誠，不許入山搜索。是叛僕歸主引見，是盜賊歸營為兵，本府自能安置，已經止殺。初二日以後，擅殺者坐罪，擒來者無賞。本府一言既出，永不反悔。

勸諭餘賊投誠 [560]

照得賊首鄒君升鳩集大盜叛僕[561]，勾引逃賊黃金龍，恃險負嵎，復肆擾亂。今君升、金龍就擒，並其黨俱已斬訖。但念從賊餘人或被迫脅，勢難保全，本府不忍盡殺，爾等宜各求生。與其逃竄饑餓死於山林[562]，不如父母妻子安其家室。況已殺者罪止其身，則來歸者應免其罪。合行曉諭。為此，示諭山中人等知悉：務宜體本府萬不得已之心，無論是盜是僕，速速來歸，能自投見者不殺，被人拿獻者必誅，斷不失信。若能向化投誠，改惡為善，仍是吾民。切勿藏匿山谷，終為兵民拿獲報功請賞，自取殺戮。本府不殺之心，天日可矢。爾等慎勿疑畏[563]，有負本府惓惓保全爾等至意。

---

[558] 奏牘本為卷四之第五篇，題為〈曉諭止殺告示〉。
[559] 奏牘本此句加「為曉諭事」。
[560] 奏牘本為卷四之第六篇，題為〈勸諭餘賊投誠告示〉。
[561] 奏牘本此句前加「為曉諭事」。
[562] 饑餓四庫本作「飢餓」。
[563] 慎勿奏牘本作「亟勿」。

申覆張撫臺稟 [564]

八月初一日，蒙恩諭，承差楊大昌領公文一色，指授方略，頒賜銀一百兩賞勵鄉勇。成龍跪領遵行，即從公給發，另行取領申繳。（苐）〔第〕山中之賊聞鄉勇進山，膽怯宵遁，四面圍擊勦滅，驚逃擒戮殆盡。七月二十九日晚，拿綁黃金龍等五名至望花山，恐有他虞，當晚斬首。八月初一日早，差左先解黃金龍首級飛報。鄒君升已獲，尚未解到。其投誠婦女、器械，嗣容冊報。送剉逆賊，復為漏網，現在四面搜拿。梅公素另匿一方，遵依捕緝。合先報明，伏乞憲鑒。

撤鄉勇凱旋牌 [565]

照得鄒君升等既已擒斬 [566]，餘黨竄走，即有一二鼠賊藏匿巖穴，見鄉勇未經掣回，自然畏怯不出。且將領、兵丁辛勞日久，本府心切不安，理合調還，記功領賞。特令飛諭，即刻凱旋。

委犒鄉勇銀兩牌 [567]

本月初一日，蒙撫部院諭，承差楊大昌賫銀一百兩犒賞鄉勇。特委送銀六十兩分給鄉勇，以昭撫部院德意。仍具稟收，以憑復命。

禁止侵占諭 [568]

照得鄒君升造孽 [569]，禍及愚民，擒斬法所難宥。進勦之日，曾有竝不株連婦女之誓。今勦撫已竣，惟恐已勦者婦女、田地被人侵占。至於安

---

[564] 奏牘本為卷四之第七篇，題為〈申覆張撫臺〉。
[565] 奏牘本為卷四之第八篇，題為〈撤鄉勇凱旋牌〉。
[566] 奏牘本此句前加「為傳諭事」。
[567] 奏牘本無此篇。
[568] 奏牘本為卷四之第九篇，題為〈禁止侵占告示〉。
[569] 奏牘本此句前加「為清查逆賊婦女、田地，以杜侵占事」。

撫，原出本府實心，又恐無良心之徒藉口引見免死，或邀求婦女、田地。本犯免死心切，無不依從，亦未可知，合亟清查。為此，仰鄒益能、尹良才等知悉：作速從公清查，如已死何人，有無婦女、田地。若有，婦女應給何人收養，田地應給何人耕種。有無破人家口。至安撫何人，有無婦女、田地。若有婦女、田地，本犯出具經管甘結。或被人逼脅侵占，作速申冤，立刻追還，勿生疑畏。本府既不殺爾身，又何忍破爾家？地方人等各體天理良心，勿得恃強欺壓已撫之眾，以致畏懼不敢明言私占婦女、田地。果有此等事情，亦自有妻離子散報應。萬勿視為誕言。

申解賊首詳 [570]

竊照鄒君升招納亡命[571]，盤聚山中，脅良助亂。於七月二十一日據左先著孟生飛報[572]，成龍當晚由岐亭至望花山，離賊窠二十里。二十二日與同行生員劉廣定、鄭丹、董建、梅鈿、李中素，武舉李大謀、魯試、陶之琇，候選千總劉先定，竝鄉紳蔡得春，貢生吳晉爵，生員程士極、戴宗禮，計議勦撫，咸以勦為定局。值劉君孚稟稱，不宜再撫，眾議僉同。二十三日同佟同知一面委鄧家山尹公才、鄒家河鄒益能，聽貢生鄒世美從中調度，把守賊出入隘口；一面委生員蕭命福、蕭士蓁，調潘家塘鄉勇一百五十名，於二十四日齊集白杲。武童董錫即董魯菴，董天祿即董遂生領鄉勇協助劉君孚，著生員劉自然即劉青藜[573]，領鄉兵二百名堵塞坡岔[574]，夏仲昆、余公俊領鄉兵四百名埋伏布袋，唐殿、袁興明、何見子等領鄉兵三百名堵截塔兒岡。劉以廷、周伯卜等領鄉兵二百名堵截腦中山，馬安堡鄉保羅甸臣、生員林斗文堵截糧路，仍會大岐

---

[570] 奏牘本為卷四之第十篇，題為〈申解賊首報張撫臺〉。
[571] 奏牘本此句前加「為稟報事」。
[572] 著　四庫本作「箸」。
[573] 同上。
[574] 堵塞　奏牘本作「堵寒」，誤。

山僧貫識同鄉勇埋伏賊窠山後；一面委王方遠、余仲信、陳玉環把守賊出山隘口，又宋埠生員施之瑞領鄉勇協助布置停當。於二十五日委生員吳之鄒、貢生龔相旦領眾進勦，駐紮鄒家河，賊聞風宵遁，二十五日追至項家廟一帶。二十六日，投誠官李功懋殺傷劫賊來報。二十七日，各區士民咸受成龍委牌，四面攻擊。二十八日，麻城屈知縣馳至黃岡，李知縣聞報來望花山，以軍需緊急，當令還縣。是日，群賊殺傷、活擒、奔竄無數。二十九日晚，拿獲黃金龍，恐有他虞，當即梟首。八月初一日，差左先解赴轅門。本日午時，拿綁鄒君升，即斬首。差高華亦解赴轅門。其餘潛匿，或擒解梟首，或赴營投誠，逐一造冊。至於有功士民、鄉勇名數，亦應開報。已經出示曉諭，禁止殺戮，一概寬宥，招撫安插，以彰撫部院好生之德。俟安撫停妥，查清婦女竝所獲器械，領眾生赴轅門謁見。

禁止詐害諭 [575]

照得鄒君升、黃金龍既俱授首 [576]，叛僕、流盜一皆殲滅，其餘一二鼠賊藏匿深山，若嚴加搜尋，惟恐波及無辜，本府心甚不忍。今將領兵將領、生員竝所領鄉勇，一併撤回，從此止殺。即一二未盡餘孽，仰鄉約鄒益倫將本府德意勸諭來歸，亟令領見，不許地方刁民藉此嚇詐，就中受賄。如有賊黨不聽勸言歸命投誠，被人拿解，定難姑宥。

敘功詳文 [577]

成龍於本年五月二十二日奉撫部院牌委 [578]，安撫麻城 [579]，力行善後事宜 [580]。成龍遵依，清理麻城內外三鄉保甲，日無寧晷，心血嘔盡。

---

[575] 奏牘本為卷四之第十一篇，題為〈禁止詐害示〉。
[576] 奏牘本此句前加「為撫輯事」。
[577] 奏牘本為卷四之第十二篇，題為〈敘功詳文〉。
[578] 奏牘本此句前加「為稟報事」。
[579] 麻城　奏牘本作「麻城縣」。
[580] 奏牘本此句前加「東山民變於六月初七日撫事已竣，通詳在案。又奉撫部院牌諭」。

忽於七月初九日聞黃岡縣李家集匪類蠢動，初十日飛馳至岐亭，群賊潛遁，查無蹤影。二十二日未時，據左先稟稱，黃岡、麻城交界紙棚河，有妖逆黃金龍、賊首鄒君升作亂，盤據山岡，逼脅良民為變，李家集慣盜、逃僕、亡命之徒入夥勢大，民不安生。成龍星夜同生員劉廣定等至望花山，離賊窠不遠。二十三日，會佟同知等計議停當，調各鄉義勇會勦。二十四日，生員蕭命福等鄉兵齊集。二十五日，生員吳之鄒等領鄉勇進山，鼠賊逃至項家廟、油河等處。四山鄉民把守隘口，奮勇堵截，擒殺妖孽黃金龍、賊首鄒君升竝沈潤成、沈四兒、沈六兒、方公孝、楊克利等首級二十顆，即諭禁殺招歸。鄒敬先等二十一名餘黨奔竄，山深林密，不便追搜。內多脅從，仰鄉保安插歸農。如係慣盜、亡命之徒，公舉入營為兵，以全民命，以養天和。撫勦已就，地方已靖，成龍星馳回省復命，以紓撫部院東顧之憂。此一舉也，黃州府同知佟世俊、麻城縣知縣屈振奇、黃岡縣知縣李經政會議主勦；生員劉廣定、董建、李中素、梅鈿，候選千總劉先定，武舉李大謀、魯試，貢生彭喆相與贊勦，陳鎮邦密獻地理圖；生員蕭命福、鄭丹、蕭士蓁、劉啟禎，倡義協助；鄉勇領兵生員吳之鄒，貢生龔相旦，武童董錫、董天祿。其餘鄉約、區長，守隘堵截，不及遍開。義助鄉勇食米，貢生吳晉爵、生員戴宗禮、程士極、蔡作楫。自七月二十五日鄉勇進山，於八月初二日撤兵歸農，六日之內，鄒、黃二逆授首，群賊殲滅，脅從安撫，竝未請兵請糧，全仗撫部院恩威赫靈，密授方略。復蒙撫部院頒賞銀一百兩，於撤兵之日，從公當面給散，鄉勇踴躍歡呼。更可幸者，殺賊數十餘，而我民無一帶傷。從此忠義之氣一鼓，而地方可保無虞。所有賊、鳥鎗、什物等事見在清查，先將已獲鳥鎗六十桿、舊弓十張、舊箭八十枝、權杖一個呈繳。係勦逆事情，理合通報。

進勦東山報文 [581]

　　時事多難，憂心如焚。陽邏楊、陶二生剳付甫經出首，竊幸以為有此二生即為心腹，地方可保無虞。不料二十八日方擒賊僕，而群寇夜至，坐船一隻，載有馬匹，南北語音兼備，二十九日至周山舖，此賊定入東山。成龍傳諭各處鄉勇堵殺，但麻城東山亦有禍端，羅山周鐵爪已潛入白水畈，聚集亡命多徒。初二日早，武舉李大謀來報，一面發示招撫，一面約會鄉兵勦滅。且各區練長請勦殺密諭，變出倉卒，成龍擅專行事，實出萬不得已。又黃岡東山永寧鄉鼠賊蠢動，鄉約熊世忠初二日早請成龍進山相機勦撫。時勢至此，將若之何？麻城東山有劉君孚、丁奇生等可以堵敵，外賊亦不敢從此路進。黃岡東山望成龍甚殷，若不從眾願，恐致失望從賊，與麻賊合夥。且陽邏之寇一入，禍不可支。俟程鎮邦至，成龍決意前往。特府城空虛，人心洶洶，中懷憂慮。又恐一入山中，外寇難於照應，一身進退維穀。再四籌度，出其不意而臨之，迅雷不及，事或可濟，平黃兼以平麻。安危之勢，在此一舉耳。

又報張撫臺 [582]

　　十一月二十八日之晚，賊突然而至[583]，不知何來，飄然而逝，不知何往。十二月初一日[584]，忽報黃岡永寧鄉有警息。界連麻城東山，陽邏之賊必然入夥，則聲勢張大。九江有重兵，黃梅無事，蘄州有守憲駐防，留兵百名，可以無虞。府城空虛，已會商王協鎮回師密議布置，伏乞迅諭王協鎮旋旅，以資彈壓，實兵家勝算也。

---

[581] 奏牘本為卷四之第十三篇，題為〈進勦東山報張撫臺〉。
[582] 奏牘本為卷四之第十四篇，題為〈又上張撫臺〉。
[583] 賊　奏牘本作「之賊」。
[584] 十二月　奏牘本作「十一月」。

黃州書

又報張撫臺 [585]

本月初二日，聞永寧鄉、白水畈二處賊變，即同黃協把總羅登雲，馬八匹，銃手四名，並齊安驛丞李德、麻城縣候選千總劉先定、黃岡縣家丁四名前進。初四日，黃協把總吳芝蘭領銃手五十名從蘄州至，偕行進山，駐紮段家店，離賊窠十五里。初五日，黃協千總李茂昇領馬兵五十名，亦從蘄州至。相機進勦。合就報聞。

附　張撫臺復書 [586]

陽邏劫馬之賊，業被毛遊擊追蹤，擒勦賊十七人，獲馬騾四十餘匹矣[587]。東山餘孽竊發，賴翁前往撫勦料理，自能得宜。府城空虛，已檄令守道吳親翁赴府彈壓，可無慮也。凡賊初起之時，或撫或勦，總以急散其黨為主。來翰所云「迅雷不及，事或可濟」此最合機宜。古人云：「兵聞拙速，不聞巧遲。」政如此也。昨朱守備文到，劉青藜復有反叛之說。恐屬未確，已經密檄行查。親翁可密之，恐未有其事，徒令已撫之人不能自安耳。如有情形，時望相聞。前此東山一案，親翁已經加級。此行，惟望再著招撫之功。不佞自當同在事有功之人，一併題敘。雖親翁惟以安輯地方為心，未必以功名動念，然不佞緇衣之好，自不能已於懷耳。並復，不一[588]。

頃接來文，黃土嶺須兵防守隘口，已即飛飭黃協王親翁矣。附聞，不一[589]。

---

[585] 奏牘本為卷四之第十五篇，題為〈又〉。
[586] 乾隆本為卷三之附錄任黃州時湖廣張撫臺來劄計十二道之一，四庫本無，奏牘本為正文後附。
[587] 陽邏劫馬之賊，業被毛遊擊追蹤，擒勦賊十七人，獲馬騾四十餘匹矣乾隆本無此句，從奏牘本改。
[588] 並復，不一　乾隆本無此句，從奏牘本改。
[589] 頃接來文，黃土嶺須兵防守隘口，已即飛飭黃協王親翁矣。附聞，不一　乾隆本無此句，從奏牘本改。

申報進勦東山詳各憲文 [590]

　　照得叛逆何士榮糾結黨羽 [591]，脅制良民，於本月初二日過麻城白水畈，與周鐵爪等合夥。蒙憲授方略，迅催黃協馬兵鎗手前來。成龍同羅把總、候選劉千總、李驛丞，領官兵、家丁，於初四日晚駐紮（段）〔叚〕店 [592]，初五日李千總領馬兵至，俱報明在案。初六日，點集鄉勇四百名，黃協把總羅登雲、田武舉、張尚聖先統領前赴麻城白水畈。成龍會黃協千總李茂昇、把總吳（之）〔芝〕蘭領馬兵、鳥鎗手 [593]，並程鎮邦、麻城候選千總劉先定、驛丞李德、黃岡縣家丁四名，領鄉兵二百名協同前進。尚有蘄水縣士民助有鎗手，未經點數，委用生員、鄉保不及細開。仍飛檄劉君孚等進土皮沖，梅鈿等進八疊山，鄭丹等進平頭山，童貴卿等守東義洲，蕭有至等守羅田境界，田穀伯、毛鱗長等堵勦於黃岡廟。大勢已定，相機撫勦，嗣容另報。

又申張撫臺文 [594]

　　本年十一月初二日卯時，據麻城縣武舉李大謀飛報：「羅山逃賊周鐵爪潛入東山白水畈，聚亡命多徒，脅良謀逆，地方震恐」等情。據此，同日辰時據黃岡縣東山永寧鄉鄉約熊爾忠、陳蕃約等泣報：「何士榮係黃岡縣永寧鄉人，居石馬沖。其兄何士勝曾在東山作亂，投吳三桂，居住長沙。兄死，何士榮新歸，糾結黃寅生等謀叛 [595]，脅良從逆，亟請親臨」等情。成龍恐陽邏之賊奔逸入山，除另檄麻城東山劉君孚等嚴守隘口外，本日未時離府，同熊爾忠等行二十里，天晚駐路口村。本日戌時，接程

---

[590] 奏牘本為卷四之第十六篇，題為〈申報進勦東山詳各憲文〉。
[591] 糾結　奏牘本作「鳩結」。
[592] （段）〔叚〕店　四庫本作「叚店」，從四庫本改。
[593] 吳（之）〔芝〕蘭　四庫本作「吳芝蘭」，從四庫本改。
[594] 奏牘本為卷四之第十七篇，題為〈申張撫臺文〉。
[595] 糾結　奏牘本作「鳩結」。

鎮邦報，陽邏之賊與東山無干。初二日，親會劉君孚守隘。惟黃岡何姓造反，山民驚惶，麻城白水畈有英、霍、麻埠群賊倡狂。成龍初三日行四十五里至馬家潭，點集鄉兵據（叚）〔段〕店[596]。生員張本恕稟報：「前月二十九日，有逆賊何士榮等聚眾何家舖，係逆祖居。恕原奉牌，有堵截之責，即督率各堡煙甲在於境內防禦，並無賊黨入境。今探的於本月初二日辰刻起身，大旗二杆，數百餘人，已往黃土嶺去，口稱三四日即轉」等情。成龍細訊山中形勢，麻城東山石人寨係麻城、羅田要路，三縣交界，屢反之地。順治十年蕩平山賊，本年題請石人寨設立千總，領兵駐紮防守，歷年寧謐，嗣後漸弛。本年春月，兵弁盡撤，以致鼠賊橫行，略無忌憚。目前，何士榮過黃土嶺，必與白水畈眾寇入夥，合亟請發兵二百名防守黃土嶺一帶隘口，無使叛賊再犯黃岡境界，兼督勦麻城白水畈群逆。若官兵一至，則鄉勇之氣倍壯。兵貴神速，成龍移黃協發兵，早為撲滅，誠恐日久蔓延，聚眾鴟張。伏乞迅勅黃協火速委弁領兵防勦，以殲叛逆，以保生民，以固封疆。俟山賊滅息，酌議於麻、羅新設兵內抽二百名防石人寨，庶首尾聯絡，有星羅棋布之勢矣。

進勦何士榮給各區牌[597]

照得何士榮作反[598]，擾害李婆墩一帶地方，居民不得安生。本府親臨，相機撫勦，大起鄉兵，戮力協助，必需義勇督率。爾某義勇素著[599]，合行委用。為此，牌仰速領鄉兵五十名前來，聽候進勦。但念目前收割正忙，每名給代工銀一日二分，先發三日。工價銀三兩，嗣後照日領給。務擇年力精壯，各執鮮利器械，論功行賞。口糧計名支放。如

---

[596]（叚）〔段〕店　四庫本作「段店」，從四庫本改。
[597] 奏牘本為卷四之第十八篇，題為〈進勦何士榮給各區牌示〉。
[598] 奏牘本此句前加「為委用事」。
[599] 爾某　奏牘本作「爾等」。

有鳥鎗,另給銀一錢。此賊不滅,山中不靖,爾田畈居民亦受荼毒。本府為爾百姓圖安全,切勿畏縮,坐視賊氛倡狂。望領兵齊集進勦[600]。

又[601]

照得何士榮作亂[602],擾害地方[603],本府親臨,相機撫勦。大起鄉兵,戮力協助,必需義勇。爾某義勇素著,合行委用,為此,牌仰速領鄉兵前來,聽候進勦。務擇年力精壯,各執器械,聽候本府點閱,給發號片、號旗,以憑調撥。如有鳥鎗匿不赴敵者,報明本府,即以私藏軍器治罪。或抗稱出外,即係從賊,一併報明,以憑拿解,梟首示眾。

又[604]

諭某等知悉:本府清查保甲,刻日進山。爾等速傳各區,奉委士民整練器械,沿途迎接,切不可遠離汛地,致有疎虞。

又[605]

諭某等:各速領鄉兵三百名,齊執鳥鎗,前來助勦,以張義舉。先發銀各三十兩,犒賞士卒。本府親駐但店,竚望雲集,戮力同心,共除叛逆,以安民心,以靖地方。功成之日,報明撫部院題敘[606],論功行賞,切勿以鄰封膜視。

---

[600] 望領兵齊集進勦　奏牘本作「竚望領兵齊集進勦」。
[601] 奏牘本為卷四之第十九篇,題為「又」。
[602] 奏牘本此句前加「為委用事」。
[603] 擾害地方　奏牘本作「擾害李婆墩一帶地方,居民不得安生」。
[604] 奏牘本為卷四之第二十篇,題為「又」。
[605] 奏牘本為卷四之第二十一篇,題為「又」。
[606] 題敘四庫本作「核實」。

又[607]

仰羅把總統領鄉兵，太平堡餘君榮等四十名，得勝堡高巨卿等四十名，清淨堡舒楚玉等四十名，雲龍堡王克明等四十名，前往黃岡廟駐紮，聽候大兵齊集，相機進勦。仍會田生員密議方略，務要紀律森肅，號令嚴明，毋得疎忽。

又[608]

諭某等知：今陽邏地方有賊二百餘人，於二十八日屯彼地山頭，二十九日逃入東山地界，已行飛報撫部院並王鎮臺會勦。爾等當督率本區鄉勇，約鄰區各長互相策應，早為防守，把截要路，整備器械，遠行偵探，合力勦捕。如肯歸命投誠，不妨為之轉達。事平之日，定請題敘獎賞[609]。諭到，星火知會，勿得羈遲，致使逆賊兔脫。

曉諭周鐵爪等牌[610]

照得周鐵爪與譚以從等亂於羅山[611]，以從已經安插得所，鐵爪未及就撫，潛入山中。何士榮家住長沙，被愚人蠱惑，反歸鄉蠱惑愚人，曾仰何雲章、何媿人勸歸，雖稱執迷不悟，未必涕泣而道。至於英、霍、麻埠之眾，何苦擾我東山？此輩豈盡無父母妻子之為累？豈盡無平等生意之可務？人之無知，一至於此。合行曉諭。為此，示諭周鐵爪等知悉：示到，速宜猛省，若實心歸化，即引眾來見，或願回籍，或願從兵，聽從其便。本府從無誑詞，鬼神可鑒。言出痛腸，慎勿膜視。

---

[607] 奏牘本為卷四之第二十二篇，題為「又」。
[608] 奏牘本為卷四之第二十三篇，題為「又」。
[609] 題敘　四庫本作「核實」。
[610] 奏牘本為卷四之第二十四篇，題為「又」。
[611] 奏牘本此句前加「為曉諭事」。

曉諭何士榮族眾牌[612]

照得何士榮謀叛[613]，煽惑無知，逼脅良民，以致人心驚惶，地方不靖。本府特來勸撫，命方占魁（傳）〔傳〕諭何雲章、何媿人速勸何士榮反邪歸正[614]。茲聞何族人等疑畏株連，男婦奔竄，是豈仁人父母之所為？一人有罪，合族何辜？果士榮傾心投誠，本府哀求撫部院矜宥，亦當待以不死。況原未同謀，何忍一概波及？且雲章苦口良言猶彰彰在人耳乎。合行曉諭。為此，示仰何族人等知悉：各釋疑畏，寧爾室家，凡鄉保地方人等，切不許藉端嚇詐。魯盜蹠未嘗累及柳下惠[615]，往古之事也；鄒君升未嘗累及鄒君榮，近日之事也。王法天理竝行不悖，夫何疑畏之有？至於何士榮起禍之地，涇渭自別，及脅從逃歸之民，不止無罪，且加獎賞。若有出首偽劄者，繳報撫部院題請優敘[616]。本府之言，天日可矢，鬼神可鑒，切勿有懷疑畏，妄自奔竄。思之，慎之。

曉諭但店居民[617]

照得何士榮謀反[618]，煽惑無知，逼脅良民，地方不靖，生民不安。王協鎮發兵勦滅，所過地方毫無驚擾。今駐紮但店，每兵一飧，本府親發錢十文，草料公平買賣支放，決不累及居民[619]。合行曉諭。為此，示仰但店一帶地方居民知悉：兵馬經過之處，本府預行採買糧米、草料，鄉保人等切不可藉端科派。如有此等情弊，決不輕恕！

---

[612] 奏牘本為卷四之第二十五篇，題為「又」。
[613] 奏牘本此句前加「為曉諭事」。
[614] （傳）〔傳〕諭　乾隆本作「傳諭」，誤，從四庫本改。
[615] 魯盜蹠　奏牘本作「柳下蹠」。
[616] 題請　四庫本作「聲請」。
[617] 奏牘本為卷四之第二十六篇，題為「又」。
[618] 奏牘本此句前加「為曉諭事」。
[619] 居民　奏牘本作「煙民」。

黃州書

曉諭各鄉兵區長[620]

照得何士榮謀反[621]，勞爾鄉勇助我征勦，紀律務期嚴明，此兵法一定之例，非屬苛求。合行曉諭。為此，示諭統領鄉兵區長人等知悉：凡鄉保領兵前來駐紮寬敞之處，先報區會鄉兵花名。本府照區會發旗幟以別觀瞻，照花名給號帖以憑識認，候本府親臨點閱犒賞，挨次分發，各依隊伍，不可紊亂。至於進山，真假難辨，隄防務嚴。凡鄉勇助勦，遵報花名，請旗幟、號帖。如無旗、號，即係奸細，盤獲審確，立刻梟首。法在必行，勿等兒戲。

申報賊勢文[622]

麻城木（樛）〔樨〕河生員夏京報稱[623]：「賊何士榮等初二日聚集黃市下畈，初四日至上畈汪會極家抄洗，殺死閻家河曾姓客人，初四晚至殷家園擄掠，初五日燒南莊金瓊蘇樓臺，初六日至黃岡廟，晚至呂王城燒田生員屋，共有數千餘人，現紮李王城」等情。又據羅田鄉民朱爾定口稱：「初四夜有何士榮等分兵過羅田，擄驢十三隻，姦淫婦女，蟻。連夜趕來報」等情。該成龍看得賊黨合夥，殘虐生民。初六日，羅把總、張武舉領鄉兵前赴黃岡廟，當晚住三里畈，離黃岡廟三十里，初七早前進。成龍同李千總巳時至三里畈，據夏生員等報稱，賊已到黃岡廟，當發馬兵二十名。偵探口稱賊勢浩大，雖不可盡信，亦不可不急為之備。合行飛報，伏乞憲臺迅勅黃協鎮帶兵親臨，商酌勦滅。恐鄉兵膽怯，無官兵賈勇，有悞大事。

---

[620] 奏牘本為卷四之第二十七篇，題為「又」。
[621] 奏牘本此句前加「為曉諭事」。
[622] 奏牘本為卷四之第二十八篇，題為「申報張撫臺」。
[623] 木（樛）〔樨〕河　乾隆本作「木樛河」，誤，從奏牘本改。

又申報賊勢文 [624]

照得麻城逆賊何士榮等作亂[625]，本月初六日，成龍會同李千總、羅把總、張武舉，領鄉兵四百名先往黃岡廟堵勦。初七日，成龍同李千總、吳把總、程鎮邦、劉先定、李德、黃岡縣家丁等，帶馬步官兵百名、鄉兵三百餘名，行至三里畈。值麻城夏生員、羅田朱鄉耆一時告急，隨發吳把總領馬兵二十名協助，報明請兵在案。午刻，羅把總等飛報已抵賊營[626]，成龍同李千總等直馳二十里至營盤。吳、羅二把總、張武舉統馬兵、鄉勇趕敗逆賊，追至峻嶺深林，奪獲器械，收營甫歸，兵民踴躍歡呼。是逆賊見馬兵而膽落，鄉勇倚馬兵而氣壯。時日已暮，安營布置，賊尚舉火高山頂上。合亟申報。

鼓勵義勇諭 [627]

照得鮑世榮、陳頓（轍）〔徹〕轍大惡叛逆[628]，何士榮合夥橫行，逼虐民生，焚燬民屋，神人共憤。本府會同黃協統馬步官兵並鄉保義勇進山征勦。本月初七日於黃土輒敢犯我先鋒，兵民鼓勵一戰，潰敗奔竄入山，奄息待誅。凡我士民屢被脅害，冤仇刻骨，罔不欲寢皮食肉，滅門絕戶。當此報復之會，正宜會集擒滅，無留遺種。或有脅從逃歸，概宥不問。合行曉諭。為此，示仰麻城東山一帶士民知悉：示到，速領鄉兵各路追擒，務使神人之憤泄於一朝，義勇之師不煩再舉。慎勿偷安，致貽後患。

---

[624] 奏牘本為卷四之第二十九篇，題為「申報督撫兩臺」。
[625] 奏牘本此句前加「為申報事」。
[626] 午刻　奏牘本作「頃刻」。
[627] 奏牘本為卷四之第三十篇，題為「再諭黃土告示」。
[628] 奏牘本此句前加「為曉諭事」。
陳頓（轍）〔徹〕　乾隆本作「轍」，誤，從四庫本改。

黃州書

報捷詳文[629]

　　本月初七日[630]，羅把總、張武舉領鄉兵至黃土圠遇賊，聞報先發[631]，吳把總領馬兵二十名接應，成龍同李千總馳至，已經追散收營，報明在案。初八日黎明，官兵、鄉勇守卡方歸，忽見西山一帶群賊搖旗前來[632]，又聞東山一帶有賊夾攻[633]。羅把總領鄉勇守截東面，其西山一帶[634]，李千總奮不顧身，領吳把總馬步官兵百名一往向敵，直至山腰與賊對鋒，群寇退卻。羅把總、張武舉等統鄉勇兩路追擊，趕過崇嶺四五重，殺賊無算，填滿山谷，間有奔竄伏入松林。活擒賊首何士榮，搜獲偽劄付二段，偽示稿一紙。陣獲弓、矢、鎗、砲等器，暫給營兵應用。所擒何士榮併偽劄示，合差解驗。有功將士、兵民，另文申報。至陣亡把總吳芝蘭，併重傷、輕傷官兵人等、馬匹，嗣容冊繳。尚有周鐵爪盤踞白水畈一帶，成龍會同弁兵、鄉勇[635]，刻日進勦。

報進兵黃岡廟文[636]

　　成龍初九日同李千總等行至黃岡廟，係黃岡、麻城、羅田三縣交界，崇山峻嶺，谿谷多歧，真乃盜藪。值羅田王知縣領鄉兵鳥鎗手會見，當晚至麻城縣地方呂王城紮營，背山面河。王知縣領鄉兵五百名，成龍面諭其隔水堵截。羅田境界離二里河至白水畈二十里，密邇賊穴。本日申時，據生員夏京報稱：「本月初六日至三里畈接見，蒙囑，京督守

---

[629] 奏牘本為卷四之第三十二篇，題為「報捷詳文」。
[630] 奏牘本此句前加「為飛報大捷事」。
[631] 聞報　奏牘本作「傳報」。
[632] 一帶　奏牘本作「一面」。
[633] 同上。
[634] 同上。
[635] 鄉勇　奏牘本作「鄉士」。
[636] 奏牘本為卷四之第三十三篇，題為「上張撫臺」。

159

隘口。京巡守木（梛）〔樺〕河，見賊巢豎旗放銃，被京趕散，獲紅旗一面。據此，合將進勦地方、日期並紅旗解報[637]。

進屯呂王城諭各區[638]

照得叛逆何士榮自長沙潛歸何家堡[639]，以偽劄蠱惑愚民。本府聞報，初二日進山，賊已往白水畈合夥。初七日復轉至黃土坳，值羅把總領馬步官兵、各堡鄉勇堵截，死賊奔竄入山。初八日黎明，輒敢搖旗下山，李將爺統馬步兵迎至山腰，衝鋒陷陣。羅把總、張武舉領鄉勇兩路追擊，趕賊踰山三、四重，殺獲無數，盈於谿谷。活擒四十八人，審明梟首，內有李有實之子李森、僕來兒，其餘多係何族叛僕。惟賊首何士榮並偽劄二段、偽示一張，活解撫部院轅門發落。初九日，本府會李將爺統兵直抵呂王城，羅田王令領鄉兵五百餘人沿河紮營助戰。大勢已定，鼠賊難逃，合行曉諭。為此，示諭東山士民知悉：爾等前奉密諭，督會各區鄉勇，今已齊集什子砦左右。但四面鄉兵各有統領，貴約束嚴明，方調度得宜。若混在一處，勢不相下，死賊乘釁肆害，或潛行逸脫，不（弟）〔第〕勞而無功，且貽後患，不可不慮之早也。示到，宜各領各兵，各紮一營，務相和睦，禁止騷擾。此賊不上什子砦，必走商城、英、霍，而龜尾、八疊山、甑山河為要路。夏京等守把木（㮚）〔樺〕河一帶，鄭丹、熊公飛守把甑山河一帶，梅鈿等守把八疊山一帶，汪正緒等守把龜尾一帶，如敢疎忽放走，責有攸歸。丁期生、童貴卿、陳益之等，以及凡我士民書不能遍及者，各平心公議，如賊成群，合力勦滅，或聞風解散，各分一路，挨堡追緝。沿山漫嶺，即深林密箐，俱務嚴搜拿獲解審。良民逃難者，立刻釋放，仍取搜尋無賊甘結。毛翊長

---

[637] 地方　奏牘本作「地名」。
[638] 奏牘本為卷四之第三十四篇，題為「進屯呂王城諭各區告示」。
[639] 奏牘本此句前加「為曉諭事」。

留軍前效力引路，李大謀領兵一至，即馳赴營，以便傳各處鄉兵聲息。毋得怠忽，各宜恪遵。

次白水畈上張撫臺陳進勦情形[640]

成龍守黃以來[641]，謀慮地方安危，竭力軍需緩急，心血嘔盡，此憲臺之所洞悉也。無端偽劄煽惑陽邏，夜半船賊擄掠驛馬，變出意外。府城空虛，值陽邏驚後，有兩座船晚停江干，舉動叵測，人心洶洶。成龍身肩重任，分兵布置，靜以待動，徼倖無虞。初一日，已有白水、永寧信息，憂心如焚，勉強辦事。初二日黎明，兩地請援，理應申候憲命，特慮稍遲數日，則種類蔓延，事有機會，刻不容緩。況無將無兵，收拾鄉民，猝何能集？是以成龍當日激切叩稟，即同九人前往，而弁兵十二人偕行，星夜催督保甲。無如人心渙散，呼應不靈，費盡心力而協兵適至，當即鼓勇進勦。不料數日之內賊已養成氣候，黃土一陣，若非李千總衝鋒陷堅，竟有不可言者也。一戰取勝，殺戮三分之一。初十日抵白水畈，鄉兵接應，咸云什子砦有賊無幾，與千餘賊黨之報大不相符。鄉兵領委搜山，地方已稱無事。成龍為事後之慮，周鐵爪竟無下落，英、霍、麻埠之賊將歸何處？是必匿遁密箐深峒，為將來害也。且本地鮑世（榮）〔庸〕[642]、陳頓徹、李公茂尚未見分曉。成龍一府簿書，承上接下，咸屬要件，再遲數日，則積委塵封，欲即回府，則根株未絕，死灰必至復然。總之，崇山峻嶺之中，人易為非；四省交界之地，性慣窩惡。伏惟憲裁，俾餘黨悉除，而府事不悞，幸甚。

---

[640] 奏牘本為卷四之第三十五篇，題為「次白水畈上張撫臺」。
[641] 成龍守黃以來　奏牘本作「成龍蒙恩拔授黃守」。
[642] 鮑世（榮）〔庸〕　奏牘本作「鮑世庸」，從奏版本改。

附　張撫臺復書[643]

永寧肅清，具見偉略。其白水畈一帶，不佞已遣發黨、伊二參將領兵前去，此時定已抵山中矣。但撫勦並用，雖屬地方官愛百姓之心，然賊情叵測。方撫之後又爾陸梁，似難概以姑息施之。惟年親翁斟酌時宜，務將渠魁盡擒，令南人不復再反，方見綏靖之實著耳。專人特布，惟留神，切切。正發函間，適接守道吳親翁申文，其中情由，幸即備覆。不一。

進兵定慧寺報文[644]

成龍於本月初八日同協鎮李千總、羅把總馬步官兵，帶領鄉兵，與賊山腰對敵，李千總領兵活擒賊首何士榮，押解申報在案。初九日至呂王城，係麻城縣境。初十日至白水畈，群賊解散無蹤。十一日報石壁萬野予作反，羅山周鐵爪等英、霍凶黨群聚，又有廣西孫延齡奸細孫麻子在內。十二日，成龍同李千總至定慧寺地方紮營，相機勦滅。茲奉嚴飭，合先回報。

移咨伊二參將文[645]

看得本月初八日黃岡縣永寧鄉黃土坳地方、湖南長沙散偽劄，叛逆何士榮領賊遍紮山頭，天將黎明，搖旗放砲。李千總衝鋒（陷）〔陷〕陣，射倒賊旗，活擒賊首何士榮，獲偽劄二（叚）〔段〕[646]、偽示一紙。初九日早解赴守憲，轉詳撫部院轅門發落訖。本日入麻城境呂王城紮營。初十日直抵賊穴白水畈，群賊潛匿無蹤，鄉兵四面搜山。十一日

---

[643] 乾隆本為卷三之附錄任黃州時湖廣張撫臺來劄計十二道之二，四庫本無，奏牘本為正文後附。
[644] 奏牘本為卷四之第三十六篇，題為〈次定慧寺報張撫臺〉。
[645] 奏牘本為卷四之第三十七篇，題為〈移咨伊二參將〉。
[646] 二（叚）〔段〕　四庫本作「二段」，從四庫本改。

早，鄉民報石壁萬野予作反，內有廣西孫延齡散偽劄。叛逆孫麻子自稱孫將軍[647]，羅山賊首周鐵爪即周二黨羽，併英、霍亡命與黃土坳殺散逃賊李公茂、鮑世（榮）〔庸〕、陳頓徹等嘯聚石壁，擾害良善。十二日，本府同李千總統兵赴甄山河進勦，駐紮定慧寺地方。十三日，據麻城縣稟稱，撫部院發兵十二三日可到，本府隨紮營定慧[648]，等候移會堵截[649]，申報在案。一面布置把守各隘口，鄭丹、丁奇生、熊公飛等守甄山河、燕子崖一帶，汪公極、張輝吉、何升菴等守龜山口、什子砦一帶，田穀伯、毛翊長等守八疊山一帶，劉君孚、余公晉、夏仲昆等守百神廟一帶，童貴卿、陳益之等紮東義洲，四面接應。十四日早，據麻城縣稟稱，貴府十二日至縣，十三日辰時進兵。本府即刻同李千總移營黃市地方，紮營什子山下。本日途中，准貴府大移偵探土賊情形，賊巢在於何處，回覆會勦。萬野予、周鐵爪等聚眾倡亂，乃其實情，石壁是為賊巢。貴府大兵前進，石壁賊必望風潰散，由南奔竄，有本府同李千總、羅把總堵殺。惟東北一帶，應麻城縣嚴敕鄉兵勿使漏網，復留禍根。如賊黨成群負據山險，宜令鄉民前導，官兵步步為營。勦賊貴其敏速，進兵貴其慎重，貴府自有妙算，相機審變，無煩本府絮言也。

申報張撫臺文[650]

本月十一日報石壁萬野予作反，申報在案。成龍同李千總等發兵前進，十二日駐紮定慧寺，訪確羅山周鐵爪黨惡並英、霍亡命。又有口稱孫將軍者，查係從廣西來，騎一大騾，從中倡亂。鮑世（榮）〔庸〕、陳頓徹、李公茂俱往合夥[651]。十三日，據麻城縣稟稱，憲臺發黨參將、

---

[647] 自稱　奏牘本作「自號」。
[648] 定慧　奏牘本作「定慧寺」。
[649] 等　奏牘本無此字。
[650] 奏牘本為卷四之第三十八篇，題為〈申報張撫臺〉。
[651] 俱往　奏牘本作「俱逃」。

伊參將統兵於十二三日准到。但官兵從麻城縣山路進勦尚屬寬敞，徑抵萬野予家，賊必由龜峰、八疊兩路奔逸，成龍等應駐白水畈堵截。合就申報。

募擒賊首告諭[652]

示諭士民人等知悉：有能擒獻孫麻子者，賞銀五十兩。如有志功名，或文、武生員，或貢、監，報撫部院題請准給[653]。至於鮑世（榮）〔庸〕、陳頓徹已為釜中之魚，擒獲來獻，遵前示給賞逆產、妻子。李公茂陣前帶傷，亟宜獻出，倘有縱放，恐不便於沿路居停。即賊黨擒獻，准宥前罪，照常人一例行賞，地方人等不得阻攔爭奪。

又[654]

照得鮑世（榮）〔庸〕、陳頓徹、李公茂造逆縱惡[655]，脅良為賊，擾害地方，民不安生，與何士榮孫麻子、萬野予等結連作亂。本府於本月初八日擒何士榮於黃土均，伊參府於本月十三日擒孫麻子、萬野予於石壁。大憝已獲，惟鮑世（榮）〔庸〕、李公茂、陳頓徹、周鐵爪四凶兔脫，勢必匿於茂林深谷。當此隆冬嚴寒，夜必舉火，定露形跡。日不再食則饑[656]，必有窩主供應糧食。此四賊若不殲除，不惟無以消從前良善之憤氣，且以留將來良善之禍根。況各區仗義，人人與為仇敵，賊蓄憾在心，亡命結聚，夜行竊盜，禍所不免。凡我士民，久已忍冒饑寒[657]，勿憚辛苦，滅此朝食，一勞永逸。如有親故情面，互相遞隱，殊不思眾怒

---

[652] 奏牘本為卷四之第三十九篇，題為〈募擒賊首告示〉。
[653] 題請　四庫本作「核實」。
[654] 奏牘本為卷四之第四十篇，題為〈又示〉。
[655] 奏牘本此句前加「為嚴拿叛逆，以絕根株，以靖地方事」。
[656] 饑　四庫本作「飢」。
[657] 同上。

難犯，事久必洩，恐不能庇賊，而反自受破家亡身之害也。合行曉諭嚴拿。為此，示諭黃市、白水畈等處士民知悉：示後，嚴加搜緝，以除爾等後患。如有窺見蹤影、力能擒獻者，賞銀十兩；來報信者，賞銀五兩。即親友遞送藏匿，翻然悔悟[658]，為事後之慮，或擒或報，一例給賞。切勿養癰，自貽伊慼。

擒獲眾逆報文[659]

十六日早，劉君孚著鮑文子報稱，拿獲周鐵爪、鮑世（榮）〔庸〕、陳頓徹，報明在案。即刻，千總李茂昇同麻城候選千總劉先定、武舉魯試、羅田武舉張尚聖前往巡緝，於十八日巳時，李千總等同生員朱愷、劉青藜等護解周鐵爪、鮑世（榮）〔庸〕並次男鮑自性（長男陣斬）、陳頓徹等。據稱周鐵爪係朱愷活擒，賞銀十兩。鮑世（榮）〔庸〕父子、陳頓徹係劉青藜活擒，青藜身帶棍傷，其僕手被刃傷，賞銀二十兩。元凶已獲，地方復安，各處守隘鄉民當行曉諭放回，蘄水、黃岡、麻城隨營鄉兵，十九日盡諭出山歸籍。惟有李公茂未獲，密計擒拿。周鐵爪、鮑世（榮）〔庸〕、陳頓徹、鮑自性四犯，交付李千總解赴守憲查明轉解。成龍於本月初二日擅離府治，調集鄉兵，身不解衣，食不下嚥，老病十分沉重，於十九日扶病赴麻城縣會伊、黨二參將，商議地方事宜。至於脅從，原係良民，自應安撫，成龍已體憲慈曉諭，概不過問。惟有鮑世（榮）〔庸〕、陳頓徹、萬野予，乃麻城居民，自取滅亡，不無嫉害親友，扳誣良善，一切供詞、筆劄似應投之水火，以彰天地之仁，以安良善之心。黃麻此舉，地方安危所繫。憲臺妙算如神，迅發大兵，賊首一鼓成擒，群鼠望風奔竄，無有漏網。憲臺威靈，遐邇咸懾，匪類自此膽落，封疆自此鞏固。朝廷之福，生民之幸也。

---

[658] 翻然　四庫本作「幡然」。
[659] 奏牘本為卷四之第四十一篇，題為〈又擒獲眾逆報張撫臺〉。

附　張撫臺復書[660]

前獲何士榮已經正法，並具題矣。茲接來翰，又獲鮑世（榮）〔庸〕、周鐵爪、陳頓徹三賊首，而麻令復報拿獲萬、孫二賊首，從此山中可冀廓清矣。但此番搜勦，務盡根株，諸凡渠魁，如係孫調元、史國柱等[661]，毋令遁逸。其餘脅從之眾，果出無辜，或可開其一面耳。所拿賊首，可即解省正法，以憑具題。親翁荷戈擐甲，跋涉山中，賢勞頗為繫念。然以文吏而擅武略，屢著奇功，殊為欣快。率此附復，諸惟自愛。不一。

禁止擄掠告諭[662]

照得入山進勦[663]，原以為民，鄉勇協助，乃為義舉，馬步官兵紀律森嚴。夫何鄉兵縱肆，雞豚遍地血淋，器皿一炬灰燼，甚之擄及耕牛，大干法紀，合行禁約。為此，示仰各堡統領士民、鄉保人等知悉[664]：務嚴束各堡鄉兵，勿擅離營盤，驚擾地方。至於桌椅、成器之物，一概不許燒燬，敢有故違，定以軍法從事。且班師回府，其縱放鄉兵頭領，論罪不准敘功[665]。思之，慎之。

禁止株連告諭[666]

照得山寇作亂[667]，所有外省漏逆孫麻子、周鐵爪潛匿東山[668]，勾連賊首何士榮、鮑世（榮）〔庸〕、陳頓徹等作亂，擾害地方，撫部院迅發標

---

[660] 乾隆本為卷三之附錄任黃州時湖廣張撫臺來劄計十二道之三，四庫本無，奏牘本為正文後附。
[661] 如係孫調元、史國柱等　奏牘本無此句。
[662] 奏牘本為卷四之第四十二篇，題為〈禁止擄掠告示〉。
[663] 奏牘本此句前加「為禁約事」。
[664] 示仰　奏牘本作「示禁」。
[665] 准　奏牘本無此字。
[666] 奏牘本為卷四之第四十三篇，題為〈禁止株連告示〉。
[667] 照得山寇作亂　奏牘本作「為安撫良善事，照得」。
[668] 所有　奏牘本作無此詞。

鎮官兵，由縣進勦。本府親率黃協營弁及各區鄉勇入山征討，前後合擊，內外夾攻，生擒諸逆。其餘黨惡，誅捕殆盡。藪澤已清，禍根已絕，從此山畈內外太平安樂，共用聖化，高枕無憂。目今鎮標官兵紀律嚴明，分別善良，秋毫不犯。爾等始知作善得福，作惡得禍，王法天理，分毫不爽，可為殷鑒。合行出示。為此，示仰士民人等知悉：自今日為始，一概株連牽引盡行禁絕，各宜樂業安心，寧爾室家，修爾田園。不循謹之子弟，早加訓誡；必無益之交遊，早行屏絕。消釋嫌疑，和睦鄉里。敢有借舊案挾制者，告發，立行重處；懷私報復者，訪出，即實極刑。爾地方鄉保、區長，即行曉諭勸戒，本府當分別獎勵，以上報朝廷洪恩，下恤爾民困苦也。

附　張撫臺來書[669]

東山之役，擐甲為勞。何士榮既擒於前，偽孫將軍復擒於後，已經兩次具題。今俟周鐵爪等解至，再當彙疏題敘。但渠魁既獲，則脅從者自當招撫，俾其樂業。惟李公茂、孫調元，未可令其漏網也[670]。省兵已經檄撤山中，善後事宜，凡不佞所未及者，知親翁自能斟酌盡善耳。前煩覓鳥鎗，幸為速覓，即不能如數，亦可總以速有為荷，遲則恐不及耳。藥弩並留神。不盡[671]。

上張撫臺乞休致稟[672]

本月十九日，李千總領官兵旋府，解活擒賊首鮑世（榮）〔庸〕父子、周鐵爪、陳頓徹四名，赴守憲驗明轉解。成龍即於十九日至麻城縣會伊、黨二參將，酌議地方事宜。賊首咸擒，東山復平，劉青藜、劉君孚擒賊殺

---

[669] 乾隆本為卷三之附錄任黃州時湖廣張撫臺來劄計十二道之四，四庫本無，奏牘本為正文後附。
[670] 李公茂　奏牘本作「李公懋」，從乾隆本改。
[671] 前煩覓鳥鎗，幸為速覓，即不能如數，亦可總以速有為荷，遲則恐不及耳。藥弩並留神。不盡。乾隆本無此句。
[672] 奏牘本為卷四之第四十四篇，題為〈上張撫臺請乞休致〉。

賊，赴麻城屈令獻功，伊、黨二參將塘報訖。惟有李公茂在黃土陣前帶傷，正在搜緝。伊、黨二參將於二十二日班師。成龍在麻病沉，已詳守憲，請乞休致。伏懇憲恩垂念勞吏桑榆暮景，二豎狂逞，實難任事，俯允題請[673]，成龍生死感戴！外，弩弓樣製一張呈驗，有貢生鄒世美精曉弩製，一併呈送。又有黃安縣人伍家季來黃市招安周鐵爪，時鐵爪已擒，當即發回。據伍家季願招兵五十名，成龍已行黃安縣批差護送，伏乞牌仰黃安縣酌議，逕送轅門。但目前地方多事，且有護送，務期先行曉諭經過地方，庶不致真假混淆，匪類藉以晝行，百姓可以無驚矣。

附　張撫臺復書[674]

親翁此行，東山渠魁次弟就縛，從此潢池小丑自當絕影。惟李公茂、吳煥能、孫調元，須留心密緝，毋留根株，再致萌發。又，所獲周鐵爪，今審供係鄧少興，乃鐵爪之徒，非真鐵爪也。似當仍令伍家季招安，或設計擒縛，為囑。目今正急需鎗手，伍家季願招兵五十名甚好，祇須黃安縣給批逕送來省可耳，所送弩弓容查收。鄒明經俟到，當即見之，以詢弩製[675]。至親翁清操苦節，綏靖地方，種種勞績，不佞知之甚深，信之甚篤，勿以昨者守道文內小嫌，遂為介介也。幸勉之，以慰綣切。專此。不一。

拿李公茂諭[676]

照得大逆李公茂[677]，忘恩背義，已撫復叛，輒敢引領亡命，於黃土均與本府官兵、鄉民對敵。神人共憤，兵民鼓勇殺退，老賊抱頭鼠竄。

---

[673] 題請　四庫本作「請休」。
[674] 乾隆本為卷三之附錄任黃州時湖廣張撫臺來劄計十二道之五，四庫本無，奏牘本為正文後附。
[675] 目今正急需鎗手，伍家季願招兵五十名甚好，祇須黃安縣給批逕送來省可耳，所送弩弓容查收。鄒明經俟到，當即見之，以詢弩製。　乾隆本無此句。
[676] 奏牘本為卷四之第四十五篇，題為〈拿李公茂告示〉。
[677] 奏牘本此句前加「為嚴拿叛逆，以靖禍根事」。

迄今日久，未見地方鄉保綁送，是必匪類潛通藏匿，或親友難破情面，遞相容隱。殊不知逆賊作反，脅制良民，痛入骨髓。且扯旗放銃，彼何曾有親友之情[678]，而反以恩報仇也？又或愚民無知，惟恐賊口仇扳，故爾狐疑容隱。本府與此老賊誓不共生，爾士民各有身家性命，何苦自（陷）〔陷〕窩藏叛逆大罪？合行嚴拿。為此，示諭東山士民知悉：示到，速將李公茂綁獻，不惟無窩匿之罪，且有擒賊之功。從此地方除一禍根，萬民咸受安靖之福，何憚而不為此也？如再遲延，本府訪確，賊有應得之罪，自作自受，而窩匿之家一併究治，夫何說之辭也？事不宜遲，亟早擒獻，以（勉）〔免〕後悔，以靖禍根。

敘從征紳士功蹟詳[679]

　　成龍於本月十九日至麻，因李公茂未獲，仰縣丞陳希堯齎示山中遍緝。於二十七日活擒賊首李公茂，捆綁驢上，行至破頭嶺，老賊翻撞嶺石，仍扶上驢，至曹家河夜半氣絕，合將賊屍解驗。仰荷天威，賊首無一漏網，東山復靖。屈令先練鄉民守隘，繼請大兵勦滅，復安撫脅從，人心底定。惟孫調元一賊，確訪山中，無此姓名。除官兵、鄉勇勦賊有功，應黃、麻兩縣詳報外，有羅田武舉張尚聖在黃土坳與賊對敵，袍袖中一鎗子，勇敢爭先，現今兵部催取候差，似應留憲標聽用。麻城候選千總劉先定、武舉魯試，同黃協李千總拿獲周鐵爪等，武舉李大謀奉屈令委守隘口，俱著功績，且青年弓馬嫻熟，均應候用，以廣羅英才。渠等隨屈令叩謁，伏乞憲臺驗試。齊安驛丞李德手執鐵棍，膽略過人，似非驛員所可淹沒。貢生吳晉爵嫻於弓馬，兼精鳥統。周維邰家養蒼頭善用鳥鎗。鄒世美已考教職，素習鳥銃，兼曉弩製。當今用武之時，以網羅人才為上，智勇兼需。若止以文字取人，恐技勇之才未習《詩》、

---

[678] 彼何　奏牘本作「幾何」。
[679] 奏牘本為卷四之第四十六篇，題為〈上張撫臺敘從征紳士功跡〉。

《書》，屈於制科，不為國用，必為寇資。如羅田陳萬齡沉靜有勇，似應拔識，而兔罝武夫可相繼爭售。至於劉廣定、蕭命福，老成持重；李中素、梅鈿，綽有智謀；貢生龔相旦，武生吳之鄒，歷著功績；程士極、戴宗禮，才德服眾；黃安貢生彭喆，武生葉芳蘭，勤勞王事。查順治五年有遲、羅兩部院已行往例[680]，懇憲勅黃、麻兩縣酌議舉行，以勵後效。程鎮邦相依入山，扶病籌畫，貧老堪憐。黃岡縣家丁四名，真旗下精甲，有願謁憲轅。諸生隨屈令前赴，乞霽顏獎勵。外，鳥鎗一事，吳把總本月初一日齎銀回府，值成龍初二日進山，未及料理。茲奉憲諭，先呈送上號鳥鎗十杆，又有陳縣丞二十杆，其餘陸續解用。成龍於二十九日離麻回府，為此具稟。

附　張撫臺復書[681]

接來翰，知黃陂、孝感之間復有餘孽萌動，已密檄二令隄防矣。至東山告捷之功，刻下即當題敘。親翁可即赴省，並有功士民劉青藜等亦帶同前來，以憑賞賚鼓舞。顒候。不盡。

敘功詳文[682]

查看得黃、麻東山綿亙數百里，與羅田、蘄水接壤，乃匪類潛藏亡命逋逃之藪。逆賊何士榮來自湖南，孫將軍來自粵西，假周鐵爪來自豫省，攜帶偽劄，煽惑鄉愚，逼脅良民，聚黨倡亂。十月二十九日，何士榮等反於黃岡之永寧鄉。十一月初一日，李公茂、陳頓徹、鮑世（榮）〔庸〕、王子之等反於麻城之白水畈。兩處勾連，一時鼎沸。成龍初二日聞風，飛報憲臺，請兵防禦。蒙憲檄，調黃協弁兵迅勤，守憲駐守府

---

[680]　兩　奏牘本無此字。
[681]　奏牘本此文正文後附，乾隆本、四庫本均無。
[682]　奏牘本為卷四之第四十七篇，題為〈敘功詳文〉。

城。成龍同千總李茂昇、把總羅登雲、吳（之）〔芝〕蘭[683]，齊安驛丞李德、候選千總劉先定、武舉張尚聖、黃岡家丁四名，領馬步官兵前進。值守憲諭黃岡知縣李經政，督生員曹洪仁等鄉勇齊集，供應糧糒。初八日，與賊戰於黃土。群賊紮營西山，李千總一騎當先，羅把總、張武舉兩脅夾攻，群賊敗北，殺盈山谷，活擒逆首何士榮，獲偽劄二張，解報守憲轉報在案。初九日，進攻麻城之白水畈。羅田知縣王光鼎、生員蕭二至等，領鄉兵五百餘名，把守交界隘口。蘄水知縣蔣燦，委生員何翩然等，領鄉兵二百名助戰，鼠賊李公茂等望風遠遁。十一日，聞孫將軍、萬野予，假周鐵爪反於麻城之石壁，李公茂等奔竄入夥，勢更燎原。崇山峻嶺，與白水畈聲勢隔絕。麻城知縣屈振奇因鄉勇守隘單弱，危急請兵，蒙憲迅發党、伊二參將星夜領兵救援。十三日入山，孫將軍、萬野予一戰生擒，而李公茂等又復奔逸。千總李茂昇同武舉劉先定、張尚聖、魯試等擒獲假周鐵爪、鮑世（榮）〔庸〕、鮑自性、陳頓徹並李公茂、王子之，解報守憲轉報在案。此役也，弁兵用命，士民同仇，皆賴憲威赫奕，特委名將，用兵神速，梟、守二憲聽命調度，王副將兵有紀律，而同知佟世俊、黃岡知縣李經政、麻城知縣屈振奇殫力除逆，羅田知縣王光鼎、蘄水知縣蔣燦咸資佐理。若夫千總李茂昇、把總羅登雲、百總涂魁凡、杜保、武舉張尚聖，躬冒矢石；齊安驛丞李德、候選千總劉先定、魯試、武生員劉青藜，協力行間；貢士、文武生員劉廣定、彭喆、李中素、吳之鄒、葉芳蘭、程鎮邦，同心贊畫；蕭命福、龔相旦、鄒世美、鄭丹、梅鈿、李大謀、曹洪仁、官純恭、靖天德、蕭二至、何翩然、陶之琇、何繼魯等，各領鄉兵踰山越嶺，苦歷風霜，戮力用命。其餘練長，未便細陳。至於陣亡把總吳芝蘭，為國死難，忠義昭著。有功與帶傷兵丁不便備敘。伏乞憲裁。

---

[683] 吳（之）〔芝〕蘭　奏牘本作「吳之蘭」，從乾隆本改。

附　張撫臺來書 [684]

　　始和布令五馬，春生方深欣企。頃見小鈔，親翁獲鮑世（榮）〔庸〕等之功，部議又加一級矣。佳詞不獨為辛、劉遺調，自當譜入〈朱鷺〉鐃歌，以為奏凱之先聲也。附候。不一。

嚴禁嚇詐諭 [685]

　　照得鮑世（榮）〔庸〕等倡亂 [686]，本府深入黃市，領兵勦滅，已經獲解正法，其餘脅從，概不追究。惟有同惡叛黨，恐留根株，為爾鄉民禍端，他日報復良善，反受禍殃。本府保全善類，於十一月十九日離黃市時，留一密封硃帖，計拿李公茂、王子之等一十九名，囑汪拱極收藏，與丁企生、田穀伯等密議行事。此出於神人之公憤，勢不容已。嗣後李公茂、王之子拿解正法，熊遐先當場殺死，彭三俊等六名拿解為兵，李廣宇等投見歸農。不料人心不良，輒起貪殘，藉端生事，遍地嚇詐，民不安生。此豈是仁人長者所當為 [687]？此豈是同鄉共井所忍為 [688]？生死切齒，反令本府為善不終，召憾於鬼神，斂怨於百姓。茲當新正，諸神下降，清查人間善惡，本府每夜泣禱。如本府為利傷命，刻剝鄉愚，忍心屠戮，株連無辜，乞神速誅，及其子孫。但上自官長，下至保練，咸藉本府為名，釀惡無窮，是爾等之罪，即本府之罪。本府雖自反無愆，其何能免爾等罪孽深重之累及？合行曉諭。為此，示仰士民人等知悉：見示之後，亟行懺悔。有搶擄婦女者，速還婦女；有搶擄牛隻者，速還牛隻；有嚇詐銀錢者，速還銀錢；有逼索貨物者，速還貨物。尚可挽回

---

[684] 乾隆本為卷三之附錄任黃州時湖廣張撫臺來劄計十二道之九，四庫本無，奏牘本為正文後附。
[685] 奏牘本為卷四之第四十八篇，題為〈嚴禁嚇詐告示〉。
[686] 奏牘本此句前加「為曉諭事」。
[687] 所　奏牘本作「之」。
[688] 同上。

神怒，苟免凶報。若執迷不悟，小之得病喪軀，大之闔家遭瘟，絕滅子孫，不義之物仍被旁人爭奪，惹得鬼哭神號[689]，而本府亦不能逃其連累。陰司罪案昭彰，勿占一時便宜。不聽本府之言，三日內外定有報應。速宜遵行，勿自貽悔[690]。

又[691]

照得永寧東鉉、還、和三鄉素稱守法良民[692]，無端何士榮結連釀禍，雖有惡少、遊手附和助逆，而強半出之脅從。黃土坳一陣，率子弟以攻父母，天地、鬼神所共切齒。因之，義旗一指，妖氛頓掃，惡少、遊手屍填山谷。本府手刃四十八人，以洩士民憤氣。其餘脅從，概宥不究。當獻囚梟首之場，陳蕃若領回歸降脅從一十五人，眾所耳目，豈有班師凱旋，復行追究往事之理？至於王之仕稟稱「脅從者逃匿蘄水，不敢投見」，緣是發票逐名招徠，勸諭安插，並無他意。今票已銷，又何疑忌？若羅把總開報投見脅從，備案存查，各安家室，無懷二心。目今天氣陽和，萬物發生，農工將動，生計倍殷，其從賊倖免者，亟去邪返正。看何士榮榜樣，豈不寒心？各理本業，保首領以保妻子，勿聽人言，東躲西藏。倘再失足，後悔何及？爾鄉保、士民人等，切勿圖利恐嚇，致此輩容身無地。本府倘有風聞，定拿重處。合行曉諭。為此，示諭士民人等知悉：自示之後，各宜遵行毋違。

---

[689] 號　奏牘本作「笑」。
[690] 勿自貽悔　奏牘本作「各自懺悔，不勝切禱」。
[691] 奏牘本為卷四之第四十九篇，題為〈又示〉。
[692] 奏牘本此句前加「為曉諭事」。

黃協弁兵爭功看語[693]

　　看得用兵之法在乎主將，命營弁出師，簡授得人而士卒爭先效命，未有弁不得人而兵爭效命，亦未有兵不效命而弁克成功者也。黃土坳之戰，把總吳芝蘭臨陣死難，回詳守憲，請蔭邺在案。千總李茂昇一騎當先，胸中賊銃，綿甲透孔可驗，馬帶銃傷倒斃，步戰殺賊，踰山越嶺，兵氣倍奮，活擒賊首何士榮。把總羅登雲、武舉張尚聖，兩脅夾攻，甘勝獻何賊之衣帽、腰刀，功績可嘉，而實李千總之義勇膽略，有以倡之也。據甘勝訴稱，李千總高喊「要解活的，否則更斬蟻首」，則李千總之殺賊入營，同士卒鏖戰，且擒滅有餘力，號令有餘威，歷歷如睹。大約兵非將無以鼓厥勇，將非兵無以成厥功，則甘勝奪功之訴無容深究也。此役也，弁兵同心戮力，咸有功勞可紀，皆貴府仰體撫部院慎重封疆至意，簡用營弁得人，健丁素蓄銳氣。守備朱諟催兵進山迅速，一戰滅賊，地方賴以寧謐，生民賴以保全。至於百總塗魁凡眉角中一銃，耳邊中一銃，兵王可先肩膀中一銃穿透，尚未全愈。其餘兵丁、馬匹帶傷者甚多，不及細開。若夫殺賊山谷無數、擒賊獻功兵民四十八人，難以悉備，本府當賞銀五十兩，以酬同仇之義。茲准移查，合併移明詳報。

東山平定勒石銘[694]

在黃市龍潭沖什子寨路口大石上。

龜山以平，龍潭以清。既耕既織，東方永寧。

康熙十有三年十一月十九日黃州太守汾陽于成龍勒石[695]。

---

[693] 奏牘本為卷四之第五十篇，題為〈黃協弁兵爭功看語〉。
[694] 奏牘本為卷四之第五十一篇，題同。
[695] 太守　四庫本作「知府」。奏牘本此句後加「門下士麻城李中素書丹」。

黃州書

復張撫臺稟 [696]

軍務殷繁，憲臺勤勞，日昃不遑，成龍坐享安逸，惶悚殊甚。黃安招撫一案，催縣妥詳，於初四日方齎文到府，正據詳通報間。值憲恩浩蕩，軫念投誠家口，發銀二百兩，當時敘入詳內。譚以從等安插縣關，成龍發銀四十餘兩，為餬口之資，頗稱得所。而黃翠林等一百餘名又垂涕乞降救命，情實悽慘，拒之不忍。今崇委驛官李德齎銀前往黃安買米，賑濟以從等家口。此官財利分明，決無侵冒之弊。並諭縣安置黃翠林等，以仰副憲慈。餘容再報。不盡。

附　張撫臺來書 [697]

黃安一案，俟詳到當為題敘。其譚以從等曾為安插得所否？今發去銀二百兩，親翁可即為買米酌賑，毋令流離失所，知定能處置得宜也。貂皮餘鐵，刻下需用，今特發船來裝。並此附及。不一。

附　又來書 [698]

黃安一案，見在具題。其譚以從、黃翠林等，已於疏內題明安插楚省[699]。昨准制臺諮，有仍令河南差官領回之說。恐非其赴楚投誠之初念，似應聽從其便，庶令反側子自安，已有字致制臺矣。親翁可確詢譚以從等，再為通詳可也。南康之警，黃梅防禦宜周。[700] 王親翁往蘄，知親翁必有綢繆之商酌也。崇勒。不一。

---

[696] 奏牘本為卷四之第五十二篇，題為〈復張撫臺〉。
[697] 奏牘本此文正文後附，乾隆本、四庫本均無。
[698] 乾隆本為卷三之附錄任黃州時湖廣張撫臺來劄計十二道之六，四庫本無，奏牘本為正文後附。
[699] 疏內　乾隆本作「此內」，從奏牘本改。
[700] 宜周　奏牘本作「宜用」。

附　又書[701]

黃安一案，先據縣詳，已批親翁處查議，幸敘妥詳，當具題也[702]。飢民無告，最為可憫。總屬朝廷赤子，何分楚、豫？幸親翁即為安插得所。或於十二年積穀內動支賑濟，即當於疏稿內題明可耳[703]。周鐵爪作何勦除，並煩留意。五馬為所屬領袖，親翁加意整刷，定有可觀。其各屬地方苦情，不佞已銘之座右矣。附復。不一[704]。

附錄

任黃州時湖廣張撫臺來劄計十二道之八

歲聿雲暮，將屆新春矣。昨具疏請留，雖勉抑孝思，實為地方起見。幸節哀視事，庶慰輿情。

---

[701] 乾隆本為卷三之附錄任黃州時湖廣張撫臺來劄計十二道之七，四庫本無，奏牘本為正文後附。
[702] 黃安一案，先據縣詳，已批親翁處查議，幸敘妥詳，當具題也　乾隆本無此句，從奏牘本改。
[703] 稿　乾隆本無此字，從奏牘本改。
[704] 附復。不一。　乾隆本無此句。

于清端公政書　卷四

■ 黃州書

申蔡制臺張撫臺乞歸守制詳 [705]

　　成龍譾劣庸材，荷恩提拔，感戴終身。茲有下情，泣血上陳。念成龍父兄先逝，上無叔伯，終鮮兄弟，煢煢一身，奉侍慈幃，希冀升斗，以祿養親。不料任粵任蜀，遠隔天涯。及佐黃郡，又苦卑濕，不敢迎養。身羈一官，心懸白雲，十六年來，烏鳥之私未嘗刻忘。康熙十三年，成龍有終養之請，屢詞告休[706]，實為高堂母老，中懷隱憂，不得不為之乞憐也。今忽焉永訣[707]，母北子南，幽明殊隔[708]，訃音馳至，肝腸慘裂，魂魄黯銷，號天搶地，欲見無由，追悔無及！痛成龍母老不能養，母死不能殮[709]。目前，柩停中堂，亡靈無依，倚門倚閭，死後望兒，倍切生前[710]。成龍他鄉孤哀，腐心疾首，淚已血凝，形已骨立，惟奔喪營葬，觸棺躃踊，少釋終天之恨。此成龍痛哭呼號，而不得不為之乞憐也。伏乞憲恩垂憐他鄉孤哀[711]，母死無治喪之子，施浩蕩之仁

---

[705]　奏牘本為卷五之第六篇，題為〈上蔡制臺乞歸守制〉。
[706]　康熙十三年，成龍有終養之請，屢詞告休　奏牘本作「此成龍十三年有終養之請嗣，屢乞休」。
[707]　今　奏牘本作「茲」。
[708]　幽明殊隔　奏牘本無此句。
[709]　號天搶地，欲見無由，追悔無及！痛成龍母老不能養，母死不能殮　奏牘本語序有異，作「痛成龍母老不能養，母死不能殮，號天搶地，欲見無由，追悔無及」。
[710]　倚門倚閭，死後望兒，倍切生前　奏牘本作「倚門倚閭之望，死後更切於生前」。
[711]　奏牘本此句前加「荷憲臺格外之恩重逾山嶽，而慈母罔極之德痛切心膈」。垂憐　奏牘本作「垂念」。

慈[712]，積萬代之陰騭[713]，循例題達，歸家守制[714]。亡母有靈[715]，叩感地下。成龍倘邀餘生，焚香頂祝[716]，即與母偕逝[717]，啣環結草，永矢世世矣[718]！

復蔡制臺稟[719]

成龍自康熙十二年叩謁憲坫，蒙褒諭之寵、章服之錫，恩逾格外，誠千載一時也。十三年代觀復任[720]，值南寇蠢動，湖北震驚，地方多事，軍務繁劇，未能趨謁，罪戾殊甚。自鄂至黃，終歲靡寧，成龍心血已枯，筋力盡竭，龍鍾堪憐。通詳乞休，未荷恩允，強勉從事，每多疎漏。至於羅田文武互訐，關係地方，成龍何敢一刻放懷此事？急則彼此相激，緩則意氣自平，況均係貴族子弟，忿爭之日少，親愛之日多。茲屢奉憲檄，不敢久稽，謹將大略申覆。伏乞憲鑒。

附　蔡制臺復書[721]

前者山莽竊發，門下躬親戎馬，殲渠撫脅，克奏膚功，聞之欣躍。文治武烈，當今並亟可為推轂預期矣。襜帷親賑，民沾實惠。以此為祝，更勝封人也。草復。不盡。

---

[712] 仁慈　奏牘本作「仁恩」。
[713] 積　奏牘本作「廣」。
[714] 循例題達，歸家守制　奏牘本作「俯允歸葬」。
[715] 亡母有靈　奏牘本作「亡靈有知」。
[716] 頂祝　奏牘本作「禱祝」。
[717] 偕逝　奏牘本作「俱逝」。
[718] 奏牘本此句後加「為此泣血悲慟，待命之至」。
[719] 奏牘本為卷五之第八篇，題為〈復蔡制臺〉。
[720] 代觀　四庫本作「入京」。
[721] 乾隆本為卷三之附錄任黃州時總督蔡制臺復劄計二道之一，四庫本無，奏牘本為正文後附。此附書與前文似無關，奏牘本作此，依奏牘本仍置於此。

黄州書

上蔡制臺用兵方略 [722]

　　成龍受知遇之恩，雖竭犬馬之力，無以報稱於萬一。然年邁氣衰，力不勝任，況當軍興旁午之時，猶非太平腐儒可坐理也。伏乞憲臺垂念數月奔走，恩全離任，成龍得與十四年濶別之老母、妻子再相聚會，闔家焚頂無既。然時事孔棘，憲臺膺封疆重任，宜亟為朝廷計安危也。

　　用兵之法，察天時審地利、有守有戰有攻、有奇有正、有緩有急、知己知彼、以逸待勞、攻其無備、出其不意之數者，不可不審也。今天下之大勢在荊州，據長江之險，賊不能憑空飛渡，相持數月，金風一起，川、湖之賊必兩路爭渡。彼利在戰，我利在守，以逸待勞，賊氣自奪。若我兵先賊而渡江，未為勝策。我欲渡，彼必備，安能保其萬全？倘或賊有狡謀，陽示之以弱，而伏勁兵于澧、常間，我兵不揣虛實，踴躍爭先，入其彀中，則危甚。在我無必勝之勢，而進退失策。此知己知彼，渡江之戰在所當緩者也。岳州對壘，勢足相當，水陸更宜增兵，以守為戰，勝負難決，然曠日持久，將若之何？目前陽平已復，蜀無可據，勿拘六月不興師之例，乘勝而入，進可以戰，退可以守。蜀中空虛，鄭蛟麟老懦，其餘浮誇之輩，無智勇之將，先之以撫，繼之以戰，蜀可傳檄而定。大兵直抵遵義，而黔省震驚，三桂必退守貴陽，然後荊兵渡江以尾其後，必勝之局。此奇兵在所當急，而出其不意、攻其無備者也。至於武昌受病，在通城小路，須委老成將官鎮守，勿騷擾民間，收拾人心，將平江一帶土寇撫而用之，探長沙之虛實，藉鄉民為引導，而長沙可襲取矣。然後請偏院坐鎮，乘便招撫衡、辰、寶、永，亦足以奪賊人之膽，而壯我軍之氣矣。

---

[722] 奏牘本為卷五之第三篇，題為〈上蔡制臺用兵方略〉。

179

上蔡制臺南征方略 [723]

　　四月內聞憲駕渡江南征，兵威振厲，成龍不勝雀躍，用兵三年，見此義舉。然以江湖水漲，暫旋天戈，此誠審酌乎天時地利，識兵家進退之機。成龍，儒生也，未諳軍旋之事，（苐）〔第〕以素所見聞上瀆憲聰。

　　兵家之要，有戰有攻有守。今日長江之險，古稱天限南北者也，守為長策。然非徒守之而已，須訓練士卒，常有必戰必攻之勢。若止使之把守要隘，何異乎逍遙河上也？訓練之法，非止騎射、鎗銃之末務。五人為伍，十人為什，自管隊至百總、把總、千總、守備，上下相統，休戚相關，將知士意，士識將心，如身之有臂，臂之有指，呼吸貫通。一旦臨陣，晝視旗幟，夜聽聲音，可聚可散，仍可散可聚，而終不可亂。兩軍對壘，如手足之捍頭目，子弟之衛父兄，是訓練之要圖。此議涉於迂闊，而實非迂闊也。守備親乎千總，千總親乎把總，把總親乎百總，百總親乎管隊，管隊親乎士卒。士卒雖眾，然由管隊層累而上，則頭領漸約，風雨晦明，同其甘苦，鋒鏑死亡，共其患難，古大將吮疽投醪用斯道也。水師營亦然。但水戰之法久缺不講，似宜大小船隻相間，以便利為上計。總之，兵不在多，關夫子用刀斧手三百，岳武穆用步兵五百，以少禦多，誠得乎兵心而已。將將之法，亦無異是。

　　目前國用匱乏，最為喫緊，則屯種當議舉行。荊州用武之地，必有荒蕪之田，以守兵輪流耕種，如臨江一帶，九十月水退，種以大麥，至三四月水漲之時即可收割。其餘高阜之處，種以粟穀，不比水田多費人工。勿先計收（獲）〔穫〕多寡，實意行之，自有功效，亦可助朝廷些須之費，而亦不曠乎兵務。

　　當此主憂臣辱之時，憲臺為封疆大臣，責任綦重。拔武夫於行伍之

---

[723] 奏牘本為卷五之第四篇，題為〈上蔡制臺南征方略〉。

中，寄以干城腹心之任，古人有行之者。至於通徹占候，曉暢謀略，用兵已久，草莽料不乏人，虛心延訪，使貪使詐，此又運籌帷幄之要著也。成龍邇來老病纏綿，憂時心切，不克躬親叩謁，恭陳蒭言[724]，未知頗合時宜否？

上蔡制臺酌留營將[725]

竊照黃州西接武昌、漢陽[726]，東連九江、安慶，長江一帶，亙綿數百里，上以鍵荊、岳之門戶，下以扼潯、吳之咽喉，實屬要害之區。當承平之日，黃州原設副將一員，額兵六百六十名，分汛黃岡、黃陂、麻城、黃安、蘄水、羅田六縣。蘄州原設參將一員，額兵四百五十名，分汛蘄州、廣濟、黃梅三州縣。而黃協所轄，地廣兵少，常有鞭長不及之虞。康熙十三年，滇、黔告變，人心叵測，麻城、羅田素為盜藪。憲臺慮周萬全，題請黃協添設守備二員，分防麻、羅，各召兵三百名。因蘄州勢踞江干，密邇黃州，議裁參將一缺，留兵三百，守備管理，而統轄於黃協。彼時江右無驚，議設議裁，緩急適宜。嗣豫章用兵，憲臺審時度勢，請復蘄州參將一缺，兩牘補陳，無非為朝廷封疆起見。部議相左，蓋以九江有提督坐鎮，而江右已漸次蕩平也。然今日之憂，又不在水路而在陸路。聞江右寧州告警，與武昌之大冶、興國接壤，不無震鄰之恐。查大冶從小河出黃石港，直抵大江，在黃州之下蘄州之上。興國從富池口直入大江，在蘄州之下廣濟之上。雖賊寇不敢猝犯，但恐大冶、興國受敵，而沿江一帶須處處隄防。以一協鎮遙制九屬之水陸，瞻前顧後，不無可慮。莫若暫留雅參將坐鎮蘄州，仍分汛蘄州、廣濟、黃梅，而對江之興國等處，亦得專謀隄防。黃、蘄協力，聲勢相援，兵威

---
[724] 蒭　奏牘本作「芻」。
[725] 奏牘本為卷五之第九篇，題為〈上蔡制臺〉。
[726] 奏牘本此句前加「為酌留營將，以資防守，以靖封疆事」。

自壯，防禦自密，不惟黃州鞏固無憂，即武昌之屬邑亦可恃以無恐。伏乞憲臺為封疆謀萬全，因時制宜，暫留營將，輔車相依，以成不可搖動之勢。如欲必裁，或俟事平再議可也[727]。

附　蔡制臺復書[728]

接來稟，知災民賑救之議，有裨今日急務所當，具詳見門下留心民瘼[729]、保安地方至意。當即斟酌更改，移行撫軍司道府，力為舉行，期臻實效。至蘄、黃一帶，去荊頗遠，聞見不易，尚有次第應行事宜，不妨條晰備陳。總冀民安盜息，疆土寧謐，即是無窮之福。軍旅、病勞交迫，率此復聞，並以誌門下直言無隱雅懷也。

復張撫臺論設水師議[730]

用兵之道，審時度勢，陸路以騎兵勝，水路以舟師勝。自湖南失陷長江之險，賊視（耽耽）〔眈眈〕，相其機宜，設立水師，誠為要務。荊州重地，武昌省會，水師二營，題請設立，可謂無遺策矣。惟蘄、黃一帶，上接荊、鄂，下扼潯、吳，為全楚門戶，水師不可不亟為之議。然增設水師，必廣招募，而募一兵必增一兵之費，當國用匱乏，何敢議增？查道士洑一營，處黃州之下流，踞蘄州之上游，現設兵三百名，原稱水塘，或可易為水師，似不必增兵，止易其名，習其技，便壯南北之雄圖也。如云兵寡難成營制，或將蘄州已裁兵一百二十名補入道士洑，共兵四百二十名，統以名將，聯荊、鄂而制潯、吳，思患預防、審時度勢之長策，誠有如黃協鎮改設水師之議允合機宜。（苐）〔第〕議水師，

[727] 再　奏牘本無此字。
[728] 乾隆本為卷三之附錄任黃州時總督蔡制臺復劄計二道之二，四庫本無，奏牘本為正文後附。此附書與前文似無關，奏牘本作此，依奏牘本仍置於此。
[729] 所當具詳　奏牘本作「具」。
[730] 奏牘本為卷四之第五十三篇，題為〈復張撫臺論設水師議〉。

必議舟楫，若復新造，工費浩繁，便難舉行，或將岳州新裁水師營大船議發十隻，儘可足用。再查道士洑原設防江小船以濟之，大小兼資，聲勢自赫，守禦自固。茲奉查議，理合悉心籌畫[731]。伏候憲裁。

上張撫臺論蘄黃守禦[732]

前九江、湖口情形，乃蘄營千總等員塘報，十三日晚投之王協鎮，請成龍會議通報，速發鬱千總帶兵一百名，駐紮蘄州北關前哨偵探。成龍於十四日賫書差役前往九江府，知會逆賊實跡，救援機宜，俟役回另報。（弟）〔第〕黃梅與九江密邇，蘄州既與黃參將密議，竟不申報，是視地方大事為戲局，乞憲嚴飭。十四日，成龍據協移復行詳報，請守憲並江防同知，未蒙憲示。十五日，奉憲牌備船二十隻，成龍自合遵行[733]，但民船備用，終非永久之計。成龍欲備價公買，為緩急之需，特苦貧乏，不能濟事。且古有水師，似宜倣而行之。黃參將已經裁缺赴部改選，王協鎮自應速往蘄州整練兵馬。黃梅空虛，亦應特委專員領兵協守城池，以壯聲勢。廣濟無城，恐人心驚恐，弁兵均應駐防。今日事勢，以蘄州為重鎮，以黃梅為藩垣，龍坪、武穴正用兵扼要之地，布置須周密。事屬萬緊，統候憲裁。謹獻地（里）〔理〕圖一紙，祈察收。程鎮邦已至，正資助理，為此具稟。

附　張撫臺復書[734]

接來翰，湖口被陷，在楚黃事勢，以蘄州為重鎮，黃梅為藩垣，廣濟添設駐防，龍坪、武穴須布置周密。數言已得其要矣。吳守道、佟、

---

[731] 理　奏牘本無此字。
[732] 奏牘本為卷四之第五十四篇，題為〈上張撫臺論蘄黃守禦〉。
[733] 合　奏牘本無此字。
[734] 乾隆本為卷三之附錄任黃州時湖廣張撫臺來劄計十二道之十，四庫本無，奏牘本為正文後附。

趙二同知，業已起身往蘄，黃協亦應帶兵五百名駐蘄。或於麻、羅二守備之中，速調一員駐黃梅，再於龍坪、武穴、廣濟三處分防聯絡，以固疆圉。總之，江上之賊，叛將、土寇烏合之眾，原非勁敵。況楚有九江為屏翰，既不可過為張皇，致民惶懼，又不可不預為防禦，致不寇燎原。惟親翁斟酌情形，與道、協商定，以鎮靜為安內之功，以周密為攘外之策而已。江汛無船，豈能控扼？不佞已具題造船，尚未准。有部諮備價公買之說，最為妥協。但應需船若干，可速相聞，以便酌量為計。九江守有回音，幸即馬上相聞。其蘄州、黃梅不申報情由，已另檄申飭矣。附復。不一。

上張撫臺論九江事宜 [735]

看得禁旅南下 [736]，逆賊自然聞風竄伏，目前正可從容綢繆。黃梅為武、黃下游門戶，今據該縣稟稱，恐發兵駐防，則城內之廬舍、人民難保萬全，為慮誠切。細閱形勢，湖口與斷腰近，清江鎮與九江近，莫若發兵駐紮清江鎮守，與九江聲勢相連，可以大壯兵氣。湖口離安慶不遠，或移安徽撫憲亟發精兵駐防，則三面鼎峙，彼此相倚，可保無虞。至於清江鎮，似應築兩土垣，兵居其一，民居其一，庶兵民不致混雜。統候憲裁。

---

[735] 奏牘本為卷四之第五十五篇，題為〈上張撫臺論九江事宜〉。
[736] 奏牘本此段文字之前有大段文字，乾隆本、四庫本無。為「本月二十三日，已具前稟，適值黃梅報到，合將報內情形上呈憲鑒。據黃梅縣稟稱，最苦者地處衝煩，本月初五日至初七日，江撫經過奉驛道，連次差人查馬。又，本月十五日，有正黃、正白旗都統木、殷二位，領八旗誇蘭大下兵五千人至停前，十六日至縣下營，又有李總統兵隨後就到。又傳四王爺領兵就過，應接不止一次，供億不止一處，無名之費實難應手。憂盡傷心，形影自弔，惟憲如父母，故敢略言之。又，本月初二日，湖口縣被楊賊入城。江西發兵千名，於初十日到九江府。梅城之南九十里至清江鎮，與九江連界。東南八十里到斷腰，與湖口連界。去界三十里，即湖口縣城。是以人心驚駭，逃避不前，所恃者大江之隔，得以自存。卑職孤城，舉首莫策，幸數日賊勢稍乎，人心略定。但事屬隔省，無塘報可據，未敢聞之上憲。恐發兵防駐，則隔境獉狉尚未除，而此地之室廬先毀，人民先逃，再無殘黎，何以成邑等情。成龍」。

附　張撫臺復書[737]

前見來翰，具悉碩畫。清江鎮自應設防，與九江共壯犄角之勢。安徽亦應發兵駐宿松等處，三面鼎峙。先已諮移江西督院及安撫矣。清江應否築垣，兵民分處？此在親翁就近與道、協商行。此時既當令兵不擾民，尤當恤民量力，務期斟酌情形，各得其當而已。又，來翰所云水陸形勝，不佞政復同心。此不獨漆室之隱憂，亦桑戶之預計也。今九江已經勒部堂疏請添設提督，而河南亦復增設援勦提鎮。容再諮商豫撫，於汝寧、光、固之間，或得一援勦總鎮移駐，則更壯聲援耳。刻下省會召募鳥鎗手，幸親翁留神速募。其新撫譚以從等，可有能充此役之人否？孫賊之信，政恐未確。並附復。不盡。

上張撫臺論兵事[738]

守憲十七日臨黃，十八日有南康之報，聞鬱千總領兵赴梅。成龍深切心腹之憂，請命守憲立刻發兵，當日給散兵糧，借支黃梅草銀二百兩。營兵方束裝，而憲命適至。船隻不足，李知縣帶家丁夜渡樊口，十九日天明船集，大小共四十隻，大船給銀三錢，小船給銀一錢五分。文武臨江釃酒誓師，頗有投石超距之勢。又聞鬱千總往蘄，無復可慮，守憲優禮相待，較前迥若天壤。一應事宜，守憲、協鎮為政，成龍與中軍料理府事，如有緊要機會，亦不敢坐視緘默。六安州麻埠地方土寇倡亂，與麻城東山為鄰。羅山解散餘黨，無人安插，三五成群，由麻城潛入東山。六安之界，利在守隘；羅山之黨，利在驅逐。聞風已報守憲，仰候布置。羅田、麻城文武不睦，麻城文弱武強，羅田武弱文強，事處兩難，調停無術。九江江守書到，馳報船隻目前買備尚無定局。統冀憲鑒。

---

[737] 乾隆本為卷三之附錄任黃州時湖廣張撫臺來劄計十二道之十一，四庫本無，奏牘本為正文後附。
[738] 奏牘本為卷四之第五十六篇，題為〈上張撫臺論兵事〉。

附　張撫臺復書[739]

守道赴黃，聞相待甚好，殊慰懷抱。麻、羅文武未和，容另申飭。當此多事之時，惟藉同寅協恭，方能撫輯百姓，詎當有參商之見也？羅田解散之黨，極宜安插得所，頃有致親翁劄已備悉之矣。九江已經勒部堂疏題，奉旨添設提督，即於在荊之雲、貴二提督遴一員赴任，不日即可抵汛。從此蘄、黃添一保障，或可無虞耳。專復。不一[740]。

申張撫臺請增防兵議[741]

竊照黃州地方寥廓[742]，水陸兼防，原設協鎮副將一員，額兵八百六十名，分汛黃岡、黃陂、麻城、黃安、蘄水、羅田六縣。昇平之日，尤虞地廣兵寡，盜賊竊發。自滇、黔告變，地方多事，麻城、羅田已新設守備各一員，募兵各三百名，無庸協兵防守。查千總羅登雲領兵五十名防守石人嘴，把總賈思玉領兵五十名防守黃陂，千總鬱某領兵一百名防守陽邏，府城止留六百六十名，各塘汛分防不足，議撥羅田兵五十名防守石人嘴，撤兵回協，分守各塘。目前江右寧州告警，大冶、興國有震鄰之恐，黃州沿江倍宜慎加巡防，麻、羅營兵不時聽候調遣。茲聞督部院撥麻城營兵五十名駐防楊店，但大冶、興國與黃州一江相隔，處處需兵防守，以黃協一千四百之兵尚恐不足分防，尤望蘄州留將協力。若調麻邑之兵前往楊店，則兵勢愈分，防汛愈疎。況楊店係德安地方，尚屬內地，或德營撥兵五十名，亦可以資彈壓也。成龍本屬文職，不宜越位譚兵，但文武同城，安危與共，凡有關於地方者，未敢坐視不言。統冀憲裁。

---

[739] 乾隆本為卷三之附錄任黃州時湖廣張撫臺來劄計十二道之十二，四庫本無，奏牘本為正文後附。
[740] 羅田解散之黨，極宜安插得所，頃有致親翁劄已備悉之矣。九江已經勒部堂疏題，奉旨添設提督，即於在荊之雲、貴二提督遴一員赴任，不日即可抵汛。從此蘄、黃添一保障，或可無虞耳。專復。不一。乾隆本無此句，從奏牘本補。
[741] 奏牘本為卷四之第五十七篇，題為〈申張撫臺請增防兵議〉。
[742] 奏牘本此句前加「為請別營汛，專兵力，以資守禦，以固封疆」。

附　張撫臺復書 [743]

貴恙想已全安矣。茲奉王諭，探信之人具稟「黃州山內有吳友教者，通連南逆，竟有蠢動之舉」，但友教曩經親翁稟報，久已通行查拿，至今未據報獲，近果作何景狀？幸即多方密探，確訪的音，若有蹤跡，迅為密報，以便遣發兵捕，撲滅此獠，以安內地可也。至於黃協，實在兵單，不敷彈壓，汛守、親翁作何調劑？或應請題撤回防通官兵，少加布置，祈即慨切具詳，以憑據，以核題也。臨楮拳切。

與吳道臺論東征方略 [744]

成龍自前月二十七夜星馳賫送偽劄後，二十八日晚，賊突然至陽邏，不知何來，飄然而逝，不知何往。十一月初一日，忽報黃岡永寧鄉有警，界連麻城東山，恐陽邏之賊必然入夥，則聲勢益張。九江有重兵，黃梅無事，蘄州賴憲臺駐鎮，威德宣布，當自萬全，止須留兵百餘以資協守。府城空虛，祈會商王協鎮回師，與成龍密議布置，更祈密授方略。初一日，已有稟報撫憲轅門，專懇協鎮旋師，用藉彈壓調度。再懇憲臺迅賜臨黃，封疆倚賴，東南安危，在此一舉。成龍惟命入山，躬彰撻伐，亦可紓憲臺內顧之憂也。可勝拳切之至。

與鄭學憲書 [745]

初七日忽捧憲諭，諄諄誥誡，念桑梓之末員，篤以家人父子之厚誼，感激之下，倍增酸楚。成龍年邁力竭，沉滯苦海，遙望白雲，肝腸碎裂。祇因撫憲恩深義重，不敢云瘁。地方事務，各屬年少，恐不諳

---

[743] 奏牘本此文正文後附，乾隆本、四庫本無。
[744] 奏牘本為卷四之第六十篇，題為〈與吳道臺論東征方略〉。
[745] 奏牘本為卷五之第十五篇，題為〈與鄭學憲書」。

練，事事關心。至於蘄、黃，原名盜藪，數年以來，躬親稽察，不遺餘力，水陸頗靜。近日諸凶口稱成龍養高，必不冒險，敢於私臆橫行。若不出其意外，破其惡膽，將何底止？扶病巴河之行，非得已也。即身居署中，未嘗不心馳境內。出入勤慎之諭，真令人痛哭流涕。事出無奈，將若之何？如此嚴密，尚有諱盜不報之弊。訛傳高尚，實屬本心。但目前難以卸肩，相度時勢，或終不免此一著耳。承惠種種，尊者之賜，不敢告卻，解衣之恩，當佩服終身。敬望駕臨齊安，未卜福星何日照臨也[746]。

陛閩皋上張撫臺[747]

成龍受知遇之恩，即天地父母何以逾也！淪骨浹髓，莫可名言。昨叩別慈顏，痛不能割，於焉永訣，肝腸碎裂。蒙笑語之燕、醉飽之德，愧莫能承。復蒙清問俯及，敢不罄抒素所見聞，仰贊盛治。但恐蒭蕘鄙言[748]，無裨高深，伏望鑒宥焉。

自十三年禍亂之初，正憲臺蒞政之始。承平日久，人不知兵，一時風鶴處處，城郭蕩空。若非憲臺鎮靜，屹如山嶽，彼時乾坤不知作何光景也。焦心勞思，選將守鄂，呼吸之頃，轉危為安。復請侍衛之兵，大彰國威；上緩徵之疏，收拾人心。試問今日之天下，金甌如故者，誰之力也！憶昔逆氛漸逼江夏，城門之外，文書不能行，兼以糗蒭匱乏[749]，費用浩繁，天降災殃，淫雨如注，慷慨悲傷，此成龍之所親睹也。尤憾奸宄喜亂，內變紛生，大冶煽禍於前，東山接踵於後，嗣江右諸邑失守，南北震驚，漢口、黃岡、麻城、黃安攘臂蜂起。憲臺發策指使，用兵如神，勤撫

---

[746] 何日照臨也　奏牘本作「肯照臨否」。
[747] 奏牘本為卷五之第二十四篇，題為〈陛閩皋上張撫臺〉。
[748] 蒭　四庫本作「芻」。
[749] 同上。

兼施，保有疆宇，題請恩免逆首家屬，用彰朝廷不殺之仁[750]。至於脅從罔治，視偽劄如棄紙，反側自安，又其餘事矣[751]。皇天在上，毫無侫諛之辭。兼以天災異常，洊遭水旱，請蠲請賑，苦無寧晷。數年來享平安之福，殊不知臥薪嘗膽之苦也。從前功德累紙難盡，目前事務較昔倍苦，官民交困，不忍不言。如轅門瑣屑細事，無關地方安危，似不必煩憲慮也。

圖治之大要，在用人、行政而已。用人之權雖出自朝廷，而激濁揚清之法又在封疆大臣操之。但知人則哲，自古為難，賢良佐理，易與為治。監司為憲臺耳目，朝夕籌畫國家大事，最為喫緊。如驛傳、襄陽二道，皆正人之選，倚為心膂，自可相與有成。守令為親民之官，時加勸勉，人孰無良？且八法具在，敢不自愛？而勞苦之吏，亦宜拔擢一二，以快人心，以示鼓勵。如彝陵知州身履危險之地[752]，黃梅知縣躬親奔走之苦，日久神疲，情狀堪憐。前任漢陽江防修理沙船[753]，傾家助國，均難泯滅。倘徽特典，則人人自奮於功名之路，罔不捐軀報効。若夫各府屬員，難以盡知，不敢冒昧上陳。此用人之大要也。

行政多端，目前苦累惟在軍需[754]，王諭一頒[755]，時刻難緩。然寓仁慈於催辦之內，寬一分則軍民受一分之福。一切木料、油、麻、鐵釘等項，先查經理衙門存剩幾何，勿令沉匿。尚需用幾何，量其多寡，確實分派，勿令浮冒。凡司道分派數目，申飭詳報，以俟開銷之日徹底封查，則沉匿、浮冒之弊可杜，而吏書不敢作奸。至採買米、豆等項，現在發價，申飭司道，不許牌內開「如價不足，另行補發」字樣。此係騙局，陽為君子，陰為小人。止許地方官照時價買解，造冊報銷，如有浮

---

[750] 之仁　奏牘本作「之威」。
[751] 其餘事矣　奏牘本作「其餘緒」。
[752] 彝　四庫本作「夷」。
[753] 沙船　四庫本作「杉船」。
[754] 惟在軍需　四庫本加「一事」，作「惟在軍需一事」。
[755] 王諭一頒　四庫本加「今」，作「今王諭一頒」。

冒者，痛加駁減。如大部奏銷之例，則公事易辦，而官民無平空墊賠之累[756]。至驛站之事，苦於倒追。各驛官無隔宿之糧，而拖欠至成千累百，號天泣地，不可聽聞，將何以周恤？各屬吏員奔馳軍前，枵腹從事，內不能顧妻子，外不能贍跟役，衣服襤縷[757]，殊無居官之體，將何以存濟？排夫數減，差使日增，累及煙戶，漸已逃避，將何以調停？大江舟楫，乃商賈血脈之路，封船不已，船戶潛匿，商賈絕跡，將何以疏通？漢、沔一帶，堤受水害，百姓流亡，將何以修築？長江上下，塘汛無兵，盜賊必致橫行，將何以預防？湖南一日不復，軍供一日不休，楚地居民日就剝削，患在肘腋，將何以籌度？楚民健訟，頓輒傾家敗產，縱有一二富室，破壞不堪，將何以禁止？事務多端，難以枚舉。此行政之大要也。

若督臺帥師洞庭，焦勞殊甚，鬚髮半白，尤賴憲臺同心戮力，時勤寬慰，此又封疆大臣利害與共、視同手足之誼矣。若察核官吏，下及衙役，此太平之常事。當今日極苦極累之時，更冀憲臺寬其文法，恩先於威，俾各屬黽勉圖治，咸樂寬平之化。成龍歸休丘園[758]，遙相慶幸。

冗言瀆聽，曷勝惶悚，緣奉下問，不識忌諱，統乞憲鑒可否，采擇施行。若吳逆誅，天將悔過、蕩平可望。憲臺凌煙之慶，成龍身在草莽，亦與有榮施焉。

上徐藩臺書[759]

兩接諭命，讀至「苦海（陷）〔陷〕穽」之句，不覺痛如刀割，孰料時事一至於此[760]！曾憶去歲五月內成龍竭言切諫[761]，明知時事之難處，

- [756] 墊賠　奏牘本作「填賠」。
- [757] 襤縷　奏牘本作「藍縷」。
- [758] 丘園　四庫本作「邱園」。
- [759] 奏牘本為卷五之第二十五篇，題為〈上徐藩臺書〉。
- [760] 孰料　奏牘本作「莫料」。
- [761] 竭言　四庫本作「亟言」。

而瑣瑣慮及此也。憲臺亦憶及此乎？已往不諫，來猶可追。時事雖不可為，而尚可及早圖之也。成龍又有蒭蕘之言，深知不足聽，而又不忍不激切言之也。惟望憲臺俯閱裁酌，可否實意行之爾[762]。

今日財用，惟有餘、不足兩者而已。酌盈濟虛、補偏救弊之法古人行之，今人不可傚而則之乎？懇憲臺大舒胸臆，勤惜分陰，全副精神注於會計，念茲在茲，日積月累，彈兌勿落他手，支放必須躬親，登記莫緩時刻。非孳孳為利也，亦以雲救也。若愁悶日集，毀言日至，一味放倒，將來何以處之？其緊要之法有三焉：

一曰覈實數。傳集經承，清查錢糧，民賦不足幾何，協餉不足幾何，捐納不足幾何，立為欠數。著經手軍需書吏清算，各項軍供應開銷幾何，立為存數。再將在庫在內已發銀兩徹底清查，某府州縣有已發之銀某等，如修理杉船之類；某府州縣有發買之米，如黃岡、蘄水二千兩之數。查明立刻催解，立為存數，以所存抵補所欠。尚有不足幾何，復查在省棕麻、板片等項，已用實數幾何，未用存留幾何，俱係有用之物料，查明交付武、漢兩府，因便支用。一以省另買，一以作實數，可杜藉端盜賣之弊。已聞有盜賣鐵斤者，不可不蚤為之計也。一一確查，然後一手出入，節次省減，量入為出，雖有吝嗇之名，可免（陷）〔陷〕窘之累矣。

一曰親吏書。朝廷之有百官，百官之有吏書，一也。百官之內豈乏不肖？吏書之中豈無賢者？亦在因才器使而已。耕問諸農，織問諸婢，必然之理。一身之精力有限，眾人之耳目無窮。各執事分辦於下，一人察核於上，彼焉廋哉？但不可過疑，亦不可過信。用人勿貳[763]，古之道也；「樂彼之園」，「其下維籜」，古之言也。好而知惡，惡而知美，眾吏

---

[762] 爾　奏牘本作「焉」。
[763] 貳　奏牘本作「二」。

莫不樂為之用，何憂財用之不足乎？若寂處尊嚴，屏絕吏胥，止有一二親信，恐利歸他人，禍歸一己，種種弊生，不可救藥矣。

一日閱文書。藩司為一省總匯衙門，百官之賢否，民生之休戚，歲時之水旱，民賦之起解，軍餉之領支，俱屬望焉。文書隨到隨閱，隨閱隨行，則百官畏其豐裁，民生保其性命，水旱賴以調劑，民賦、軍餉無守候稽滯之怨。若不勤加拆閱，則諸事塵積，一二奸吏伺其喜怒，賄行文書，利斂於下，怨歸於上，縱財賦雖無可慮[764]，而（陷）〔陷〕穽愈不可測矣。更望親近正人君子，相助為理，神氣日清，名譽日彰，功名置之度外，禍患杜於將來。

以上瑣言，出之痛腸，惟臺鑒焉，成龍行矣。承憲臺贈言，讀不忍終，及「見詩如見我」之句，灑淚沾襟。閩楚之隔，山川之遙，後事不及聞知。且成龍年逾六十，邇來多病，又恐有生死契濶之痛矣。臨別未面，後會無期，黯黯魂銷，不知所云。敬呈俚句誌別，惟憲臺見之，一如見成龍焉。

又為藩憲上張撫臺 [765]

成龍任道日淺，衙門事件亦少，經護道查明[766]，已具結申報訖。惟任府治五年，錢糧、軍供等項，例應統為查核。近日藩司行查，黃州府出具並無未完事件印結，合據結申繳。成龍任內之事俱已明白，應赴新任，且聞役於本月十三日到黃迎接，不便久為逗留[767]。前藩司劄云，回荊查明，詳請憲臺批允發憑，迄今未知查明詳請否？尚有十六年八月內買豆一事，當時議定買豆十萬石，成龍具六萬兩印領一紙，藩司止發銀

---

[764] 縱　奏牘本作「總」。
[765] 奏牘本為卷五之第二十六篇，題為〈又為藩臺上張撫臺〉。
[766] 經護道查明　奏牘本作「護道事查明」。
[767] 逗留　四庫本作「逗遛」。逗遛，亦作「逗留」。

一萬兩，買豆二萬石。此項豆銀，黃梅領銀七千兩，買豆一萬四千石；景照磨領銀三千兩，買豆六千石，俱已交收清楚，而六萬兩之印領未發。今歲領買豆銀二萬兩。此項銀兩，鮑同知領過一萬兩，景照磨領過四千兩，尚有銀六千兩，眼同庫官吏收明司庫，而二萬兩之領未發。又有修理沙船一案[768]，借司庫銀一千七百五十兩，印領三紙。據前任郭同知云，止收過銀一千兩。此項銀兩，黃州府俱已承當，而一千七百五十兩之印領應行查發。九月初旬，姚監生赴荊清算，遇藩司於江夏，面云「回荊查發手刓」，又云「各領應存者存，應還者還，斷不貽慮。」言詞悽楚，讀之不勝痛切。僚屬之情[769]，利害關心，但朝廷餉銀理宜逐一清算，為一了百當之事。此成龍為藩司慮，又不得不為一身慮也，乃成龍痛心疾首而無如之何者也[770]。統望憲臺始終曲全為拔救之法。

昨聞憲臺嚴聲厲色，乃一片婆心，實意教訓。而藩司不勝氣短，惟恐愧悔之下，事件頭緒繁雜，急不能理，必至寢食俱廢，而大事愈不可問矣。成龍愚見，莫若相其性情，而節次清之。但荊南路遠，事多遲滯，懇憲臺啓請糧道暫赴荊料理。星夜調回藩司，朝夕面商，溫言寬慰，令其心志舒暢，愁悶暫展，喚經手錢糧吏書逐日清算，限期歸結，則錢糧之出入、多寡、有無水落石出。縱有差錯[771]，逐案清補，事尚可為也。若不蚤為籌畫，必至僨事，苦至此極矣。藩司止有一子，不幸早逝，煢煢母妻，天各一方，內外憂偪，又無親屬解慰，將來作何結局，又成龍之晝夜不寧而鰓鰓過慮者也[772]。

印領一日不發，成龍決不敢輕離黃州赴任，違限之咎，甘心受之。成龍執拗鄙見，未知有合時宜否？

---

[768] 沙船　四庫本作「杉船」。
[769] 僚屬　奏牘本作「師弟」。
[770] 乃　奏牘本作「此」。
[771] 縱有差錯　奏牘本作「總有差雜」。
[772] 又　奏牘本作「此」。

上兩粵金制臺稟[773]

成龍才劣數奇，蹇仕粵西，蠻煙瘴雨，孤身七載。幸蒙知遇，千載一時，榮膺計典，格外提拔。迄今回想叩別瑤階，叮嚀勿變操守，不覺痛切肝腸。及赴蜀任，荒涼情狀，滿目悽愴。踏勘楠木，逾山入箐，奔馳百日。轉秩黃丞[774]，雖屬冷曹，而逼處盜藪，驅除撫輯，倍費心力，刑名繁劇，日昃不遑，兼理黃、漢捕務，苦肩重任。又兩值代覲[775]，奔走雨雪。又經五載，蒙蔡督臺識拔，特賜章服，仍膺異數，告誡勿變操守，一如憲命，成龍不覺痛切心腸。無端滇、黔起禍，南服不靖，成龍覲畢，星赴軍前[776]，代理武昌事務。適量移建寧守，張撫臺留任鄂郡，因浮橋一案參黜。值麻城土寇生發，委任撫勦，題授黃州守，一切軍需，躬親料理，神疲力竭。南賊潛入黃地，煽惑肆逆，領兵進勦，焦心勞思，鬚髮盡白。事平乞休，屢詳未允，勉力供職，以報兩臺今日之知遇，即以報憲臺當日之知遇也。

更瀆陳者，目今西南鼎沸，而東粵一省隔斷滇、閩之聲援，天下安危所繫，憲臺一力保全，真所謂朝廷封疆大臣矣。自豫章告變，粵東孤立一方，四面受敵，竊甚憂之。幸江右蕩平，則東粵軍威倍壯。頃閱邸報，西粵撫軍克復梧郡，須善守之。平樂灘高水險，不便進兵，宜密訪別路，出永州一帶，可以直抵桂林。舊右江黃守道素蓄膽略，（陷）〔陷〕入賊中，必有歸意，倘得內應，孫孺子不足謀也。舊線將軍未卜存亡，此老若在，可與黃協力。至於馬雄，成龍料必附賊。羅城溫守備久在標下，習知馬營虛實，倘起兵柳、羅間，襲取慶遠，猺獞聞風響應，是亦搖動彼地之一策也，惟恐細作難得其人耳。成龍治蘄、黃，頗稱寧謐。

---
[773] 奏牘本為卷五之第十篇，題為〈與兩粵金制臺書〉。
[774] 轉秩　奏牘本作「轉躎」。
[775] 代覲　四庫本作「入京」。
[776] 覲畢　四庫本作「於時」。

荊、岳相拒，邇來鄖、襄多事，亦已合兵會勦。江右寧州失守，不過土寇作祟，無有大患。秦中賊勢，略已歛跡。天下事全賴憲臺諸大臣盡心區畫，兵不可輕動，機不可輕失，相度時勢，戰守自有機宜。

　　成龍愚瞽下吏，沐恩高厚，夢寐難忘。茲因便羽，特將成龍前後艱苦備陳，兼述時事，以表鄙忱。臨稟不盡。瞻切[777]。

八閩書

公上康親王求罷劗夫啓[778]

　　康熙十九年正月二十八日[779]，據福州府知府蔣璸、海防同知蘇佳嗣、糧捕通判林有蘭呈：「據閩縣知縣祖寅亮、侯官縣知縣姚震會報稱：『本月二十四日，蒙撫院傳奉王諭，令職等照舊撥給各旗官兵劗草人夫。職等以未奉院檄，難以撥派民間。隨因出師行逼，職等不得不再行請示。至二十七日，各旗官弁兵甲填塞縣堂，刻著職等撥派劗草人夫。職等以此項人夫，前係督院具題禁革，未奉上文，不敢擅撥。當經面稟參贊大臣併各司道，職等於二十八日具啓王爺[780]，聽候批示間，詎合城內外諸色人等傳聞仍取前項人夫，以大兵雲集，徭役繁重，民命不堪，突然廢業罷市，喧泣街衢。事關地方，理合詳請乞賜示禁，庶地方得以安堵』等緣由到司道。」據此，職等隨即傳喚保甲人等查詢。據稱：「大兵劗草人夫，子民竭力已久。前蒙王爺天恩[781]，軫念小民困苦，特准豁免，實蒙再生。不擬昨二十七日旗兵復向兩縣取撥，小民典鬻已竭，委

---

[777] 臨稟　奏牘本作「臨啓」。
[778] 奏牘本為卷五之第二十七篇，題為〈上康親王求罷夫啓〉。四庫本作「劗」。
[779] 奏牘本此句前加「啓為地方罷市，亟請諭示安民事」。
[780] 職等　四庫本無此詞。具啓王爺　四庫本作「公同商議，摘敘原題事理詳悉，啓知王爺」。
[781] 前蒙王爺天恩　四庫本作「前此曾荷蒙王爺洞鑒」。

難再支。因此驚惶廢業，號乞轉懇王爺」等語[782]。職等即曉諭，令其照舊開市安業外，但閩省殘黎困苦已極，業蒙睿鑒[783]，豁免各旗剷草人夫，百姓邀恩已久，今應否仍准照前免撥？此出浩蕩洪慈[784]，職等身任地方[785]，理合啓請王爺睿裁施行[786]。

再上康親王啓[787]

竊照國家之安危[788]，由於人心之得失；而人心之得失，在於用人、行政、識其順逆之情而已。孟子曰：「得天下有道，得其民斯得天下矣；得其民有道，得其心斯得民矣；得其心有道，所欲與之聚之，所惡勿施爾也。」是國與民相倚之切，千古誠不可誣也[789]。我親王為國家之大宗[790]，實維城維翰之所攸賴。因滇、黔背德，東南煽動，皇上命將出師，審浙、閩為東南重鎮，熟知親王仁育義正[791]，可當大任，授閫外之寄，以平定東南，是即太祖、太宗、世祖章皇帝之所式憑也。我親王毅然受命[792]，簡師閱旅，平復浙疆，直入閩關，丑類望風効順，海逆遠遁，救斯民於水火之中，登之衽席之上，神武不殺，古之用兵無以逾也。數年以來，小民歌頌，戴高履厚，莫知所報。十七年，海逆偶爾犯

---

[782] 因此驚惶廢業，號乞轉懇王爺等語　四庫本作「不得已，瀝陳下悃，號乞憲轅，祈轉懇王爺等語」。
[783] 睿鑒　四庫本作「垂鑒」。
[784] 此出　奏牘本作「出此」。
[785] 職等身任地方　四庫本多「仰邀簡命」，作「職等仰邀簡命，身任地方」。
[786] 理合啓請王爺睿裁施行　四庫本作「為民請示，伏望鑒裁施行」。
[787] 四庫本題為〈再肅上康親王啓〉。奏牘本為卷五之第二十八篇，題為〈再求罷草人夫啓〉。
[788] 奏牘本此句前加「啓為敬陳國與民相倚之切，仰祈睿鑒，弘宣德意，以恤殘黎，以培國本事」。
[789] 誠　奏牘本作「其」。
[790] 我親王為國家之大宗　四庫本多「載諸簡冊，可考而知也，恭惟」，作「載諸簡冊，可考而知也，恭惟我親王為國家之大宗」。
[791] 四庫本此句前加「有藉於親賢」。
[792] 我親王毅然受命　四庫本多「任大責重，非比尋常，於時」，作「任大責重，非比尋常，於時我親王毅然受命」。

順，旋即驅逐，而小民獲有寧宇，無非親王愛養斯民之所致也[793]。

邇來京師地震[794]，太和殿災。皇上憂勤惕勵，下罪已求言之詔，惓惓以愛民察吏為念。且北直、江南、山東、河南處處告饑，賑濟之旨日頒。豈不知滿漢兵馬從征日久，勞於王事，軍需浩繁，內帑告匱，難於供給，而愛民心切，未嘗因之而少置也。親王為朝廷宗臣[795]，鎮靜海邦，地方寧謐，皇上少紓宵旰之憂者，惟親王是賴。我親王體皇上之心[796]，敬天畏災，屢諭滿兵毋擾百姓。煌煌王言[797]，下痛民隱，上徹宸聰，是又太祖、太宗、世祖在天之靈所喜悅也。

職司成龍年逼桑榆，受親王知遇之恩[798]，無以報答，惟審人情順逆之故，敬獻狂瞽之言。乞親王俯念國與民相倚之切[799]，以一夫不獲曰予之辜，一吏不法曰予之咎，為保邦致治之本，為回天慰祖之實，以尊朝廷，以服海丑，莫是過焉。成龍章句腐儒，不識治體，冒昧瀆陳。伏乞親王睿鑒施行[800]。

上吳撫臺論閩疆事宜[801]

成龍山右腐儒，未習軍旅，然謬任閩職已幾一載，切知生民之塗炭，皆由海逆之憑陵。此賊一日不滅，閩疆一日不寧。憲臺勞心焦思，圖報朝廷知遇之特恩，拔救閩省之殘黎，必殲除海逆，以底蕩平。因

---

[793] 無非親王愛養斯民之所致也　四庫本多「仰體宸衷」，作「無非我王仰體宸衷，愛養斯民之所致也」。
[794] 邇來　奏牘本作「爾來」。
[795] 親王為朝廷宗臣　四庫本作「我王朝廷宗臣」。
[796] 我親王體皇上之心　四庫本多「忠君愛國」，作「我親王忠君愛國，體皇上之心」。
[797] 煌煌王言　四庫本作「宣佈恩旨」。
[798] 親王　四庫本作「國家」。
[799] 乞親王俯念國與民相倚之切　四庫本多「祈有裨於國事」，作「祈有裨於國事，伏願親王俯念國與民相倚之切」。
[800] 伏乞親王睿鑒施行　四庫本作「伏乞恕其愚蒙，察其誠懇，實地方之大幸也。惟親王采擇施行」。
[801] 奏牘本為卷五之第二十九篇，題為〈上吳撫臺論閩疆事宜〉。

之，殫心籌畫，以難與慮始之見，為一勞永逸之舉，修理戰艦，製造軍器，夏不避暑，冬不避寒，且浹洽歸誠，交驩平、勃，一片苦心，未嘗一刻忘朝廷也。茲戰具齊備，厲兵秣馬，擇吉興師，將見澄清海宇，又安邊疆，在指顧間也。成龍雖屬眊瞶，踴躍歡忻，慶太平之有日矣。然不揣狂瞽，為攘外必先安內之議，未知有當憲鑒否[802]，敢敬陳之。

一、省會根本之地，不可不慎也。閩民姦詭而好亂，多圖徼倖為不終朝之計。逃兵、匪寇竄伏閭左，乘便思逞；遷民、窶夫室家仳離，一呼易叛。歸誠者雖多革心，而歸農者豈盡化（眼）〔服〕[803]？憲駕南征，腹內空虛，么魔窺伺，實繁有徒。雖王師靜鎮，可保無虞，而南台種類雜處[804]，人心易為煽動，倘有小警，未免煩憲臺閫外之慮。此林鼎、陳德楓二案似當早為處決，以絕觀望者也。

一、上游形勝之區，不可不固也。延、建、邵武為八閩咽喉，米穀所由輸運，商賈所由流通。邇來山寇出沒，建郡之浦、陽、崇、甌等縣咸受荼毒，延、邵二郡、順昌、光澤均遭侵犯。至於杉關要路，民不安枕，商旅視為畏途。各協守兵惟知按月索餉，不知所守何地，所防何賊。且江紀、楊一豹二賊，日以歸誠為餌，而焚掠倍慘。憲駕南征，彼復何顧忌？雖尚將軍駐建，可恃無恐，而延、邵之間鞭長不及，二豎必更有一番計算。目前，古田已藏逆種，永安復報寇黨，順昌、尤、沙尚留燃灰，倘有小警，又未免煩憲臺閫外之慮。此順昌、杉關似宜各設防兵三百名，以資守禦，尤、沙似宜分兵數十名，以伺釁隙者也。

一、各營分守之兵，不可不練也。國家養兵，期於禦侮，未有止以迎送往來、守汛瞭望、空縻糧餉為者[805]。近稽兵籍，郡有鎮守，邑有分防，

---

[802] 有　奏牘本無此字。
[803] （眼）〔服〕　乾隆本、奏牘本作「眼」，據四庫本改。
[804] 台　四庫本作「臺」。
[805] 未有止　奏牘本作「未有止期」。

星羅棋布，如常山之勢。然細加察核，或調赴漳南，或搭配水師，或分防塘汛，在伍之兵，實有幾何？憲駕南征，各營必逸豫高枕，惟計餉銀之完欠，誰復驗弓馬之生熟？倘有小警，在伍之兵寡而未必精，在汛之兵呼而未必應，又難免憲臺閫外之慮。似宜為綢繆之計，亟加申飭，務覈在伍實兵若干名，時加操練，寡而期精；在塘之兵若干名，日加稽查，呼而期應。各成一（枝）〔支〕勁兵，互相聯絡，以通聲氣，以資禦侮，以備調遣者也。

至於海上形勢，憲臺久已洞悉，成龍何敢妄陳。戈矛所指，勢如破竹，以紓九重宵旰之憂[806]，酬知遇之恩，建蓋世之奇勳，鑴功名於鼎鐘，此成龍之雀躍欲狂者也。統祈憲鑒。

候吳撫臺稟[807]

憲駕出征，為國受勞，成龍逸居省會，無刻不厪諸懷。每閱南報，陟天馬，屯崇武，披草萊，剪荊棘，驅除游逆，安撫降丁，為水師先聲，憲臺社稷臣也。破海壇，越江陰，戰湄洲、泥（灣）〔澳〕之間[808]，真可謂一月三捷矣。三月朔日，廈門露布，除兩朝之逋寇，建蓋世之奇勳。從此，海不揚波，民獲寧宇，用紓九重南顧之慮[809]。成龍喜躍如狂，更竊有請焉。

臺灣尚在，宜為善後之計。或云得其人不足臣，得其地不足耕。此眉睫事也[810]，久之必為廈門憂。武侯擒縱之策正在此時，銅鼓之威，海內咸仰望焉。成龍不識時勢，謬陳一見，乞憲裁酌畫國家久安長治之圖，萬世將倚賴之矣。但憲臺冒陰雨，觸海風，晝夜靡寧。聞憲體清臞，成龍寢食不安，區區下情，望為朝廷保重。統祈憲鑒。

---

[806] 紓　奏牘本作「抒」。
[807] 奏牘本為卷五之第三十一篇，題為〈又〉。
[808] 泥（灣）〔澳〕　四庫本作「泥澳」，從四庫本改。
[809] 紓　奏牘本作「抒」。
[810] 眉睫　奏牘本作「目睫」。

上姚制臺稟[811]

　　本月初三日捧讀憲檄，為大計一案，以和衷為惓惓，是誠大臣之體，朝廷之福也。成龍老邁迂儒，不學無術，歷仕二十年，縱觀古今名賢，身任國家大事，無不同心協力，相濟以有成者。況閩省之危岌為何如地，閩民之殘疲為何狀也。謹將大計一事緣由備陳之。

　　部文大計以一月為限期，成龍於十月初旬患病告假，而大計賢否，高藩司差役守催成龍以老病列款移司通詳，則大計重典成龍事不能理也[812]。適高藩司有楚省之議，撫臺以揭內不便列名，十月十九日催成龍議事，即以藩篆相付，成龍以病辭，未允。彼時二十五日，大計之限滿矣。二十日催迫任事，二十一日受篆[813]，二十二日即以大計請命撫臺，隨詢主稿之例。成龍未經其事，即傳吏書問云：「軍政乃憲臺主稿，大計乃撫臺主稿也？」復檢查舊案[814]，歷歷不爽，撫臺方諭吏書速行。此成龍在坐[815]，天日共鑒者也。成龍又以地方多事，屬員為軍務所苦，且一年之中已被劾八員，此番似難過刻，乃成龍所力懇者。二十三日即開列三員通報，以副限內之舉，是大計緣由歷歷有案可攷者也。

　　憲臺廓達大度，敬賢容眾，同撫臺以定海安民為己任，是今日閩省之封疆、朝廷所倚重、士民所待命、百官所畏威者，憲臺、撫臺也。數年來，勞朝廷數十萬兵馬，費朝廷數十萬金錢，全望會師大舉，以紓朝廷宵旰之憂，以解閩民倒懸之苦。兩憲功名垂於竹帛，福蔭綿於子孫，在此一時矣。和衷之論，憲臺盛德事也。成龍愚見，以吹壎、吹箎之誼，原無彼此；爾我之形、和衷之美，可併不有也。成龍耳聾眼花，不

---

[811] 奏牘本為卷五之第三十二篇，題為〈上姚制臺宜和衷書〉。
[812] 事　奏牘本作「病」。
[813] 奏牘本此句後加「報明在案」。
[814] 檢查　奏牘本作「諭查」。
[815] 在坐　奏牘本作「在座」。

似人形，龍鍾可厭，久應在廢棄之列，何敢與言國家事。但蒙憲臺知遇之恩，知之何敢不言，言之何敢不盡[816]？臨稟悚切[817]。

上姚制臺議捐濟稟[818]

泉郡米價騰貴，兵民交困，蒙憲臺特疏題請捐濟，救此一方，誠饑溺由己之盛心也[819]。復奉憲檄，設立站運，先動憲捐銀五千兩，司道府捐銀五千兩，在省買米五六千石，星夜運泉，如救焚溺，實為朝廷兵民，實為朝廷封疆籌畫周詳。成龍奉命，竭蹶遵行。

撫憲並念泉郡米貴，協濟難容刻緩，諭查延、建、邵三府從前發餉買米尚有四萬石，委糧道星往清理督運；又恐府縣米石一時難清，聞餉銀四十萬將至，諭糧道於省餉十五萬內留三萬兩，迅為買米，期於無悞急需。是撫憲熱腸同憲臺苦心，兩地合符也。值省會米價亦陡至二兩一二錢以外，成龍慮在省買米，則米價必為興化之續，若候上游米到，又難副目前之急。隨懇撫憲諭借糧道十九年秋糧米，令閩縣備米一千石，侯官縣備米二千石，成龍湊米二千石，俟上游米到，陸續補還，一時協力辦備站運，可有頭緒也。嗣蒙憲委線副使來省催銀買米，成龍區區下情，有瀆陳者。

省米數日內減至一兩有零，若經採買，勢必仍前騰湧。省會貿易者眾，力田者寡，嗷嗷待哺，將何以濟？此其可議者一也。

大兵月折料穀二萬石，每石折銀六錢五分，目前因米穀價貴，勒不允折，費盡委曲。若米價再騰，必索本色，則每月二萬石料穀，將何以支？其可議者二也。

---

[816] 不盡　奏牘本加「也」字，作「不盡也」。
[817] 臨稟悚切　奏牘本無此句。
[818] 奏牘本為卷五之第三十三篇，題為〈上姚制臺議捐米書〉。
[819] 饑　四庫本作「飢」。

各道捐銀，事屬急公，誰不樂從？但成龍與各道朝夕共事，頗悉底裡，如李糧道陞任蒼梧，資斧告窘；王驛道陞任南臬，尚負債息，隱隱在聽聞間。王運使陞任嘉湖，日用亦甚蕭索。楊學道蒞任未久。當此三空四盡，無不捉襟露肘，夙荷憲臺矜念。至於在外各道，成龍未悉知。然值軍興浩繁、物力告匱之時，一舉一動，難逃憲鑒。若夫各府認捐，勢必索之屬邑，私派民間，為偷兒竊取之計。其可議者三也。

　　前蒙憲恩，代解泉餉一萬餘兩，因協餉未至，久未清還。目前司庫匱乏，成龍苦情不敢上陳。大兵每月折料穀銀八千兩，折草價銀二千兩，月餉銀四千兩，共需銀一萬四千兩。東那西補，心血嘔盡。竊思成龍初任粵西令，止徵地丁銀一千二百兩；次任蜀牧[820]，止徵地丁銀九兩；再任黃州，錢糧徑解藩司，從不知收放銀兩成千累萬為何事。忽遭此火坑，苦累欲死。此又成龍之不敢議者四也。

　　憲臺寬洪大度，體恤下情，成龍敢不披陳肝膽，以候裁奪。成龍更有請焉。泉郡兵馬雲屯，料在省數千石之米，真如一杯之水。但相時度勢，或米價稍平，清查壓欠餉銀如數補足，則月餉無缺，民間積米自出，或可綽有裕餘也。憲臺嚴守一介，海內咸知，慨然以萬金自任，無非為此朝廷兵民、朝廷封疆。成龍豈無人心，甘為鄙吝下流？惓惓鄙懷[821]，惟祈審時度勢而已，統乞憲臺鑒酌焉。

附：八閩藩司紫薇堂一聯[822]

累萬盈千盡是朝廷正賦倘有侵欺誰替你披枷帶鎖

一絲半粒無非百姓脂膏不加軫惜怎饒得男盜女娼

---

[820] 蜀牧　奏牘本作「蜀守」。
[821] 惓惓鄙懷　奏牘本加「特」，作「特惓惓鄙懷」。
[822] 奏牘本無此文。

附：五顯嶺[823]

山到窮時現許多峭壁層崖嘆富貴功名何似林禽野鳥

路逢狹處經無數行雲流水任盤桓談笑休辜翠竹蒼松[824]

補遺

簡訟省刑檄[825]

　　訟獄為民命攸關，聽斷讞決，務合情罪，使民無冤，然後能使民無犯。本司為通省刑名，總理法紀專司，而簡訟省刑載在敕諭，所謂「刑期無刑，聖意即經意」也。值今時屆農忙，亂後孑遺方得歸農樂業，大小衙門俱應停訟。現蒙督、撫兩院給示曉諭，遠近諒已具聞。茲除一切民間小忿爭角細事，概不許濫准拘審、騷擾妨工並擅擬罪贖楚追外，如有關係重大，或由上發事件，必虛心平聽，俾吐真情，毋逞嚴刑以求必得。至引用罪名，必照律例，方稱明允。倘或上下其手，出入任情，是為刑罰不中，民無所措，安望簡訟省刑以符功令？合亟申飭。仰府官吏查照事理，即便通飭所屬，自輕罪細故簡刑停訟外，其有應行審理及奉發等事務，平心剖決，應照律者照律，應遵例者遵例，擬議妥確，獄不滋煩，本司即以此定考核。若有苛酷淫刑、草菅民命及徇私賣法、巧為輕重者，本司徑行平反改正，仍以舛錯與故出入人罪報參，決不姑容，毋以身先嘗法也。

---

[823] 奏牘本無此文。
[824] 辜　四庫本作「孤」。
[825] 奏牘本無此文。

嚴戢衙蠹檄 [826]

　　衙役犯贓，首嚴功令，本司法紀攸司，剔蠹除奸，尤為急務。自下車之始，即已留心體察，知八閩地方向來叢奸藪惡，咸借衙門為護身之符，其積年盤踞公門者，為害尤甚。蓋緣巨猾老奸機深術巧，始以甘言微利攄忠獻勤，而不肖有司遂以心腹相托，或為掊尅之謀主[827]，或作暮夜之傳宣，貓鼠同心呼應，捷於影響。由是小民愚者畏其威福，狡者藉以鑽營。閭（閻）〔閻〕脂膏從而吸盡，良民盭賊莫酷於斯。況閩地自變亂之餘，萬戶凋殘，豈容復縱此輩貪狼，任其吞噬？本司細行密訪，業已廉得其實。如采辦軍輸，則濫加科派，取用夫役，則賣富差貧，以致詞訟為之線索，惟利是圖、是非顛倒者，所在有人。本應指名立拿，蠹處官揭，姑念地方遭亂，法紀久弛，未經剴切申明，毋怪冒攖禁綱，姑已往不究外，合亟申飭。仰該府官吏即便移行所屬廳縣，嚴諭各役人等知悉：務各痛改前非，洗心易轍，奉公守法，保守身家。如有怙終不悛者，本司三尺具在，斷不再行寬假。官以貪縱揭參，蠹以大法重處。速宜猛省，毋貽噬臍。

申飭招格檄 [828]

　　照得臬司乃刑名總匯，招由悉關題奏，重案口供、讞語務必簡潔至當，難容雜舛謬。每閱各屬申詳招由，如欽贓之案，多有不入原欽，問答口供，鋪冗長，牽混葛藤，贓無指實。甚至招冒議照，前後矛盾，不成招體。倘有舛誤，干係匪小，合行頒格通飭，備牌仰府。嗣後，承讞贓欽之案，務照格式，首列原欽，次列前件問答口供，後空數行，以備本司親訊。標膌招情，必期簡明，毋得繁冗。仍移行廳縣一體恪遵，各具遵依報查。

---

[826] 奏牘本無此文。
[827] 掊尅　四庫本作「掊克」。
[828] 奏牘本無此文。

204

補遺

申飭差擾檄[829]

　　衙蠹肆害，法所必誅。本司總持風紀，首以除蠹安民為事，豈容狐輩假威，公行無忌！此緣該府官吏玩愒從事，視欽部憲重大案件如泛常。每至屆限，猶然寢擱[830]，不報不結，羽檄交催，等為故套。不得已而差役守催，蓋期亟完公務，亦所以免該有司遲悞之參罰也。該府若能體諒勉強差催苦心，事事如期報結，捷如影響，何用煩本司出差，以滋繁擾。近聞司差奉票在外，或藉端需索者有之，或咆哮恣肆者有之，殊干法紀。本司法行，自近將以盡剔大小各衙門之蠹，豈可令本司衙門養蠹不除！念以往未有確據，姑從免究。合亟飭行。仰該府官吏，凡奉行大小事件，務上緊完報。除尋常詞訟等事，原概不差提外，遇有萬分緊急重務，恐致貽悞，不得已而出差者，若該役有犯需索、恣肆等弊，該府立行據實具文，押回赴司，以憑重處。設猶拘投鼠之忌，即密具稟揭報明，另差拿究。倘再隱忍不言，是必該府有何陰事俾操短長，因而顧畏首尾，本司察出，先以該府委靡無能揭報。法在必行，務各恪遵。本司將以此覘該府之風力才幹矣。

---

[829] 奏牘本無此文。
[830] 寢閣　乾隆本作「寢擱」。

205

設立木籤檄 [831]

　　本司奉行欽部憲案，俱定有嚴限，少或逾期，參罰立隨其後。前緣各屬玩愒成習，任呼不應，往往事致違悞。猶慮差催滋擾，是以設為風、火、雷三催號票，俾得次第報完。及雷票去後，猶逾限不到，即不得不行差提現行之法。如此各屬果能上緊料理，何事不依限完結？何苦必煩遣役？此差役到彼，即極守法，不敢需索，豈能免於一番供應盤纏？當茲賦繁財匱之時，該府廳經承亦安所從出？本司興念及此，雖在重處玩法之下，又不覺為之體卹。今特再設木籤以代差役，合先飭知。仰該府官吏知悉：凡木籤一到，定限幾日，務必將所催事件著該承親賷回覆。若事已妥當，不煩駁詰，該承尚可法外從寬。如或苟且塞責，仍不能完結，除責懲外，再差役押還，另限妥確回覆結案。倘若木籤到後，猶若罔聞，不如限完報，是該府已不自愛，立即選役星夜鎖拿經承，先以重法處治，隨將該府違玩職名揭報。法在必行，斷不姑忍。各屬其各振刷精神，痛袪積習，毋負本司設法體諒、諄諄誡諭之意。

---

[831] 奏牘本無此文。

于清端公政書　卷五

畿輔書

初任直撫請陛見疏[832]

恭請陛見[833]，以盡微誠事。

臣本草茅下士，濫叨祿秩，由知縣而歷任府廳，十有餘載，寸長未見，實切曠瘝之悆。乃於三年之內，荷蒙皇上隆恩，由楚省監司歷遷閩省藩、臬[834]，此誠恩逾望外，（迥）〔迴〕出非常。履任以來，惟有朝夕竭蹶，以圖報效，實恐庸劣，未能稱職。今復荷新綸，不以臣為謭劣，畀以直撫重任。臣捧讀之餘，自揣下乘菲才，何堪畿甸重寄？然聞命自天，又不敢控辭，有負特簡至意。竊念臣屢受皇上知遇洪恩，久切覲闕之念，今既謬叨皇恩，優陞巡撫，且自保定前赴京都，計程止三百餘里，與他省相隔迢遞者不同。況直隸係畿輔重地，連歲荒旱頻仍，黎庶困苦。臣係庸才，必得天語指示，庶足以撫蒞茲土。仰祈鑒臣愚衷，俯允陛見，使臣得以匍匐金階，瞻睹天顏，躬聆天語提命，即便回任，盡心供職，以仰副皇上簡任至意。伏乞睿慈俞允施行。

奉旨：「于成龍簡任巡撫，正資料理，不必來京陛見。該部知道。」

---

[832] 奏牘本為卷六之第一篇，題為〈初任直撫請陛見疏〉。
[833] 奏牘本此句前加「奏為」。
[834] 由　奏牘本作「復由」。

報災傷請蠲錢糧疏[835]

恭報勘明災傷分數事[836]。

該臣看得順德府屬之內丘、唐山、任縣，真定府屬之真定衛，順天府屬之涿州、武清、房山、昌平、永清、大城、寶坻、良鄉、東安、涿鹿，河間府屬之交河、阜城、青縣、天津共十八州縣衛，各被旱雹災傷。臣據詳報情形，業經具疏題報在案。今據守道詳稱，各屬被災地畝分委廳印官員踏勘，除涿州、房山、良鄉、昌平、寶坻五州縣勘不成災外，其內丘、唐山、任縣、真定、武清、永清、大城、東安、涿鹿、交河、阜城、青縣等十二州縣衛，俱經勘明成災，備造冊結呈送，理合具題。隨該戶部議覆[837]，內開「奉旨：『這本內議免被災地方，著差爾部司官一員，作速前往踏看具奏，餘依議。欽此。』隨差郎中額爾赫圖前往踏看。去後，今據額爾赫圖疏稱：『交河、阜城二縣，原報被夏旱災十分、九分、七分地二千七百六十六頃九十二畝，麥收即少，秋田收穫歉薄，應將此二縣被災分數如其原報。唐山、內丘、任縣、青縣、真定、阜城、涿鹿等七縣衛[838]，原報被夏旱災十分、八分地六千八百九十六頃七十五畝，麥雖收一二分，秋禾已收五六分，應比原報分數減其二分。大城、東安、永清、武清四縣，原報被夏旱災十分、九分、八分、七分地九千一百七十七頃二十八畝，麥收雖少，秋禾已收七八分，麥田所種禾苗又得收穫，應將此四縣具報被旱災不准算入。其東安、大城、永清三縣地內，麥與秋禾兼種，並不將麥地秋田分晰，俱作夏旱災具報，應一併交與部議』等語。又查報文內『天津衛被災田地坐在青縣，此地應照青縣一體』等語。查各屬被災分數，即經郎中額爾赫圖踏勘明白，俱照額爾赫圖所議。其東安等三縣並不分麥禾秋禾，俱作夏旱災，具報不

---

[835] 奏牘本為卷六之第二篇，題為〈題報災傷請蠲地方錢糧疏〉。
[836] 奏牘本此句前加「題為」。
[837] 隨該戶部議覆　奏牘本作「伏乞敕部議覆施行戶部議覆」。
[838] 阜城　奏牘本作「彭城」。

合,但未開原報官員職名,不便遽議相應行文。該撫開列職名具題之日,將該撫一併查議可也等」因具題。

奉旨:「這本內各縣地方自去年被災,民生困苦,俱著照原報分數准蠲免。其東安等處地方官職名免察議。」[839]

請增驛站工料疏[840]

衝驛繁苦已極[841],草豆騰貴異常,亟請加增工料,以救危站,以速軍機事。

該臣看得直隸驛站錢糧十分裁四之後,每馬一匹,日支料豆、草、麩額銀五分四釐。康熙十七年以前,連歲豐稔,僅足支應。十七年秋收微薄,各價已昂。至十八年,荒歉更甚,時值日益騰貴,較前不啻數倍。原定之銀不敷用度,所有額設夫役工食與廩糧、飯食,並買補馬價及煮料柴薪等銀,又皆必需之項,無可通融。直屬當天下之衝,往來差使晝夜絡繹,多係緊急軍務,必須臕壯馬匹以資馳騁,日需料草勢難減少,而額銀不足。各州縣驛賠墊應用,日難一日,紛紛告苦,是以巡道僉事吳元萊有暫增站銀之詳。臣批守道參議董秉忠確議。據稱:「直隸地方係萬國總匯之區,驛站非他省可比。今連歲凶荒,衝途各官賠累難堪,亟當變通,以濟驛困。請將各驛所用豆草照時辦支,除原定銀數之外,其長墊之銀,於荒歉價貴之時暫時准給,俟豐年停止。」臣思值茲度支匱絀之際,內外臣工惟當生財節用,以資不逮,何敢建議加增?但豆草之騰湧已經二載,衝途之賠累亦已二載,靡不筋疲力盡矣。如不速為軫恤,各驛勢將不支,必致馬斃夫逃,貽悞軍國重計。此臣不敢不以上聞也。即據兩道呈詳前來,理合具題。[842]

---

[839] 免察議　奏牘本作「免行察議」。
[840] 奏牘本為卷六之第三篇,題為〈請增驛站工料疏〉。
[841] 奏牘本此句前加「題為」。
[842] 奏牘本此句後加「伏乞敕部議覆施行」。

于清端公政書　卷五

請蠲宣屬衝壓地糧疏[843]

請豁水衝沙壓地糧[844]，以廣皇仁，以甦民累事。

該臣看得宣府所屬西城與懷安、蔚州等衛，邊隅土瘠，逼近渾、乾等河，有水衝沙壓地畝，小民包糧為累。經前撫臣金世德於康熙十四年十月內具疏請豁，部覆以歷年錢糧俱係報完，不係未完拖欠，仍令照舊徵收在案。但查糧從地出，地即積荒，而歷年錢糧仍報全完者，是皆小民竭盡脂膏以包賠者也。自部覆之後，又歷五六年矣，除稍有可墾者已陸續勸民墾種外，其實實衝壓不毛之地，人力有所難施。煢煢小民包糧年久，困苦益深，漸至徵比不前，催呼莫應。在地方各官莫不以考成關切而無術彌補，屢以未完開報矣。前撫臣稔知其累，（弟）〔第〕以時值軍需孔亟，數年來未得即為覆請，故於伏枕彌留之際，猶惓惓以此為未了之餘衷而遺疏乞蠲，仰邀聖德也。臣履任後，廣諮民瘼，復檢閱舊案，乃知宣屬窮黎之累害，莫過於包納荒糧[845]，是以檄行查勘[846]。茲據守道參議董秉忠詳稱：「口北道李如桂公同廳衛各官逐處勘明，懷安衛實有水衝沙壓地一百九十一頃二十一畝零，蔚州衛實有水衝沙壓地三百一十八頃二十三畝零，西城實有水衝沙壓地三百四十三頃六十畝零，又東城地方亦有水衝沙壓之地。緣從前猶望水退沙消，勉力墾種，以完正賦，是以十四年未經開報。乃年來衝壓益甚，耕耨無期，故官民激切呼籲，亦經口北道親詣勘明，實有荒沙地九百五十五頃二十九畝零」，取有該道廳衛印結，並造冊呈送前來。

臣思民之有地，原藉所產以資生。今地荒而糧存，不特無以資生，而且以為害也。邊徼窮黎，綿力幾何，奚堪永遠包賠？此數處之荒糧一

---

[843] 奏牘本為卷六之第四篇，題為〈請蠲宣屬衝壓地糧疏〉。
[844] 奏牘本此句前加「題為」。
[845] 復檢閱舊案，乃知宣屬窮黎之累害，莫過於包納荒糧四庫本無此句。
[846] 是以　四庫本作「當今」。

日不除,則數處之民生一日不遂。雖目今師旅未息,需餉尚殷,但逆氛殄滅殆盡,唯遺黔、滇餘孽,指日蕩平,此後軍需似無虞於不足。而合計四處荒地,本色糧不過三千餘石,銀僅一千餘兩,免之則涓滴之損,似無關於國計,而數千餘戶貧民得免包賠,實受惠於無窮。仰祈皇上特沛洪恩,准與豁免。俟水乾沙退之日,勸墾輸糧,庶荒邊僻壤之民永甦其累,頂感皇仁於生生世世矣。既據該道呈詳前來,除冊結送部外,理合具題。隨經戶部議覆:「查得宣屬西城等處水衝沙壓地畝,事關永蠲錢糧,不便遽議。應仍令該撫遴委賢能道官一員,親詣踏勘,果否水衝沙壓,據實具題,到日再議可也。」[847] 又經戶部議覆[848],內開:「該臣等查得,先據直撫于成龍將宣府所屬懷安、蔚州二衛並東、西二城水衝沙壓地畝錢糧具題請豁,[849] 臣部以事關永蠲錢糧,行令該撫遴委賢能道

---

[847] 隨經戶部議覆:查得宣屬西城等處水衝沙壓地畝,事關永蠲錢糧,不便遽議,應仍令該撫遴委賢能道官一員,親詣踏勘,果否水衝沙壓,據實具題,到日再議可也。奏牘本作「伏乞敕部議覆施行,臣未敢擅便,謹題請旨,奉旨該部議奏,戶部議覆,內開該臣等查得,直撫于疏稱宣屬西城與懷安、蔚州等衛各有水衝沙壓地畝,小民包糧為累,經前巡撫金具疏請豁,部覆仍令照舊徵收,但宣屬窮黎累害,莫過於包納荒糧。又東城地方亦有水衝沙壓之地,取具各官印結,具題請豁前來,查宣屬西城等處水衝沙壓地畝。事關永蠲錢糧,不便遽議,應仍令該撫遴委賢能道宮一員,親詣踏勘,果否水衝沙壓,據實具題,到日再議可也等因具題。「奉旨:依議。題覆前事,該臣看得宣府所屬懷安、蔚州二衛與東、西二城水衝沙壓地畝,小民包糧為累,經臣具疏請豁,部覆令臣遴委賢能道官親詣踏勘,果否水衝沙壓,據實具題遵。即選委天津道李玠會前往彼處逐一踏勘,茲據守道參議董秉忠詳稱,天津道李玠會同護理口北道印務、保定府同知何玉如履畝查勘。懷安衛實有衝壓絕荒地一百九十一頃二十一畝零,蔚州衛實有衝壓絕荒地二百一十八頃二十三畝零,東城實有衝壓絕荒地九百五十五頃二十九畝零,西城實有衝壓絕荒地三百四十三頃六十畝零,皆因山谷諸澗及渾、乾等河環繞於中,衝者盡為溝渠,壓者遍地沙石,誠犁鋤所不能施,工力所不能措也。當津道踏勘之時,各衛城士民環繞哭泣,備愬歷年賠糧苦累,望蠲情切。津道目擊絶荒不毛之地,與小民鳩鵠之狀,以謂再加追呼,則邊徼窮黎,將來不免於溝渠。是地之荒者固荒。而熟者亦轉為荒。津道勘報情形如斯。臣思此項衝壓地畝包納錢糧,實為宣屬殘黎之累害,是以前撫臣金世德具題請豁,部覆未允,至易簀之際,猶念念不忘遺疏乞蠲。臣履任之後,復又行查確實,疏請蠲免,以邀皇仁。部臣因事關蠲豁錢糧,理宜詳慎,故令委官踏勘。今既履畝勘明,實係衝壓絕荒之地,工力難施,貧民歷年賠糧,異常困苦,其所報情形,出於目睹,最真最切,必無扶隱捏報情弊。合計四處荒地,本色糧止三千餘石,折色糧僅一千餘兩。今國家之正賦所蠲,不過涓滴,而存活數千戶之生靈,則全所者甚大。臣謹據實題明,仍祈皇上特沛洪恩,將此四處衝壓地畝糧銀准與豁免,庶荒徼殘黎頂戴皇仁於不朽矣。既據該道呈詳前來,除地畝細冊前已送部,無庸再造,所有勘官印結並口北道廳、城、衛印結,諸送戶部外,擬合具題,伏乞敕部議覆施行。臣未敢擅便,謹題請旨,奉旨:該部議奏。」

[848] 又經　奏牘本無此詞。
[849] 于成龍　乾隆本、奏牘本作「於」,從四庫本改。

員，親詣踏勘。去後，今據該撫疏稱：『遴委天津道李玠踏勘，懷安衛實有水衝沙壓地一百九十一頃二十一畝零，蔚州衛地三百一十八頃二十三畝零，東城地九百五十五頃二十九畝零，西城地三百四十三頃六十畝零，取其具踏勘官員印結，具題請豁』前來。查懷安衛等處地畝，該撫既稱『委官勘明，實係水衝沙壓』等語，此項錢糧應准其二十年為始照數豁免，其地畝仍令該撫速行設法開墾徵糧可也」等因具題。

奉旨：「依議。」

請禁訐告以正名義疏[850]

有司疊訐上官[851]，初為謀（陷）〔陷〕詐贓之舉，漸成反噬挾制之風，流害無已，名義與國體俱傷。謹特疏糾參，伏乞睿鑒，以肅法紀，以昭體統事。

竊照上下者，名義之所關；舉劾者，國體之攸重。自督撫以及監司至諸執事，上下名義昭然，不容紊越。若三年計典與薦舉必不可停等案，並不時糾參事務，必司、道、府據實款揭合之，督、撫訪聞無異，方敢列疏入告。權不旁貸，事不獨制，上下相維，名實俱存，法至周詳盡善矣。未有如直屬之有司蔑視王章，逞訐上官，相沿成習，名義廢弛，體統倒置之甚者也。臣六月抵任，檢結舊案，如任縣已故知縣施埏寶為申明威勒等事一案，訐報大名道范永茂、順德府知府殷作霖；廣平縣已故知縣夏顯煜為利債之罔取等事一案，訐報大名道范永茂，署廣平府事、河間府同知周從謙。夫以前撫臣金清慎明決[852]，貪墨從無漏網，法紀凜然，又安容屬員縱吻肆訐無忌，糾劾之權，操之下吏？蓋以施埏寶、夏顯煜侵欠庫銀盈千累萬，謀陷詐贓，已死不可復詰，是予道府以

---

[850] 奏牘本為卷六之第五篇，題為〈請禁訐告以正名義疏〉。
[851] 奏牘本此句前加「題為直屬」。
[852] 前撫臣金　四庫本作「前任撫臣之」。

不得不揭，撫臣以不得不參之勢也。無如效尤成風，恬不知怪。及臣任事數月，惓惓以驅除貪吏、亟救民生為念，以少酬皇上知遇之特恩，擇其已甚，於百人之中，據道府揭報，略劾數員，以示懲創，以予改悔。隨有永清縣知縣萬一薰依襲故轍，將霸昌道沈志禮列款開揭，臣業據文入告在案。此猶從守、巡兩道轉報者也。其中恐有勒索情弊，尚未可定，已行守、巡兩道會訊。未幾而獻縣知縣喬國棟訐河間府知府徐可先、同知周從謙之文又至矣，內稱：「茲因嚴禁火耗[853]，錙銖盡除，中秋無有餽送節禮，府廳因此懷恨，藉魯道村崔成失事一案，明知是交河地方捏誣獻縣，且謬執別人糧票，枉稱獻縣」等語，附訐知府徐可先、同知周從謙十六、十七等年各款，正在查閱間。

　　據守、巡兩道回稟：「前情除批守、巡二道會審確實另報外，臣查得魯道村崔成家被盜，乃本年三月二十一日事也。崔成赴部報獻縣魯道村失事，喬令以交河相推抗，不開具職名。天津道委徐知府親勘，據實開報，喬令輒肆汙衊之言，致徐知府結舌，不敢定案，限期久逾，事無定局。天津道復委周同知往勘，查魯道村原屬獻縣地方，因當日同周家莊、高官、上夫莊等村悞圈入旗下，共地二百七十餘頃，交河還獻縣（叚）〔段〕家莊等村[854]，共地二百七十餘頃。嗣後，魯道村為旗下圈莊，歷來未設保甲稽查，亦無失事，相沿已久。茲忽有崔成被盜一案，喬令堅不承認。周同知細問交河還獻縣（叚）〔段〕家莊等村，[855]一切逃盜俱責之交河，而誤悞圈獻縣魯道村之地、逃盜等事，何獻縣可脫然無涉也？轉報天津道開揭獻縣遲延職名，臣據參在案。」此乃地方公務，恩讎無可巧施，何輒以未送節禮為辭，摭拾往事，公然具訐？且不由守、巡兩道，徑以驗文封送，似此悍藐，將來道、府必懷投鼠忌器之嫌而隱

---

[853] 因　奏牘本無此字。
[854] （叚）〔段〕家村　四庫本作「段家村」，從四庫本改。
[855] 同上。

忍養奸，法紀大不可問矣。各屬有司包藏禍心，任意橫肆，尅剝小民，道、府決不敢有過而問者。法紀頹靡，將何底止？我國家數十年振綱飭紀，大小臣工無不以名義自持，何容此干名犯義之輩挾制上官，壞綱亂紀於畿輔之地也！倘海內傚尤，風俗人心為之大壞。伏乞敕部嚴議。如道、府不法，而撫臣姑容恣害，應作何從重治罪？而反噬挾制之有司作何處分？[856]於以申飭法紀，嚴戢體統。大義明而國體昭，以養國家久安長治之休，所關匪淺鮮矣。隨該吏部議覆[857]：「查道、府不法，督、撫姑容不行題參者，有降三級調用之例，應無庸議。至凡官員，若上司有將伊勒索苛求之處，應於未將伊列款揭報糾參之先首告，將伊列款揭報糾參之後，乃將上司列款首告者，因將伊揭報糾參之隙捏款首告，亦未可定，相應定其處分之例。查定例，內開：『京察大計，降級革職官員，如有將考伊官員以受賄、侵勒控告者，將所告之事不准行，本官有冠帶者革職，無冠帶者交與刑部議罪』等語。嗣後，凡官員將伊列款揭報糾參之後，乃將上司列款首告者，應照此例，將所告之處不准行治罪。俟命下之日，通行直隸各省遵行可也。」[858]

奉旨：「依議。」

---

[856] 有司　四庫本作「員」。
[857] 隨該吏部議覆　奏牘本作「臣謹具疏題參，伏乞睿鑒，敕部議覆施行。奉旨該部確議，具奏吏部議覆。內開除獻縣知縣喬國棟訐河間府知府徐可先、同知周從謙之文，該撫既稱批守、巡二道會審確實，另報等語，應俟查明到日，照例議外，議得直隸巡撫于成龍疏稱上下名義不容紊越，凡有糾參事務，必道、府據實款揭，督、撫訪聞，方敢入告。未有如直屬之有司蔑視王章，逞訐上官，相沿成習者也。臣查魯道村崔成家被盜一案，崔成赴部報獻縣魯道村失事，獻縣知縣喬國棟以交河相推抗，不開具職名。天津道委河間府知府徐可先親勘據實開報，復委同知周從謙往勘查。魯道村原屬獻縣地方，轉報天津道開揭獻縣遲延職名，據參在案。此乃地方公務，恩仇無可巧施，何輒以未送節禮為辭，摭拾往事，公然具訐。似此悍驁，將來有司任意橫肆，尅剝小民，道、府決不敢有過而問之者。法紀頹靡，將何底止。伏乞敕部嚴議，如道、府不法而撫臣姑容，應作何從重治罪，而反噬挾制之有司作何處分，等因前來。」
[858] 奏牘本此句後加「等因具題」。

急救口北饑民疏 [859]

謹陳急救口北饑民之議 [860]，仰祈酌行事。

該臣看得宣府所屬衛堡連年歉收，民多困苦。今歲夏秋，東、西二城，宣府前衛、懷安衛、萬全左衛又被旱雹等災，深井堡、蔚州衛秋間亦被雹災。經臣委員勘明成災分數，先後具題在案。今據守道參議董秉忠詳，議緩徵、平糶二款前來。臣查宣屬徵糧多係本色，今疊被災傷，籽粒無出，必須糴米完納。值此饑寒交迫之際，災黎已難存濟，而重之以催科，臣恐徒煩敲撲，究竟不能輸將。雖國儲綦重，不敢輕議全蠲，然民命所關，又不敢不仰體皇上愛養群黎至意，急請軫恤也。臣查宣屬每年約徵本色糧玖萬石 [861]，其每年支放不及五萬石，所徵者多而所用者少。康熙十八年奏銷實在糧共計二十萬七千餘石，除十九年給散蒙古併支放官兵外，仍有存貯糧二十萬石。康熙二十年儘足支用而尚有餘，十九年應徵新糧又約計九萬石。此糧徵完，不過積留在倉，無有支用之處。若將災傷地方分別輕重，酌量緩徵，被災之民實沾無窮之惠。今宣屬被災之處，惟東、西二城為最，所有康熙十九年額賦，除折銀照數催納外，其本色糧一萬三千餘石，請於本年先徵十分之三 [862]，其餘七分緩至明秋帶徵。至於前衛及懷、左、蔚、深四衛堡雖俱被災，未至如東、西二城之甚，本年折銀亦照數催納，其本色糧三萬三千餘石，本年先徵十分之七，其餘三分亦緩至來秋帶徵。此不過暫寬時日，其於額糧毫無虧損。而稍緩一分之追呼，小民即受一分之弘濟，不致立填溝壑矣。

再查東、西二城歷年所徵糧石，支銷無幾。現存之糧約計四萬五千餘石，久貯在倉，將有浥爛之虞。今二城罹此重災，百姓粒食維艱，若

---

[859] 奏牘本為卷六之第七篇，題為〈為口北饑民請緩徵出糶疏〉。
[860] 奏牘本此句前加「題為」。
[861] 玖　四庫本作「九」。
[862] 請於　四庫本作「祈請恩准」。

將陳積之糧平價出糶，不許外境興販，不許富戶多糴，祇聽災民計口糶買。米價既平，民間易於得食，雖遇凶年，或可安鄉井而無流移之苦，亦救荒之一策也。臣謹具題[863]。

再為口北饑民題請急賑疏[864]

二城饑困已久[865]，三冬民命垂斃，懇祈題賑亟救殘黎事。

該臣看得宣屬地方連年歉收，今歲東、西兩城及萬全、左、右、前、懷、蔚、保、柴溝、西陽等處俱報夏災。臣到任後，勸諭守道及口北道倡率官紳、士民共捐銀一千三百八十二兩四錢，米七百七十九石九斗，委保定府同知何玉如前往分賑外，尚存銀二百八十三兩八錢三分。迨至秋間，東、西二城及前、懷、蔚、左、深、井等處復被災傷。據守道詳議，將東城等處被災地方本年應徵糧石分別緩徵，及將積貯糧石平價出糶，以救凶荒。臣於本年十一月初九日具疏題請。此時該地方官尚未報有饑死之民也。今於十一月二十七日據守道董秉忠詳稱：「據南路通判陳天棟報稱，東、西二城春夏以來民食草根、木荄，迨至秋冬，西成無望，捐賑無幾，向之根荄不可復得。近於二十餘日之間，饑死者不下數十人，即城坊鬧市每日亦僵僕幾口」等語。臣展閱至此，不勝憫惻。伏思臣題平糶之疏見候部覆，即荷皇仁，允臣所請，尚須二十餘日，止可救來春，而不能救目前，亦止救稍能措糶之民，而不能救囊無

---

[863] 奏牘本此句後加「伏乞敕部議覆施行。奉旨該部議奏，戶部議覆，內開該臣等查得直撫於疏稱，宣府所屬連年歉收，今歲夏秋被災民難存濟，查宣府被災之處惟東、西二城為最，所有康熙十九年本色糧於本年先徵十分之三，至於前衛及懷安、萬全、左衛、蔚州、深井五衛堡本色糧，本年先徵十分之七，其餘緩至明秋帶徵等因前來。查宣府所屬該撫既稱疊被災傷，均應如該撫所題，帶徵完納，至於該撫疏稱東、西二城現存倉糧四萬五千餘石，以平價出糶，令重災百姓計口糧買，亦救荒一策等語。查宣府所屬舊存米豆共六萬一千餘石，現今准其變價，今又將東、西二城舊存米豆盡數出糶，恐不足供應今項，亦未可定，相應行令該撫將東、西二城存貯米豆，俱令將一半照時價確估，報部可也等因具題。奉旨依議。」
[864] 奏牘本為卷六之第八篇，題為〈再為口北饑民題請急賑疏〉。
[865] 奏牘本此句前加「題為」。

一錢、殭臥待斃之民。即再疏請發廩賑濟，其間下部議覆、候旨允行亦須一月，此一月之內，民之饑死者又不知凡幾矣。臣與守道董秉忠共相籌度，東、西兩城即無常平倉穀可動，雖有從前勸捐存剩之銀，然止二百八十餘兩，為數無幾。欲再勸捐，一時銀米不能驟集，而又迫不能待。再四圖維，別無良策，惟有西城陳積之糧，臣已題明平價出糶，以救災荒。今西城饑民奄奄一息，勢須急為拯救，不能稍緩須臾。臣仰體皇上惠愛元元至意，委保定府同知何玉如等馳赴東、西兩城，查有實實饑困不能謀生窮民，動支前項倉糧，每名口賑給二斗，俾此垂危之民少延月餘之生。其前衛並蔚、深、懷、左等五處，據守道詳報，俱有饑民。臣檄守道轉行同知何玉如等，俟賑完兩城之後，將此五處饑民查明，亦動各本處倉糧給賑。至動過糧石，容臣通查各屬積貯無項舊銀，照依宣府前衛經變康熙十七年以前倉糧之價，按數抵補。如或不敷，再行勸捐補足。至各處饑民，除目前賑濟之外，其善後之舉，容臣酌議，另疏題請。今據守道呈詳前來，理合具題。隨該戶部議覆[866]：「查該撫既稱東、西二城及前衛等五處饑民委官賑濟，應行該撫速將存剩米石動支賑救，務須仰副皇上愛恤饑民之至意，毋致離散。仍將賑救過饑民數目、動支米數報部查核。其動過米石，該撫照時估價，勸捐抵補可也[867]。」

奉旨：「依議。」

---

[866] 隨該戶部議覆奏牘本作「伏乞睿鑒，敕部議覆施行。奉旨該部速議，具奏戶部議覆，內開該臣等查得直撫於疏稱，宣屬地方連年歉收，東、西二城春夏民食草根、木荄，迨至秋冬，根荄不得，二十餘日之間饑死不下數十人，城坊關市每日亦僅僕幾口，勢須急為拯救，不能稍緩須臾委。保定府同知何玉如馳赴東、西二城查實實饑困窮民，動支倉糧，每名口給賑二斗，少延月餘之生。其前衛，井、蔚、深、懷、左等五處饑民，查明亦動倉糧給賑。至動過糧石，通查各屬無項舊銀抵補。如或不敷，再行勸捐補足。等因前來。」
[867] 奏牘本此句後加「等因具題」。

謝賜《書經解義》疏 [868]

恭謝天恩事 [869]。

康熙十九年十二月初七日，臣提塘李懋功自京領齎皇上頒賜《書經解義》到臣。臣隨恭設香案，望闕叩頭祇受訖。伏思皇上至德生知，體執中於堯、舜；聖修典學，懋建極於商、周。念茲疎庸，咸宜訓迪，頒賜成書，俾有矜式。臣成龍雖以固陋之資，淵微莫測，益不敢不夙夜小心，講求古訓，期於仰副我皇上砥礪臣工之盛意焉。臣謹具疏奏謝 [870]。

再請陛見疏 [871]

微臣躬率夯請夫役 [872]，前赴沙河，路由京都，謹請陛見，以遂夙誠事。

臣以諝劣菲才，謬蒙皇上知遇，授以巡撫鉅任，聖德如天，感激無地。臣於蒞任之初，具有恭請陛見以盡微誠一疏，奉旨：「于成龍簡任巡撫，正資料理，不必來京陛見。該部知道。欽此。」欽遵不敢再疏陳請，然瞻天仰聖之愚忱，刻刻在懷。今工部題明夯請二位皇后梓宮，夫役一萬八百四十名，諸臣揀選齊備，親身率領，於二月初八日前至沙河。臣俟屆期，躬率人夫，趨赴應役。伏思臣前疏恭請陛見，未荷皇上俯允，今自保定前赴沙河，路由京都，咫尺闕廷，益切覲聖之念。且臣才識庸常，膺茲畿輔重寄，必得天語提命，俾知砥礪。臣謹再疏恭請 [873]，伏乞睿慈俞允施行 [874]。

奉旨：「于成龍著陛見。該部知道。」

---

[868] 奏牘本為卷六之第九篇，題為〈謝賜《書經解義》疏〉。
[869] 奏牘本此句前加「奏為」。
[870] 奏牘本此句後加「伏乞睿鑒施行，為此具本專差提塘李懋功賫捧謹具聞，伏候敕旨。奉旨：該部知道。」
[871] 奏牘本為卷六之第十篇，題為〈再請陛見疏〉。
[872] 奏牘本此句前加「奏為」。
[873] 恭請　四庫本作「恭懇聖恩」。
[874] 奏牘本此句後加「臣未敢擅便，為此具本專差提塘李懋功賫捧謹具奏聞，伏候敕旨。」

陛見蒙賜謝恩疏[875]

恭謝天恩事[876]。

竊臣因督率舁請二位皇后梓宮夫役至沙河[877]，荷蒙聖恩，俯俞臣請，於康熙二十年二月初五日陛見，獲覲天顏，躬承提命，隨蒙賜坐、賜茶[878]，特撤御膳賜食[879]。當即謝恩，趨赴沙河，料理夫役。於二月十二日，翰林院掌院學士庫勒納、一等侍衛對親傳奉上諭襃嘉，特賜內帑銀一千兩、御乘連鞍良馬一匹[880]，隨望闕叩頭祗領訖[881]。又於二月十八日，大學士明珠、翰林院掌院學士庫勒納、一等侍衛對親奉上諭，賜臣御製詩一章，御筆手卷。臣恭隨欽使親詣行殿[882]，叩頭祗領訖。及臣率夫至陵[883]，事畢回京，於三月十四日詣闕謝恩，又奉欽賜鞍馬一匹。臣隨祗領，一併叩謝天恩，當經恭請聖安，復蒙傳諭賜茶。伏念臣以一介腐儒，歷任外吏，砥守淡泊，曾無寸長，謬蒙特達之知，簡授撫畿之職。今茲陛見，親覲龍光，幸抒仰聖之微忱，欣遂瞻天之夙願，詎荷睿慈，過承寵眷，賜坐、賜茶，特撤御膳賜食[884]。更念臣家計涼薄，特賜內府帑金、御乘良馬，且蒙聖製詩章，宸揮彩翰，綸音溢美，愧感交深。似此殊恩異數，誠曠古所希聞。臣何人斯，乃邀榮於非分，唯有益加砥礪，以無負我皇上知遇之隆已耳！臣謹恭疏奏謝[885]。

---

[875] 奏牘本為卷六之第十一篇，題為〈陛見蒙賜謝恩疏〉。四庫本題為〈陛見恭謝疏〉。
[876] 奏牘本此句前加「奏為」。
[877] 二位　乾隆本作「一位」，從四庫本、奏牘本改。
[878] 隨蒙　四庫本無此詞。
[879] 特撤御膳賜食　四庫本作「賜食」，奏牘本作「特徹御膳賜食」。
[880] 禦乘連鞍良馬一匹　四庫本作「及內廄連鞍良馬一匹到」。
[881] 隨望闕　四庫本作「臣當即」。
[882] 欽使　四庫本作「明珠等」。
[883] 率夫至陵　四庫本作「料理夫役」。
[884] 特撤奏牘本作「特徹」。
[885] 奏牘本此句後加「伏乞睿鑒施行。為此具本專差提塘李懋功賚捧謹具奏聞，伏候敕旨。奉旨：該部知道。」

題報蠲賑宣屬米石疏 [886]

題明勸蠲運宣米石 [887]，以盡臣誼，少佐邊儲事。

切照宣府等處歲歉民饑 [888]，邊外蒙古亦饑，頻行賑濟，存倉米石告匱。我皇上念切邊儲為重，特命撥運京倉米石 [889]，又以溽暑之時恐勞民力，復廑睿慮，命王公以下、卿貳以上 [890]，各捐車輛 [891]，運米萬餘石，以備急需。仰見我皇上惠愛斯民甚深且切也。竊念內外臣工均屬一體，在內王公大臣既已急公捐車輓運 [892]，臣與道府等官叨（沭）〔沐〕聖恩，忝居外任，無以仰紓宵旰 [893]，揣分何以自安？且臣前奉旨往宣府賑濟饑民，親見鎮城倉米支放已竭，現在竟無存貯，而前衛本年額徵之糧已奉特恩全蠲，直至明歲秋成，始有新糧接濟。目今宣鎮在城營兵無米可支，軍糈所關亦屬緊要。臣抵署後，旋與守道參議董秉忠、巡道僉事吳元萊面同酌議，乘今秋收之際，於直屬道府等，勉其各量力捐輸 [894]，仍自備車腳運至宣府交收，約略計算，可得米貳萬石。有此儲備，則宣鎮兵糧不虞缺少，若遇賑濟蒙古等項，亦可少資於用。除臣已檄行各道府勸勉輸助，俟將願捐數目報明 [895]，催令運宣。交倉之日，容臣核明確數，開列捐助各官職名 [896]，另疏題報外，此臣仰體皇上懷保之仁，亦傚廷臣急公之誼，勸令道府各輸涓埃，以盡臣分，少佐邊儲於萬一耳。臣謹先疏題明，伏乞睿鑒施行。

---

[886] 奏牘本為卷六之第十二篇，題為〈題報蠲賑宣屬米石疏〉。
[887] 奏牘本此句前加「題為」。
[888] 切照　四庫本作「竊照」。
[889] 特命　四庫本作「令部臣」。
[890] 命　四庫本作「再命」。
[891] 捐　奏牘本作「蠲」。
[892] 在內　奏牘本作「任內」。捐　奏牘本作「蠲」。
[893] 紓　奏牘本作「舒」。
[894] 捐　奏牘本作「蠲」。
[895] 同上。
[896] 同上。

奉旨：「于成龍率屬捐米貳萬石[897]，運至宣府備賑，可嘉，著議奏[898]。該部知道。」

再為驛站請增工料疏[899]

衝驛繁苦已極[900]，豆草騰貴異常，亟請加增工料，以救危站，以速軍機事。

該臣看得直屬當天下之衝，各省差使莫不經由其地，驛站之繁難，自昔稱最。各驛原額工料當編定之時，蓋幾經籌畫，量其足用而設立。乃自吳逆倡亂，軍需浩繁，屢經裁減，差愈多而銀愈少，各驛始困。然於康熙十七年以前，值年歲豐稔[901]，猶可勉力支持。不期十七年秋收歉薄，歷十八、十九年疊罹災傷，豆草等價一切騰湧，較前不啻數倍。裁剩之銀不敷於用，各官賠墊難堪，紛紛籲請。臣據守巡兩道詳議，是以有暫給長墊之疏，未荷允准。隨通飭各屬遵照部覆，仍令於裁存銀內通融支給，亦何敢再為陳請？但自連歲災荒之後未遇豐收，物價曾不少減，而所存工料各有項款，如夫役工食、廩糧飯食，及買補馬價與煮料柴薪等銀，無一可省，更無一足用，實無可以通融。其間各驛賠累既久，日見困迫。自准部文檄行之後，呼籲疊至，比前更切，其不得已之苦情，誠難殫述。

茲據巡道僉事吳元萊詳稱：「直屬原額工料銀五十三萬四千一十兩零，奉文十分裁四，止應裁銀二十一萬三千六百四兩零。今合先後裁銀共有二十五萬二百四十七兩零，除應裁外，多裁銀三萬六千六百四十三兩零。此多裁之數，原係各驛應留六分以內之銀，請仍還各驛，少濟時

---

[897] 同上。
[898] 著　奏牘本作「著」。
[899] 奏牘本為卷六之第十三篇，題為「再為驛站請增工料疏」。
[900] 奏牘本此句前加「題為」。
[901] 值　奏牘本作「直」。

艱」等情。臣復批令會同守道查議。今據兩道查明原有多裁銀兩，詳請題覆前來。臣猶恐未確，又檢閱原裁案卷，前撫臣金世德於康熙十五年奉文裁減之時，原按額銀計算，統合各案共裁銀二十一萬三千六百餘兩，後經部駁，又找裁銀三萬六千六百餘兩。曾於疏內敘有「原額計算幾及五分」等語，則是後次找裁者，實係應裁四分以外之銀。況前撫臣於十五年題覆裁四一疏內稱：「直隸無處不衝，無處不繁，較之安徽，相去懸殊，不啻倍蓰。今將額設錢糧照依安徽裁減，誠恐各驛遞將來力不能支，其於軍機緊差所關匪淺，若日後存剩之銀不敷供應，必須再為題請。臣等身在地方，洞悉各衝驛之苦，不得不預為陳明」等語，則是前撫臣當日仰體一時籌餉之計，勉為裁減，固已逆知日後之必不敷於用也。假使撫臣至今尚在，值此連遭荒歉、物力艱難之際，亦將請復之恐後矣。臣今身在地方，目覩各驛困苦情形，安敢坐視倒廢而不亟為上請也？合無仰懇皇仁，軫念驛站關係軍機重務，特勅部議，將前項多裁銀兩，自康熙二十年起給還各驛，容臣酌量繁簡，均勻補給，庶驛困得以少蘇，而馳遞軍機可無貽悞之虞矣[902]。

真屬被災州縣請停徵疏 [903]

泣陳災邑萬分重困[904]，懇恩援例帶徵，以甦民命，以固邦本事。

據直隸守道參議董秉忠呈稱：「據獲鹿、井陘等縣申詳前事內稱[905]：『獲、井等縣』環邑皆山地[906]，盡沙石，別無水源。在雨暘時若之年，收穫無幾，不意旱魃肆虐，遂連三年[907]。雖前經微雨，繼以暴風，麥穗

---

[902] 奏牘本此句後加「臣謹具題，伏乞敕部議覆施行」。
[903] 奏牘本為卷六之第十四篇，題為〈為真屬被災州縣請停徵疏〉。
[904] 泣陳　四庫本作「瀝陳」。奏牘本此句前加「題為」。
[905] 奏牘本此句前加「蒙巡撫於右副都禦史批」。
[906] 奏牘本此句前加「切照」。
[907] 遂連　奏牘本作「逐連」。

焦枯，顆粒無望，穀種未播，秋收無期。嗟此下民，釜甑生塵，爨煙斷絕，因而流離載道。幸蒙各上司多方賑救，雖得續命之膏，然錢糧終無可措。若云緩徵於春夏，勢必併徵於秋冬，則此溝壑待斃之民，輾轉究無生路。有土地者因徵地丁而逃，有房舍者因徵房號而逃，丁口日見凋耗，國賦從何徵輸？是緩徵在常年為破格之恩，在獲、井等邑，此地此時仍屬朝三暮四。案查口北被災深重，業蒙本院題請帶徵。獲、井等邑三歲奇荒，災黎之苦雖疊牘難盡，其狀實與口北相同。今除驛遞一項關係軍機，祭祀一項關係典禮，別縣既無協供之理，應於現年徵給。其餘除春季已經支給外，一切起運、存留各款通作十分計算，將康熙二十年地丁等項錢糧概行停徵，於二十一、二十二、二十三等年分別帶徵。倘邀時和年豐，尚可通融辦納轉移。緩急之間，於國賦無虧額之憂，民命有更生之望。若不為民請命，終無善全之策。職等蟻命固無足惜，又安忍坐視千萬生靈盡填溝壑？不得不冒昧申請，伏祈鑒奪」等情。」

　　又據真定府呈詳前事內稱[908]：「獲、井等邑詳同前情。該真定府知府趙瑾看得真屬地方災荒連歲，大概歉收，而西北沿山一帶之獲鹿、井陘、曲陽、平山、靈壽五邑災黎，困苦尤甚，惟冀雨暘時，若春秋俱熟，庶幾可望起色。不意本年自三月初、中二旬各得微雨之後，迄今彌月以來，河漢為昭，麥苗不能盈尺，抑且漸見焦枯，已種之穀不長，未耕之地咸荒。幸蒙賑救頻加，暫得苟延目下。然賑濟救其一時，亢旱無如復見，黎民仰事俯育、急公完糧者，惟此地土是賴。地土一荒，下既切於饑餒，倘上再迫於徵輸，欲其不逃不散，不可得也。職府目擊災黎俱皆鳩形鵠面，慘苦之狀，鄭圖難繪。五邑士民紛紛籲控二麥枯死無餘，郊原悉為赤地。除踏勘確實，另請題蠲外，茲據五邑將本年錢糧援口北帶徵之例，為民請命前來。職府不得不據實呈請，俯賜具題，以救

---

[908] 又據　奏牘本作「申詳本院，蒙批仰守道速行確議詳奪繳，蒙此，又蒙本院批據」。

殘黎」等情呈詳本院。蒙批「仰速妥議詳」等因[909]，批行到道。蒙此，「該守道參議董秉忠看得真屬獲鹿、井陘、曲陽、平山、靈壽五縣地方連旱三年，小民困苦已極。雖前經詳請，多方蠲備買米及借穀，兩經賑濟在案，然不過少救目前之饑餒，惟望二麥以甦生。今據獲、井等縣與真定府詳稱：『各該地方自本年三月初、中二旬各得微雨之後，迄今彌月以來，河漢為昭，麥苗枯稿，已種之穀不長，未耕之地咸荒，旱災復見。黎民所藉以資生完糧者，惟此土地是賴。地土一荒，下既切於饑餒，倘上更迫於徵輸，勢必逃散。』呈請確查災地請蠲，併援例詳請帶徵前來。是獲、井等五縣二麥絕望，夏災已見。除委員踏勘確實，另行詳奪外，但獲、井等五縣連被重災，十室九空[910]，小民糊口無策。以此重困垂斃之饑民，而令其辦納國課，此徒事追比，究竟不能完納，反多流離散亡之慘。康熙二十年分錢糧實實難於徵解，合無詳請先賜具題[911]，將獲鹿、井陘、曲陽、平山、靈壽五縣康熙二十年地丁錢糧，寬至二十一年帶徵完解。是一轉移間[912]，在國賦仍無虧缺，而千萬殘黎得獲再生之恩也」等因呈詳到臣。該臣看得直屬地方連年荒歉，去歲復被水旱災傷者三十餘處，畿北唯宣府為最。業蒙皇恩蠲賑頻施，且允臣所請，將康熙十九年本色糧石准於二十年帶徵矣。至畿南被災之處，惟真定府屬之獲鹿、井陘、曲陽、平山、靈壽五縣為最。蓋此數處皆沿山一帶，地固沙磧，民素困窮，何堪疊罹災傷？（弟）〔第〕以宣屬饑民眾多，方煩發廩[913]，是以未敢輕為入告，重費國帑。臣鼓勸道府等官多方蠲備，買米借穀。自春初至今，兩經賑濟，被災窮黎稍為苟延。所望者惟二麥成熟，秋田收穫，資生完賦俱藉此以給[914]。不意今歲自春以來，雨雪

---

[909] 蒙批　奏牘本作「蒙批，已據獲、井等縣申詳，批行該道查議矣」。
[910] 室　奏牘本作「望」。
[911] 合無　四庫本作「合據實在情形呈詳」。
[912] 一　奏牘本作「以」。
[913] 廩　奏牘本作「稟」。
[914] 藉　奏牘本作「借」。

甚少，各處同然。然於三月初七、八等日，時有雨澤，雖或未盡溥遍，而別屬已有沾足者。獨此五縣偏不得雨[915]，且彌月以來，亢旱如故，麥苗悉已枯槁。夏災已成，民心惶惶，錢糧無措。該府縣咸激切詳請蠲除、帶徵，臣批守道查議。茲據該道參議董秉忠議，將各縣康熙二十年地丁錢糧，寬至二十一年帶徵前來。臣思此五縣目下情形實屬困迫，誠難復事徵輸。但時在夏初，雖麥田無望，若得透雨，秋禾之未長者尚可長茂，未種者尚可布種。幸邀天眷，秋田有收，則民心安而民力紓[916]。當茲軍需孔亟之際，臣何敢輕請帶徵，併何敢輕議緩徵也？若此後仍無透雨，則秋田又復無望，將見數縣民生不免流離溝壑之虞，國賦從何辦納？臣於此際，又不得不懇皇上寬恤之恩也。所有各縣被災情形[917]，並目下民困難徵緣由，理合先疏具題[918]。

請免河間災民估買房地疏[919]

盆冤屢控未伸[920]，變產勉圖賠納等事[921]。

該臣看得袁珩未完逆本銀兩，前將親友曹振平所助河間、文安兩縣房地抵銀六千三百兩，內河間縣地每畝作價五錢七分，草土等房每間作價銀一兩一錢四分，計地九十三頃四十八畝零，房四百三十八間，共作價銀五千八百餘兩，准刑部移諮，行追變解。先據守巡兩道會詳內稱：「前項地畝，悉皆磽薄，不堪耕種。照時估值，每地一畝不過價銀一錢，其隨地房屋每間不過價銀數錢。曹振平虛開多價，捐助袁珩以抵欠本。如照部單所開之價，勒令種地貧民承買，萬難完納。請照時值，估變其

---

[915] 不得雨　奏牘本作「不得透雨」。
[916] 紓　奏牘本作「舒」。
[917] 奏牘本此句前加「除各縣夏災地畝，批令守道遴員踏勘，俟勘明詳報，到日另題外」。
[918] 奏牘本此句後加「伏乞敕部議覆施行」。
[919] 奏牘本為卷七之第一篇，題為〈請免河間災民估買房地疏〉。
[920] 奏牘本此句前加「題為」。
[921] 等事　奏牘本作「今限期將追措辦無門，願比例交納房資，追賣抵償事」。

所缺之銀，相應仍於袁珩名下補追」等因[922]。經前撫臣金世德移諮刑部，諮回，仍令照數嚴追變賣。行據守道參議董秉忠、巡道僉事吳元萊會詳內稱：「前項鹻地、破房所值無幾。河間縣疊罹災荒，米珠薪桂，老幼啼饑，流離載道。幸蒙皇恩賑濟，雖散者復聚，而正供輸將不前。窮民即有房地，尚皆拋棄，何能重價置買，代完逆本銀兩[923]？若必嚴追佃種之民照數納價，貧民不能措交，勢必逃竄他方。是不惟無益於公，而反重害災黎。仍請照依時值變價，其原抵逆本不敷之銀，在袁珩名下追補。或將房地仍歸曹振平，令代袁珩措完欠銀。或將房地歸於原業主曹克恭等，於克恭名下追出原得房地價銀，以結夙案。統聽部議。」既據兩道呈詳前來，理合具題。刑部議覆，內開：「曹振平所助房地[924]，該撫既稱『若必嚴追佃種之民照數納價，貧民不能措交，勢必逃竄』等語，相應將曹振平所助房地歸回原主，仍於袁珩名下追銀五千八百餘兩，以完逆本可也[925]。」

奉旨：「依議。」

請寬盜案處分以惜人才疏[926]

盜案之處分久定[927]，不敢擅請從寬。人才之淹抑可矜，特為酌陳通變，以鼓舞積困之勞吏事。

---

[922] 相應　奏牘本無此詞。
[923] 逆本　奏牘本作「欽案」。
[924] 刑部議覆，內開曹振平所助房地奏牘本作「伏乞敕部議覆施行。臣未敢擅便，謹題請旨。奉旨該部議奏，刑部議覆，內開該本部議得直隸巡撫于成龍疏稱，袁珩未完逆本銀兩，前將親友曹振平所助河間、文安兩縣房地，抵銀六千三百兩內，河間縣房地共作價銀五千八百餘兩，以抵欠本。前項地畝悉皆鹻薄，不堪耕種。河間縣疊罹災荒，若必嚴追佃種之民，照數納價，貧民不能措交，勢必逃竄。仍請照依時值變價，其不敷之銀，在袁珩名下追補，或將房地仍歸曹振平，代袁珩措完欠銀，或將房地歸於原業主曹克恭等。追出原得房地價銀，以結夙案等因具題前來。據此曹振平所助房地」。
[925] 奏牘本此句後加「康熙十九年八月二十二日題二十四日」。
[926] 奏牘本為卷七之第二篇，題為〈請寬盜案處分以惜人才疏〉。
[927] 奏牘本此句前加「題為」。

竊查盜案處分定例，內開：「道路村莊被劫，將承緝州縣印捕官併捕盜同知、通判住俸，文到扣算。限一年緝拿，若限滿不獲，降一級調用」；又：「兼轄道官罰俸六個月，限一年催緝，限滿不獲，再罰俸一年」等語。此係已定通行之例，何敢輕議變更？第直屬之盜案與他省（逈）〔迥〕不相同。直屬圈殘之區[928]，民無恒產，既往往流習非為[929]，而又旗、民雜處，乘馬挾矢，呼群引類，無可稽查。紛紛申報失事，幾無虛日。故監司廳印等官，求其與盜案脫然無累，得與陞轉之例者，十不能三四。其間豈無廉能素著之員可期大受者？而一官疲劇之區，此案未獲，彼案又起，一案幸完，數案未獲，甚有一日而失盜之案數家。經年累月，攢眉莫策。始焉未嘗不勵精求為消弭之計，而無如飄忽凶徒，焚劫不時，積案多宗，降罰隨至，灰心進步，無計自拔。以朝廷有用之人才，而皆以盜案沉滯，鐫級去任，殊可憐惜。

　　臣目擊淹抑多員，不得不亟請稍為變通也[930]。除城內被盜行劫，各官仍照定例處分外，其道路、村莊失事在州縣，身在地方，既不能消弭於未行，復不能緝拿於已劫，責無可諉，一年不能緝獲，降級調用允宜。但原失事之州縣既降級去任，接緝之官事不切己，恐未肯實心搜緝，則強盜反有漏網之弊。合無將州縣官於一年未能緝半題參者，降一級仍留原任，賊犯照案緝拿。若於已參議處之後，有能續獲一半以上，仍許開復，還其原降之級。是於懲過之中寓以勸勉，則各官不因去任隳心，咸知自奮，必能悉力擒拿，不致強徒倖免也。至於薦舉卓異，行取官員，乃朝廷超拔人才之典，而亦督撫諸臣盡其以人事君之義。但有才守兼優堪膺斯選者，每因一二案未完，格於定例，而不敢輕列薦剡，致使遠大之器困於百里，深為可惜。前見江寧撫臣慕天顏為請旨行取事一

---

[928] 殘　四庫本作「占」。
[929] 非為　四庫本作「為非」。
[930] 亟請　四庫本作「懇恩」。

疏,將有未完,錢糧之知縣林象祖、任辰旦題請行取,欽奉特旨俞允。仰見我皇上憐才之殷,初未欲以成例限人也。直隸盜案之多,與江南錢糧之繁,事同一轍,其中非無品行卓越、才具優長如林、任二令者。倘邀一視之仁,特開破格之舉,遇薦舉大計及行取之期,容臣將真知灼見、確有才守之員,不論盜案之銷否,一體薦揚,以備擢用。庶真才不致於淹抑,而朝廷可收得人之實効矣。

再查捕盜同知、通判,雖專司督緝之任,但所屬有十餘州縣及二三十州縣不等,既不能分身經理,又無由遍歷搜拿,竟同各州縣一體處分,似屬過甚。查武職議處之例,千、把等官為專汛,守備等官為兼轄,副、參等官為統轄,州縣印捕既與武職專汛之員同一處分,則同知、通判亦當與武職兼轄之員同一處分也。比例更定,則各廳員未有不鼓舞勉力者矣。至督緝道員定例,原止罰俸,臣亦何敢再為置議?但於罰俸之外停其陞轉,限年緝賊。今承緝州縣與同知、通判既請量輕處分,而道員所轄地方遼濶,一歲之內有失事數起至十數起不等,停陞之案先後接續,竟無銷結之期。故直屬有督緝責任之道員,欲與推轉之例,終不可得。臣思方面大吏,或由京官改授,或由外吏陞補。歷任既久,率多練達之才,及其年力精壯,正可矢圖報効,乃令困頓一職,無復進階之期,更為可惜。況督緝與承緝原自不同,在承緝州縣等官,固應停其陞轉,限年緝賊;而督緝之道員既已罰俸,似可免其停陞。輕重區別之間,或亦上下之體統宜然。若夫武職副、參等官,則又視文職之道員相等,所當併請一體變通,以昭畫一之例者也。緣係憐惜人才起見,敬陳末議。如果臣言可採,伏乞睿鑒,勅部議覆施行[931]。

奉旨:「九卿、詹事、科道會議,具奏吏部等衙門。」

---

[931] 奏牘本此句後加「臣未敢擅便,謹題請旨」。

畿輔書

會議得：「直隸巡撫于成龍疏稱云云[932]，相應將此處無庸議[933]。」

奉旨：「直隸地方盜案繁多，官民殊為苦累。著將該撫原疏內各款事情，再加逐一詳議具奏。欽此。」

再會議得：「直隸巡撫于成龍疏稱：『直屬地方旗、民雜處，失事甚多。故監司廳印等官，求其與盜案脫然無累、得與陞轉之列者，十不能三四。官員而以盜案沉滯，殊可憐惜。道路、村莊失事，合無將州縣官於一年未能緝半題參者，降一級仍留原任，賊犯照案緝拿。若於已處之後，有能續獲一半以上，仍許開復其原降之級。至品行卓越、才具優長者，遇薦舉大計、行取之期，不論盜案之銷否，一體薦揚擢用。又，捕盜同知、通判所屬有十餘州縣及二三十州縣不等，既不能分身經理，又不能遍歷搜拿，竟同各州縣一體處分，事屬過甚，當與武職兼轄之員仝一處分[934]。至於督緝道員所轄地方遼濶，停陞之案先後接續，欲與推陞之列，終不可得。況督緝與承緝原自不同，既已罰俸，似可免其停陞。若夫武職副、參等官，視之道員相等，當併請一體變通』等語。查定例內：『道路、村莊被劫，承緝州縣印捕並捕盜同知、通判及專汛武職住俸，限一年緝拿。兼轄道官及兼轄副、參等官，罰俸六個月，限一年催緝。限內拿獲一半者免罪，若限滿不獲，州縣等官及專汛武職俱降一級調用。有加級紀錄，准抵道官及兼轄武職罰俸一年，賊犯照案緝拿。同城知府照州縣例處分』等語。查盜案限一年不獲，既行降一級調用，餘賊交與接任官緝拿，限期急迫。本官既經去任，接任官事不切己，反不將盜賊查拿，以致盜賊愈多。嗣後，州縣等官及專汛武職等官，一年限滿不獲，降一級留原任，再限一年緝拿。無級可降之官，革職亦留原任，限一年緝拿，如再不獲，調用革職。同知、通判管轄數州縣，應照

---

[932] 奏牘本此句前加「議覆內開該臣等」。
[933] 奏牘本此句後加「餘照前議，恭候皇上命下臣等遵奉施行，謹題請旨」。
[934] 仝　四庫本作「同」。

229

先定處分兼轄官員例，初參停陞，罰俸六個月，限一年緝拿。限內不獲，罰俸一年，照案緝拿。同城知府以下，既有承緝知縣，其知府應照同知、通判例議處。道官與兼轄武職，初參既罰俸六個月，免其停陞，仍限一年緝拿。限滿不獲，仍照例罰俸一年。若未滿一年之限陞遷，照離任官例罰俸一年。盜案俱係一體，各省盜案亦照此定例行。又查定例，『無錢糧盜案官員，方准薦舉卓異行取』。知縣林象祖、任辰旦，係奉特旨准行，不為例在案，應將此處無庸議。命下之日，以後所到盜案，照此例議可也[935]。」

奉旨：「依議。」

請緩徵災邑房課疏[936]

山邑慘罹奇荒[937]，房課力難措辦。懇祈題蠲，以救民命事。

該臣看得真定府屬獲鹿、井陘、曲陽、平山、靈壽五縣，連年疊被災傷，今歲復遭亢旱。經臣將所被夏災，委員勘明分數，具題在案。其應徵房稅銀兩，先因難以措納，諸部俟麥熟之後開徵。今各縣咸稱：「房稅緩俟麥熟開徵，原望麥收輸納，今自春至夏，亢旱異常，麥無收穫，災黎救死不暇，豈能責其完納房稅？」詳請蠲免前來。臣批守道查議。茲據該道參議董秉忠詳稱：「獲鹿等五縣連被災荒，今又二麥無收。目下雖得雨澤，止可布種秋禾，救死將來。此時正在青黃不接之際，若按追徵房稅，勢必流離散亡，終無有濟。」臣查宣府被災地方房稅銀兩已蒙皇恩免徵，而獲鹿、井陘等五縣，災傷與宣府無異。其房稅銀兩請俟二十一年徵收，不過暫寬時日，於稅銀仍可補徵而災黎實沾無窮之惠

---

[935] 奏牘本此句後加「等因」。
[936] 奏牘本為卷七之第三篇，題為〈請緩徵災邑房課疏〉。
[937] 奏牘本此句前加「題為」。

矣。既據該道呈詳前來，理合具題。隨經戶部議覆[938]：「相應准其俟秋收之日徵解可也[939]。」

奉旨：「依議。」

報賑宣屬饑民疏[940]

康熙二十年六月初七日[941]，准戶部咨，內開：「康熙二十年五月二十七日奉上諭[942]，諭戶部：『前因大同等處地方，自去歲饑荒，百姓無食，流離失所，已經發銀二十萬兩，遣官賑濟，又將應徵房稅悉與豁除，務期小民家室復完，不失故業。今復差官各處察看，閭閻尚多逃亡，田土仍然荒棄，耕種無資，衣食奚賴？朕心深為憫惻。所有本年應徵地丁、各項正賦併歷年帶徵拖欠錢糧，盡行蠲免。但小民困苦已極，猶恐無濟目前。此外，有何應行事宜可以速拯災黎，俾得存活者，爾部即行詳議具奏，以副朕軫恤百姓至意。特諭。欽此。』欽遵，該臣等議得，除應行事宜另行確議具奏外，將大同、宣府、太原此三處賑過州縣衛所應徵二十年分地丁、各項正項錢糧米穀並節年帶徵拖欠錢糧米穀，俱行蠲免。其未賑州縣衛所錢糧，仍照舊徵收。俟命下之日，行文該撫，將蠲免錢糧之處大張告示，通行曉諭，俾其均沾皇上愛民實惠。如有不肖官員將蠲免錢糧私徵，或被害之民首告，或傍人出首者，將州縣官照貪官治罪，巡撫、司道等官一併從重議處。現今仍有無食饑民亦未可定，應請勅下直隸、山西巡撫作何速行設法賑救，以副皇上愛民至意

---

[938] 隨經戶部議覆　奏牘本作「伏乞敕部議覆施行，臣未敢擅便，謹題請旨。奉旨該部議奏，戶部議覆，內開該臣等查得直撫于成龍疏稱，真定府屬獲鹿等五縣連被災荒，今又二麥無收，若按限追徵房稅銀兩，勢必流離，請俟二十一年徵收等因前來。查房稅銀兩，原係為接濟兵餉徵取，自應照限徵解，但該撫既稱獲鹿等五縣二麥無收，若仍按限追徵，百姓困苦等語」。
[939] 奏牘本此句後加「等因具題」。
[940] 奏牘本為卷七之第四篇，題為〈報賑宣屬饑民疏〉。
[941] 奏牘本此句前加「題為欽奉上諭事」。
[942] 內開　奏牘本作「山西清吏司案呈」。

之處，確議舉行可也。康熙二十年五月二十九日題。」六月初二日奉旨：「依議。著差爾部賢能司官前往，會同該撫賑濟饑民，務使得沾實惠，並作何設法拯救，著會同詳議具奏。欽此。」欽遵，移諮到臣[943]，除將蠲免錢糧之處頒發告示，通行七處曉諭，務使均沾皇上愛民實惠外，隨該戶部員外郎葉等同臣會議[944]，親往七處查看，將寔寔乏食饑民，自六月十五日起至八月十五日止，借支存倉米豆，再賑兩個月，俟勸捐補還情由，業經會疏題明。臣隨於本月初九日起程，亦經具疏題報在案。至本月十四日已抵宣府，會同員外郎葉[945]，於十五日開倉賑濟前衛饑民。次至萬全、左衛、懷安、深井堡、東城、西城、蔚州衛，俱逐處遍歷，親行查賑。今於本月二十八日，已經賑完訖。臣於所到之處，逐一詳加察看。自出居庸關以外，地土率皆石磧、山坡，非如口內平衍之原田。而時方溽暑，涼爽自生，一似口內仲秋節令。若至仲秋，則肅殺之氣已至，而草木應先凋落矣。是口外之地勢、天時，均與口內大不相同。故常年稱為豐稔之秋，亦適與口內之中年相等。若遇雨暘不均，則荒歉甚於他處。今此七城衛堡，去年災祲又稱特甚，民無素蓄，致多饑餒。前已蒙我皇上疊賑之恩，得以存活。所最苦者，尤在錢糧無從措辦。今兩奉特恩，將應徵房稅銀兩，悉與豁除。本年應徵地丁、各項正賦並歷年帶徵拖欠錢糧，盡行蠲免。萬姓歡呼載道，倖免催科，咸有安居之慶。此七處之民情，大率如此。

臣等察看宣府前衛地方，民間所種麥田，雖收穫甚薄，而秋禾得沾雨澤，收成可望。見今農忙之際，少壯之人傭工力作，俱可度日。且豆菓菜蔬之類隨時採取，可以易米，亦可供食，較去冬今春與夏初無雨之際，已大不相同。是以請賑之民，亦不如前此之多。臣等查驗，將老疾

---

[943] 欽遵移諮到臣　奏牘本作「欽遵抄部送司，奉此相應移諮案呈到部移諮到臣」。
[944] 葉　四庫本作「葉倫」。
[945] 同上。

困苦、力不能自給者,賑過大口饑民六十七名。萬全、左衛地方,見今情形大概與前衛相等。唯東南之(圂)〔閻〕家莊等村一帶,地土砂磧最甚,先遭亢旱,有棄而不種者,有種而至今萎短不堪者。臣等逐一查驗,將實實困苦之饑民,賑過大口四百一十一名,小口一十名。懷安衛地方情形,亦與前衛相去不遠,而山僻之區窮民較多於附郭之處。臣等逐一查驗,將實實困苦之饑民,賑過大口二百二十名,小口一十名。深井堡地方,地狹民少,見今秋禾較之左、懷等衛更為茂盛。臣等查驗,除可自食其力者不給外,將老弱無力饑民,賑過大口十八名,小口二名。東城地方麥田無收,所種秋禾先苦亢旱風沙,近賴雨澤連綿,不被冰雹之處已漸長茂。唯千家營、王家窯、東水地、馬圈堡、西水地、東六馬房等村,於五月十七日為冰雹打傷,間存根楂,或復布晚禾,幸今有雨,亦漸生發,將來少有收穫亦不可定。但此等復被災之處,民人困苦。臣等親詣各村查驗確實,賑過大口饑民三百零二名,小口一十三名。西城地方,其情形不特比前、左等衛堡懸殊,即較之東城為尤苦。麥田既不接濟,秋收又難懸望。其被冰雹打傷之黃羊坡等村共計二十四處,禾苗殘毀一空,率多拋棄不復再種。即有再種者,無力耘鋤,草多苗少,長不盈寸,欲望收成,全然難定。及查看民間屋舍之內,所貯唯有野菜,男婦老稚無不饑餓現於形色。緣此處被災獨重,是以窮民獨多。臣等逐一查驗,賑過大口饑民三千二百三十名,小口饑民八百五十名。蔚州衛地方,麥田因旱為災,大率與各處相同,而秋禾則較各處為尤盛。臣等查驗,除可以力作自食者不賑外,將困苦無力饑民,賑過大口一百八十名,小口二十六名。以上七處共賑濟大口饑民四千四百二十八名,每名給米二斗四升;小口饑民九百一十一名,每名給米一斗二升。通共借支各倉米一千一百六十六石二斗八升,豆五石七斗六升。此七處饑民得此兩月米糧,已可接濟至秋收。凡有收成之處,民人俱可自給。但如西城等之復被

冰雹村莊，若秋禾仍無所獲，勢須再賑。容臣於應賑之時，另疏題明，設法拯救。至於賑過饑民花名細數，已檄令各地方官備造清冊，俟送到之日，諮部查核。其借支米豆，亦一面勸捐補還，併俟捐補交倉之日，另諮報部。合將臣等賑完緣由具疏題報[946]。

奉旨：「這賑濟過宣府所屬地方饑民，知道了。該部知道。」

報賑濟事竣回署疏[947]

恭報微臣回署日期事[948]。

（切）〔竊〕臣奉旨會同戶部員外郎葉倫等賑濟宣屬前、左、懷、蔚四衛、東西二城、深井堡七處饑民，俱經逐處親查給賑，於六月二十八日事竣，業經具疏題報在案。臣於拜疏之後，於六月二十九日自蔚州衛起程，由紫荊關入口，於康熙二十年七月初二日回署訖。臣於所到之處，詳察地方情形，諮訪民間疾苦，一切利弊所關與應行事宜，容臣次第入告外，所有微臣回署日期，理合具題[949]。

雄縣蒙賜謝恩疏[950]

恭謝天恩事[951]。

恭逢皇上行幸雄縣地方，臣依望天顏，孺誠倍切，隨具疏奏明於康熙二十年九月初十日，蒙欽賜魚二包、麂一隻、兔二十隻、鴈二隻、孤汀五隻。臣衙門筆帖式郎圖賫捧到保，臣即叩頭祗受，分頒同城文武各官均沾聖惠。臣隨躬率守道參議董秉忠、巡道僉事吳元萊、保定營參將

---

[946] 奏牘本此句後加「伏乞敕部查照施行，臣未敢擅便，謹題請旨」。
[947] 奏牘本為卷七之第五篇，題為〈報賑濟事竣回署疏〉。
[948] 奏牘本此句前加「題為」。
[949] 奏牘本此句後加「伏乞敕部查照施行，謹具題知。奉旨：該部知道。」
[950] 奏牘本為卷七之第六篇，題為〈雄縣蒙賜謝恩疏〉。
[951] 奏牘本此句前加「奏為」。

張玉麒馳赴行殿，袛候聖安[952]。復蒙恩賜御膳，併賜銀鼠掛一件、奶酒一餅[953]，臣當即叩頭謝恩訖。念臣謬任撫畿，毫無寸補，屢蒙聖惠，寵錫頻頒，仰承眷注之彌深，益慚報稱之無術，唯有矢竭駑駘，冀答隆恩於萬一耳。臣謹恭疏奏謝[954]。

請更定宣屬文武儀注疏[955]

宣屬廳員轄衛之分[956]，名實未符，特請酌復舊制[957]，以重事權，以專責任事。

（切）〔竊〕照宣府一鎮[958]，地處邊方，雖四境遼濶，而山多田少，荒沙瀰望。寥寥土民，或築堡以居，或穴山為室。蓋此地自來為屯牧之所，原與腹裡不同。故於附近口內之處，僅置延慶、保安二州，此外唯設有十衛，地土人民悉令守備經管，而衛備之所不及者，即令營弁兼理。其統轄之官，則口北道總持要綱、六路廳分任督率也。緣邊塞之區糧微丁少，不堪為縣而置衛，不必立府而設廳。其稽察錢糧、督緝盜逃，一切地方事務，皆六路廳之責任。是宣府各衛之屬於廳，亦猶州縣之屬於府，非若外省衛所徑隸都司，與府廳毫無統攝者可比也。舊制，守備於廳員俱行屬禮。自更定儀注以來，改行賓主之禮，文移俱用手本，原為彼此不相轄而定。乃宣府各衛弁亦遂以文武分途，竟抗禮平行，而稽察不服，呼應不靈，毫無統轄之實也。近如蔚州衛已故守備何藩、懷安衛守備王日熹等，缺少倉糧皆盈千累萬。又萬全、左衛守備吳

---

[952] 候　四庫本作「請」。
[953] 掛　四庫本作「褂」。
[954] 奏牘本此句後加「伏乞睿鑒施行，為此具本專差提塘李（懋）〔茂〕功賫捧謹具奏聞，伏候敕旨。奉旨：該部知道。」
[955] 奏牘本為卷七之第七篇，題為〈請更定宣屬文武儀注疏〉。
[956] 奏牘本此句前加「題為」。
[957] 請　四庫本作「賜」。
[958] （切）〔竊〕　四庫本作「竊」，從四庫本改。

文儀等，或貪縱不法，或酷烈濫刑，俱經參究矣。至各衛連年本折錢糧，率多未完。十九年夏秋二災，不遵六、九兩月之限，奏銷文冊至五月終尚無送到，悉已逐案參處。而各廳員以有督率之故，因之亦屢掛彈章，並受處分矣。

臣思各廳既任統轄之責，必重其統轄之權，名實相符，則呼應靈而諸事不致廢弛，未可以不相轄之廳備概論也。合無將宣府衛備於所轄之廳員仍照舊時儀注，另行更定，庶使各知分之所在，不復敢縱恣抗玩，而公務獲濟矣。再查城堡守備等官兼管地丁事務者，其錢糧亦係各廳任其督催稽核，而地方有失盜等事，除兼轄營將外，各廳仍有督緝之責，雖營弁而與衛備無異[959]。既有廳員統轄之事，亦應行廳員統轄之禮，所當併請更定[960]，以重事權，以專責任者也。禮部議覆，內開：「該臣等查得順治十八年[961]，臣部與內三院、吏、兵二部會定文武官員相見儀注內，『各守備見知府、同知、通判、推官，俱不相轄，行賓主之禮』等因，通行在案。相應將撫院于成龍更定儀注之處，無容議[962]。奉旨：『這各路同知等官，有專管稽察錢糧之責，屯衛守備與營伍守備不同，著再議具奏[963]。欽此。』該臣等再議得：直撫于成龍疏稱：『宣府衛地土、人民，悉令衛備經管，於廳員俱行屬禮。自更定儀注以來，稽察不服，呼應不靈，其城堡營弁兼管錢糧者，亦與衛弁無異，併行更定，而公務獲濟』等語。臣部查順治十八年以前所定儀注內[964]，既有廳員行屬官之

---

[959] 雖　奏牘本作「是」。
[960] 並請更定　四庫本作「並請俯賜更定」。
[961] 禮部議覆：內開該臣等查得順治十八年奏牘本作「臣謹具題，伏乞敕部議覆施行，臣未敢擅便，謹題請旨。奉旨：該部議奏。禮部議覆，內開：該臣等查得直撫于成龍疏稱，宣府衛地土人民悉令衛備經管，稽察錢糧，督緝逃盜，皆陸路廳之責任。舊制，守備於廳員俱行屬禮，自更儀注以來，改行賓主之禮，廳員徒有統轄之名，而稽察不服，呼應不靈。宣府衛備仍照舊時儀注，另行更定。其城堡營弁所管錢糧與衛弁無異，當並更定等語。查順治十八年」。
[962] 容　四庫本作「庸」。
[963] 著　四庫本作「著」。
[964] 臣部　奏牘本作「臣部議，仍令無轄行賓主之禮等因具題。奉旨：這各路同知等官，有專管稽

禮。嗣後，相應照舊定儀注例統轄可也[965]。」

奉旨：「依議。」

請全蠲災邑錢糧疏[966]

欽奉上諭事[967]。

康熙二十年九月二十三日准戶部咨，內開：「康熙二十年九月二十日奉上諭[968]，諭戶部：『頃者，朕巡行近畿，至霸州地方，見其田畝窪下，多遭水患，小民生計無資，何以供納正賦？其該州見在被淹田地應徵本年錢糧，著察明酌量蠲免，以示朕勤恤民隱至意。爾部即遵諭行。特諭。欽此。』欽遵，相應移咨直撫，將霸州現在被淹田地數目並應蠲錢糧數目，速行查明具題可也[969]。」移咨到臣，隨檄直隸守道，欽遵將該州見在被淹田地數目並應蠲錢糧數目查明詳報去後。今據該道參議董秉忠詳覆，查該州水淹地畝[970]，先經勘明成災十分、九分，具疏題報。部覆照例免本年錢糧十分之三在案。共計被災地一千五百四頃零，本年額徵錢糧共該銀六千三百八十二兩零。若照十分免三之數計算，應蠲銀一千九百一十四兩零。但該州地勢最窪，被水為患，民生之困苦業在我皇上睿照之中。既奉特恩軫恤，合無於常例之外，將本年錢糧破格全蠲，以廣皇仁。統聽部臣覆奪[971]。

察錢糧之責，屯衛守備與營伍守備不同，著再議具奏。欽此。」
[965] 奏牘本此句後加「等因具題」。
[966] 奏牘本為卷七之第九篇，題為〈請全蠲災邑錢糧疏〉。
[967] 奏牘本此句前加「題為」。
[968] 內開　奏牘本作「福建清吏司案呈」。
[969] 奏牘本此句後加「等因呈堂奉批行送то，奉此案呈到部」。
[970] 今據該道參議董秉忠詳覆查該州水淹地畝　奏牘本作「今據該道參議董秉忠呈稱等因，呈詳到臣。該臣看得霸州地方田畝窪下，多遭水患，我皇上軫恤災黎困苦，特諭戶部將應蠲本年錢糧察明，酌量蠲免。部咨行臣，將被淹用地並應蠲錢糧各數目查明具題行。據該守參議董秉忠詳覆，查該州水淹地畝」。
[971] 奏牘本此句後加「既據該道呈詳前來，理合具題，伏乞敕部議覆施行。臣未敢擅便，謹題請旨部覆。奉旨：依議。」

酌派驛站銀兩疏[972]

衝驛站銀缺額，墊應維艱，謹請勅部定擬撥補，以甦郵困事。

竊照直屬各府州縣驛遞夫馬工料錢糧，向有額編定數，毋分（沖）〔衝〕僻[973]，俱於本州縣所徵地丁銀內照數支給。惟涿州、良鄉、通州、三河等州縣，地圈丁散，錢糧無徵，站銀缺額歷來申請撥給。康熙八年以前，前撫臣按年移諮戶部請撥。康熙八年十月內，戶部具題：「直隸因無布政司，各州縣缺額銀兩，各道轉詳巡撫諮部撥給。今經具題，通薊道改為守道，總轄直隸錢穀事務。以後一應缺額等項銀兩，照各省布政司之例，專責守道經管，其收放錢糧數目造冊申報，巡撫查對明白，年終奏銷」等因。奉有「依議」之旨，移諮前撫臣。嗣經前撫臣移諮戶部，請示凡一切撥補缺額錢糧，是否俱聽守道（經）〔徑〕自動給[974]，年終彙冊報銷？抑或先行逐案諮部，始行該道動撥？復准戶部諮開：「直隸一切錢糧，俱守道總管動撥，年終奏銷，以憑查核題定。諮行甚明，無庸諮問。相應諮回，查照原題奉行」等因。自此以後，各州縣驛站缺額銀兩，俱係守道詳明前撫臣，按時撥給驛站，支用有賴。所以康熙十三年以後，軍興差繁之際，各屬應付無悞。至康熙十五年九月內，戶部具題：「部撥錢糧之外，凡有動用銀兩，均應預先報明，奏銷之時，以憑查對。若有緊急軍需，一面報明，一面撥用。」奉有「依議」之旨，移諮前撫臣，遵將各屬缺額銀兩，於十五年以後移諮戶部請撥，俱係隨諮隨允，隨即撥給。康熙十九年五月內，准兵部移諮，內開：「如有衝驛不敷及災傷缺額者，責令驛道查造細數，先行諮報本部，應否動用驛站裁四銀兩，核明定奪。如不行造報本部，遽將藩庫銀兩動用，除不准銷外，定將經管及轉報各官，一併以違例題參」等因。

---

[972] 奏牘本無此文。
[973] （沖）〔衝〕　四庫本作「衝」，從四庫本改。
[974] （經）〔徑〕　四庫本作「徑」，從四庫本改。

臣於康熙十九年六月初四日蒞任，查涿、良等州縣康熙十九年缺額站銀，除護理直撫印務守道董秉忠移諮戶部准撥之外，涿州尚有未撥銀四千二百三十四兩零，良鄉縣尚有未撥銀七千七百七十六兩零，通州尚有未撥銀五千三百八十三兩零，三河縣尚有未撥銀一千六百九十兩零。臣於十九年六、七等月及二十年正、五等月，屢次移諮戶、兵二部請撥。戶部以所請之銀係應給之數，將涿、良、三河三州縣缺額照數補足，其通州缺額先准撥銀二千兩。兵部以未經奏銷，將戶部已准應補各州縣之銀，一概不准撥給。各州縣訴艱訴苦之文，殆無虛日。臣復屢為諮請，兵部屢駁不允。今康熙二十年，涿州缺額銀四千三十四兩零，良鄉縣缺額銀九千八百二十七兩零，通州缺額銀三千四百三兩零，三河縣缺額銀七百三十兩零。臣又陸續移諮戶、兵二部請撥，戶部准將通州、三河縣之銀全撥，其良鄉縣先准撥銀三千兩。涿州之銀，戶部移諮，俟兵部准撥之日再議。而兵部又以未經奏銷，俱不准撥。

　　各驛所缺站銀，乃經制額設按日支銷之項，凡人夫工食、馬匹草料以及過往員役廩給口糧，無項不取足於斯。歷年以來，皆係按數撥給，非自康熙十九年及二十年始也。乃兵部於奏銷之前，將所缺之銀概不允撥，則是僻處站銀尚得在本處地丁銀內照額全支。而涿、良二處當天下之衝，通、三二處為兩京、喜峰孔道，均係差使至多至繁之區，反令其拮據賠墊。從前之逋欠既不能清，向後之預墊又須設措，以衝苦之州縣為力幾何，而能久於支持？勢必馬匹倒斃，夫役逃散，稽遲緊急差使，貽悞軍國重務，所關甚鉅，寔為可虞。各州縣原額站銀十分之內，除裁減四分外，所留六分之銀，原屬應領之項，且係必不可少之數。茲良鄉縣康熙二十年額銀一萬四千七兩零，本年地丁徵銀四千一百七十九兩零，止足三月有餘之需；缺額銀九千八百二十七兩零，計少八月有餘之銀。涿州康熙二十年額銀一萬四千八兩零，本年地丁徵

銀九千九百七十四兩零，止足八月有餘之需；缺額銀四千三十四兩零，計缺三月有餘之銀。通州康熙二十年額銀六千九百七十六兩零，本年地丁徵銀三千五百七十三兩零，止足六月有餘之需；缺額銀三千四百三兩零，計缺五月有餘之銀。三河縣康熙二十年額銀四千四百一十九兩零，本年地丁徵銀三千六百八十八兩零，止足十月之需；缺額銀七百三十兩零，計缺兩月之銀。而本年地丁錢糧，春季不能完納，必待夏秋收穫之後始可徵收，所有缺額銀兩，勢須早為撥給。今兵部將十九年所缺之銀，於二十年九月中議覆十九年奏銷案內始行扣撥，則二十年站銀直至二十一年九月間方得有銀撥補。

自今以往，尚有一年之期，為時甚遠。目前現缺數月站銀，夫馬工料無項支給，人夫斷無不逃，馬匹斷無不斃，郵傳斷無不倒，此不待再計而決也。臣思各州縣站銀既有定額，本年撥給與奏銷後撥給，毫無增減，總出朝廷錢糧，何必遲之又久以候奏銷乎？與其遲撥，使經管各官有墊應之苦，兼有塌驛之慮，無如按期撥給，俾費用不乏、差使無悮之為愈也。臣請勅下戶部會同兵部，將涿、良、通等三州縣康熙二十年缺額站銀照數撥補，康熙二十年以後站銀仍照康熙八年戶部題定之例[975]，專責守道經管，令其每年春季查明缺額確數造冊，詳臣核允，於驛站裁四銀內，逐季報明給發，年終造入奏銷冊內具題，聽部查核，停其逐處諮部。此外，如各州縣驛或遇災傷，錢糧蠲免缺額，並存留祭祀、俸食等銀缺額，亦照例撥補，造入奏冊報銷。庶圈占瘠邑諸務整頓，不致窘竭時有呼籲之繁矣。

---

[975] 題定之例　四庫本作「議准之定例」。

酌議運送砲位疏[976]

欽奉上諭事。

該臣看得直隸各屬銅鐵砲位，前經戶部郎中詹布禮逐處查明，業經彙疏題報。所有大小銅砲限于閏八月二十日內解部[977]，其多餘堪用鐵砲亦令陸續解部。臣隨檄行守道會同巡道查議作何運送。嗣據議覆：「砲位散貯各處，莫如各就近起解為便。」隨經行令文武各衙門，先將銅砲依限速解去後，續據保定營參將張玉麒以「砲多觔重，需車數多，窮弁難措」，具詳呈請臣批守道查議。茲據守道參議董秉忠詳稱[978]：「武職衙門砲位，應請量給腳價，給各營自行僱運，以竣公事」等情。正在繕疏會題間，於本年閏八月初十日，准工部等衙門諮，為請停各省解砲等事，內開：「多餘鐵砲俱行銷燬之處，應俟各省砲位盡行查明，到日再議。其無河道省分，大小銅砲俱令驛遞傳送」等因。除各屬多餘鐵砲應另候部示遵行外，至於大小銅砲，先因定限急迫，已分催文武各衙門依限起解，現今亦有裝車就道者，亦有未經起解者。若遵新准部文，令其由驛遞傳送，而各營砲位又多在邊關山僻之所，仍須運至大路州縣，始有驛遞。與其迂迴道路，轉交驛遞，何如就其捷徑，各自解京之為便？但不給與腳價，則解送無資，窮弁奚能賠墊？臣思驛遞傳送僱車之價，例係按程撥給，今將各營路自送之砲位，各照所需車輛亦按程給與僱價，是即以應給驛遞銀兩轉給各營，則錢糧並未多費，而於各營得免賠累矣。

再查馬水、紫荊等一帶關隘，皆處萬山之中，峻嶺深溝，人難並行。若係已毀之碎銅，則人力尚可背負，馬力尚可馱運。今各砲有數百

---

[976] 奏牘本無此文。
[977] 于　四庫本作「於」。
[978] 具詳呈請臣批守道查議。茲據守道參議董秉忠詳稱　四庫本作「臣隨批，據守道董秉忠詳稱」。

斤至千餘斤不等，不踁不翼，癡重不前。雖欲藉眾扛抬，而人足難容，力無可施。其所存砲位，據稱皆當年本地置造，今之不能運出，亦猶昔之不能運入也。是必另籌其法，而後可以解送。即輕小之砲止重百十斤者，亦因路險難行，僅可漸次馱送。原定限期，勢難勉副。所當一併題明，聽部議覆。

再議運送砲位疏[979]

欽奉上諭事。

案照直隸各省大小銅鐵砲位，其直隸各營路解費無出，與路險不能運送情由，臣已另疏題請外，至於各省大小銅砲，除山東、江南、浙江、江西、湖廣五省並河南之地近運糧水次者，可以載船解送，尚有山西、陝西並河南之不近水次者，必須陸運。直隸當總匯之區，路必經由，而各驛自工料裁四以來，更值軍興旁午，差使絡驛，各官揭借賠墊，已有骨立難支之勢。雖三省銅砲難以預計，然砲之重者，率有數百斤至千餘斤不等。整砲非已毀之碎銅可比，人畜不能零星分負，需車必多。今畿南大路舊有遞運所車[980]，久經裁盡，又無額設車價銀兩，萬難應此各省之多砲。與其臨事而致悞，不若先計以酌濟。臣思額外車價原有報銷撥補之例，唯是撥給於准銷之後，則守候經年，不能濟急。當其應付之時無術設處，實滋困累。（弟）〔第〕此車價按程算給，原有定數，合無將此運砲之車，准其於各州縣本處地丁等銀內隨時動支，僱覓應付。總係應給之銀，未嘗額外多費，而各屬得免借墊之苦，公務不致遲悞矣。

臣再有請者。有河道省分之砲位，由船載以抵通州，勢必用車運送入京。而通州止額設車價銀七百兩，每年支給不敷，墊應至千餘兩不

---

[979] 奏牘本無此文。
[980] 今　四庫本作「今查」。

等。今各省之砲，責之一處運送進京，力實難支，併請一例動支正項錢糧，雇募夫車，以免困累者也。

酌議運米腳價口糧疏 [981]

遵旨運米賑濟蒙古事。

查照宣屬地方，連遭荒旱，災祲異常，民命實有倒懸之苦。仰荷皇恩軫恤，蠲賑頻施，幸獲稍延殘喘，不致填于溝壑 [982]。茲准部諮，將宣屬米石運至殺虎口，賑濟蒙古，誠屬急需。但宣府距殺虎口程途遙遠，計往返有一千餘里及八百里不等。此項米石長途運送，若責之官役，而俸食盡裁，窮苦無出。派之小民，而煢煢餓殍，力難負戴，即賣妻鬻子，拚命領運，而解至中途，或病或死，米多未到，不特民命堪憐，而公務必致遲悞，使非給以腳價口糧，似難遠運。且此賑濟蒙古，事關緊要，亦向來少有之事，非尋常可比。臣據南路通判陳天棟激切具詳，批行守道董秉忠查議。據稱，運糧至五百里以外者，原有准給腳價之例，自應照例給價。其五百里以內者，雖定例內未開給與腳價，但此枵腹之民何能輓運長驅？應請恩准不拘常例，量給口糧。議令每夫一人，管驢一頭，馱米五斗。每夫日給米五倉合、每驢日給豆五倉合、草半束，折給銀六厘，以為窮黎運送口糧之需。米豆於節年存貯倉內動支 [983]，草銀於現年地丁銀內動支給發 [984]，於公帑無多費 [985]，而事無遲悞。小民不致痿斃于道路 [986]，實受無窮之福矣。

---

[981] 奏牘本無此文。
[982] 于　四庫本作「於」。
[983] 同上。
[984] 同上。
[985] 同上。
[986] 同上。

議改防汛營制疏[987]

謹按地方衝僻之形勢，議改防汛緩急之官兵，以資守禦，以固疆圉事。

該臣看得天津鎮臣所轄地方，周長廣潤，兩京孔道[988]，九省咽喉，邊腹海漕，在在衝要。臣與鎮臣每以靖盜安民[989]，妥設防汛為念。今准鎮臣諮稱，因時制宜，有亟當酌議移調者。如康熙十四年設立豐玉營，守備駐紮豐潤，兼轄六汛，原不無鞭長莫及之虞。玉田縣地處衝衢，護送絡繹，莊村稠密，滿漢雜居，非一把總所能支持，應設守備一員，駐紮玉田，立為玉田營。查喜峰同城者，有遊擊一員，中軍、守備、千總各一員，兵丁二百餘名。該路名雖邊口，實屬內地，且設有章京、披甲把守，其遊擊、千總足以防禦，應將喜峰路之中軍、守備，帶馬步兵丁二十名調駐玉田，即將玉田把總改為崇汛。豐臺向係豐玉營所轄，該汛坐落玉田地方，應將豐臺把總改歸玉田營管轄。玉田見有馬步兵丁一百零八名，豐臺兵丁四十六名，併帶來喜峰路兵丁二十名，共計兵一百七十四名，駐紮守備一員，管轄把總二員，立為玉田守備營制，仍屬薊協統轄，則在喜峰無損，于玉田實為有益[990]。玉田既設守備，則豐玉營應改為豐潤營，守備管轄豐潤、開平、黑洋、潤河四處，庶衝汛不致有悮。再，永協地方，當日設立海防三營，原令蒲河營都司居中調度。前以劉家墩守備調駐樂亭縣者，蓋為樂亭城內被盜入刦起見。近日，海邊商販船隻往來，干係重于平昔[991]，相應居中設立遊擊一員，以資彈壓。查務關營遊擊雖有催護漕糧之責，但北接潵縣營，南聯楊村

---

[987] 奏牘本無此文。
[988] 四庫本此句前加「為」。
[989] 臣與鎮　四庫本無此詞。
[990] 于　四庫本作「於」。
[991] 同上。

營，西通武清營，相離俱皆不遠，合將務關營遊擊改為蒲河營遊擊，隨帶千總一員，移駐蒲河。即南海營守備改為蒲河營，中軍、守備仍分防南海。其蒲河見兵三百零二名，駐紮遊擊一員、千總一員、把總二員，多方訓練，遠近巡防，允足以資彈壓。務關營遊擊既調駐蒲河，應將蒲河營都司改為樂亭營都司，隨帶蒲河營千總移駐樂亭。其樂亭與劉家墩，見在馬步兵丁一百九十八名，外有因昔年樂亭失事，抽調蒲河營馬兵八名、南海營馬兵六名。今蒲河、南海均係海防要地，應將原兵撥還二處外，另於永協所屬邊口稍緩之營汛內[992]，抽撥馬兵十名、步兵二十名合之。樂亭原兵共計二百二十八名，駐紮都司一員、管千總一員、把總二員，仍屬永協統轄。蒲河營都司既調駐樂亭，應將樂亭營守備帶把總一員移駐務關，改為務關營守備，屬通協統轄。務關見兵二百三十一名，駐紮守備一員、把總二員，足以料理汛防漕務。以上各營均換給關防，各定營制。一轉移間，而官兵無庸添設，俸餉亦無加增，其於衝汛、海疆俱有裨益矣[993]。

請假歸葬疏[994]

微臣母未葬[995]，瀝陳哀衷，仰祈聖慈俯允，以全子道事。

竊惟聖朝敷教崇孝所以勸忠，臣子立身竭忠必先盡孝，未有子道有虧，而可以事君臨民者也。臣山右寒儒，早年失怙，蒙繼母李氏視臣猶之己出，教養勤劬，恩同乳哺。臣於順治十八年，叨選廣西羅城縣知縣。其時，臣父久已見背，止有繼母在堂。家世清貧，甫除一職，間關萬里，欲奉母之任而力有不能，僅偕二、三僕人擔囊而往。拋離母氏，

---

[992] 同上。
[993] 同上。
[994] 奏牘本為卷七之第八篇，題為〈請假歸葬疏〉。
[995] 奏牘本此句前加「奏為」。

囑臣妻子奉養，絕裾之情，至今思之，猶有餘痛。在粵七載，於康熙六年陞授四川合州知州。蜀道險阻，自昔稱難，欲迎母侍養而又不可得。至康熙八年陞湖廣黃州府同知，雖轉遷已就近地，而在任四年，兩次入覲，兼奉上司委調，不常奔馳，靡有寧宇。及十三年二月內，報陞福建建寧府知府[996]，留補武昌府知府，因浮橋一案革職，旋補黃州府知府，正值兵興，終未遂迎養之私。是臣竊祿有年，臣母從未一嘗臣之食也。至康熙十五年十月內，接臣母病故訃音，五內摧崩，隨照例詳請回籍守制，乃以逆賊梗化，軍務倥傯，督、撫諸臣不以臣譾劣，勉臣移孝作忠，慰留再四，隨經題准在任守制。臣於斯時私念，母在既不能盡菽水之歡，而多事之秋，若復力請回籍，又不能盡鞠躬之義，則忠孝兩失。由是抱哀供職，馳驅於軍旅之間，而臣母停柩在家不遑顧也。嗣蒙皇恩超擢，於康熙十六年十月內，特陞湖廣分巡下江防道。十七年六月內，復陞福建按察使，尋陞本省布政使。十九年二月內，簡授今職。古來知遇之隆，從無臣比。臣前任江防道，湖南猶阻聲教，及任閩省藩、臬，漳、澄正在用兵。自抵今任一年有餘，而黔、滇餘孽未盡殄滅[997]，禁旅尚煩征討，宵旰未舒，臣之私衷何敢遽及？且臣受命撫畿以來，毫無寸補，而聖眷有加。本年二月內，率夫沙河，因得陛見，特蒙製詩褒美，更賜帑金千兩、御馬二疋[998]。又本年九月內，駕幸雄縣，復蒙賜麂、兔、魚、鴈等物[999]。及臣趨候聖安，又蒙賜銀鼠褂併奶酒[1000]。寵錫頻頒，榮施逾分，感激之私，捐軀莫報，唯慮暮氣已侵，鞭策不效，何敢言去，辜負聖恩？獨是臣於繼母生不能養，死不獲殮，罪已深重。今停柩五年有餘，尚未歸土。如臣之為子，亦何賴焉？天倫父母，事有未

---

[996] 建寧府　奏牘本作「福州府」。
[997] 殄滅　奏牘本作「殘滅」。
[998] 御馬　四庫本作「內廄馬」。
[999] 蒙賜　四庫本作「蒙宣賜」。
[1000] 同上。

盡，何以為人？況臣今年六十有五，日就衰邁，若再遲延，遺此未了大事而溘先朝露，則通天之罪，百世莫逭。是以，每一回思而拊膺頓足，情難自已者也。

臣前此之奪情留任，歷久不敢言歸者，緣以四宇未寧，王事靡鹽，人臣義不遑顧親之時也。茲接部文，滇南逆孽蕩平，率土歸王，普天同慶。從此兵革不用，臣民共用太平之樂。我皇上誕敷文德，首在扶植綱常，敦崇倫理，以維萬世之人心，以固無疆之曆服。臣謬任巡撫，代宣聖化，亦惟以綱常倫理教人。乃躬際太平之盛，非復從前多事之時，若不歸葬母喪，是貪戀顯榮，忘親背義，不孝之名不免貽譏於天下後世。對屬臨民之際，先懷慚歉，又何以勸人興孝，思致化民成俗之效耶？伏祈皇上鑒臣私衷，允臣回籍安葬母喪。俾臣子道獲全，完此一生大事，則身外更無他慮，犬馬餘年，皆圖報聖恩之日矣[1001]。

奉旨：「于成龍所奏，情辭懇切，准假三個月，回籍葬母。事竣，速行赴任供職。該部知道。」

請護印務疏[1002]

恩准假期[1003]，兼膺新命，恭請道臣護理印務，以便交代事。

康熙二十年十二月二十六日，准吏部諮，為微臣母喪未葬等事，內開：「該直隸巡撫于成龍題前事。康熙二十年十二月十八日，奉旨：『于成龍所奏，情辭懇切，准假三個月，回籍葬母。事竣，速行赴任供職。該部知道。欽此。』」欽遵，移諮到臣，准此。又於康熙二十年十二月二十八日，准吏部諮，為補授總督事，內開：「本部題前事。康熙二十年

[1001] 奏牘本此句後加「緣係瀝陳哀衷事理，貼黃難盡，伏乞睿鑒，俯賜全覽施行。為此，具本專差提塘李懋功齎捧謹具奏聞，伏候敕旨。」
[1002] 奏牘本為卷七之第十篇，題為〈假歸請護印務疏〉。
[1003] 奏牘本此句前加「題為」。

于清端公政書　卷五

十二月二十四日，奉旨：『于成龍陞補江南、江西總督[1004]，應兼職銜，爾部議奏。欽此。』」欽遵，移諮到臣，准此。

臣兩接部文，俱經恭設香案，望闕叩頭謝恩外，竊念臣一介腐儒，謬叨殊恩，歷任外吏，超擢直隸巡撫。年餘以來，毫無裨益，自揣庸劣，常懷覆餗之虞。前以母柩久停在家，特請回籍安葬。荷蒙聖慈准假三個月，令臣葬母事竣，速行赴任供職。捧讀之下，感激無地。正期完臣私衷，疾趨供職，勉圖後效，復奉特旨，陞補江南、江西總督[1005]。臣聞新命，不勝惶悚。江南繁劇之地，總督兼理文武事務，任重責大。如臣菲才，何能勝此？然以受恩深重，又不敢控辭，有辜知遇之隆，唯有勉竭駑駘，冀報高厚於萬一。（弟）〔第〕臣歸葬母喪，奉有欽定假期，而新承簡命，更不便久於遲曠。所有直撫印務，必須護理有人，庶臣得以速於交代離任，刻期回籍葬母[1006]，事竣，星馳前赴新任。臣查直隸守道參議董秉忠，操守廉慎，才猷練達，自臣抵任年餘，同城共事，日益砥礪，留心政務，加意民瘼，凡所設施，無不允當。且查康熙十九年春夏之間，直撫員缺，部題奉旨，令其護理。合無循例，將臣印務仍交董秉忠護理，自可勝任無悮。但未奉旨，未敢擅交。理合恭疏題請，伏候命下，臣謹遵奉施行[1007]。

請帶郎筆帖式疏[1008]

請隨帶筆帖式[1009]，以資任使事。

（切）〔竊〕照直撫衙門筆帖式郎圖，於康熙十三年十二月內安設，迄

[1004] 江西　奏牘本無此詞。
[1005] 同上。
[1006] 刻　四庫本作「剋」。
[1007] 奏牘本此句後加「臣未敢擅便，謹題請旨。奉旨：該部知道。」
[1008] 奏牘本為卷七之第十一篇，題為〈請帶郎筆帖式疏〉。
[1009] 奏牘本此句前加「題為」。

248

今七年有餘。在前撫臣金任內[1010]，歷久素稱勤慎[1011]。及臣蒞任以來，又經年餘，益見其小心供事。凡各衙門所行清字文移，皆其番譯[1012]，並無差訛，而且安分守法，從不干預外務，此誠筆帖式中所難得者。今臣奉命陞授江南、江西總督[1013]，職司軍務，凡往來清字文移，尤須慎密，則番譯之員必誠實循謹[1014]，臣所素信之人，庶可委用無疑。合無將郎圖准臣隨帶江南，以資任使？聽部議奪。理合具題[1015]，伏乞議覆施行[1016]。

恭報交代並舉賢員疏[1017]

恭報微臣交代起行日期並繳敕諭事。

康熙二十一年二月初五日，准吏部諮，為恩准假期兼膺敕命等事，內開：「直隸巡撫印務交與守道董秉忠暫行護理」等因。於康熙二十一年正月二十八日，奉旨：「依議。欽此。」欽遵，移諮到臣，准此。臣隨將傳敕一道、直隸巡撫關防一顆，並吏書文卷，於康熙二十一年三月初六日交送直隸守道參議董秉忠接收護理。臣欽遵成命，即於初六日自保定起程，前往原籍安葬母柩。事畢之日，即星赴江南、江西總督新任。俟抵任後，另疏題報外，所有微臣原領直隸巡撫坐名勅諭一道，理合恭繳。

臣再有陳者。以人事君，人臣之誼。臣謬荷知遇，抵任一年有餘，於所屬各官細加察驗，更時為勸勉。除前歲舉劾案內，將直隸守道參議

[1010] 金　四庫本作「金世德」。
[1011] 歷久　四庫本作「已」。
[1012] 番譯　四庫本作「繙譯」。
[1013] 江西　奏牘本無此詞。
[1014] 番譯　四庫本作「繙譯」。
[1015] 理合具題　四庫本無此句。
[1016] 奏牘本此句後加「臣未敢擅便，謹題請旨。奉旨：該部知道。」
[1017] 奏牘本無此文。

董秉忠、阜城知縣王燮薦舉在案，又去年遵旨往宣府賑濟饑民，將南路通判陳天棟薦舉在案。內，王燮已蒙行取，其董秉忠、陳天棟均未奉俞允註冊，而賢績已達天聽。此外如柏鄉縣知縣邵嗣堯之矢志清潔，高陽縣知縣孫弘業之留心弭盜者，概不乏人。然尚須勵終如始，磨練歲時，為將來國楨之選。而較然不欺、卓有成績者，一為通州知州于成龍也，具恬淡之性，優通變之才，治劇理繁，允堪器使；一為霸州州判衛既齊也，化浮囂之氣，凜清白之操，任州幕而講學不輟，署縣篆而滿漢咸和，可當大任。此臣一年來，殫心吏治，廉訪人才，以報我皇上知遇之恩於萬一者也。茲值離任之際，不敢隱蔽，故[1018]特列名上聞，期以表勵官方，以盡臣舉賢之微誠耳。伏乞睿鑒施行。

弭盜條約[1019]

照得直屬逃人、盜賊，大為民害[1020]，無論軍民紳士，或犯窩逃，或被盜刦，家業不保，甚至身命隨之，而地鄰人等亦咸被其牽累。今欲為爾等謀保護安全之計，莫如力行保甲。古人守望相助，出入相扶持，良法美意，可則可傚。用是，因時制宜，酌定條款，編帙成書，務使家喻戶曉，共相勸勉，以期寧謐。本部院欽承簡命，撫蒞茲土，與爾等情關休戚。故不憚諄諄告誡，總欲爾等各守身家，非好為多事也。爾等當深思而力行之。所有條款開列於後：

一、十家立為一甲。務選殷實、老成、端正、勤慎者，公舉為甲長，報官。九家咸聽約束，違者稟官重究。

一、十家各開男婦姓名、年貌。自祖父母及本身妻妾，至子孫婦女與同居叔侄親戚，並婢僕等人口，作何生理，盡數開立門單，交與甲

[1018] 故　四庫本無此字。
[1019] 奏牘本為卷七之附文之一，題為〈弭盜條約〉。
[1020] 奏牘本此句前加「為申嚴保甲以絕匪類以靖地方事」。

長，不許遺漏，以便認識稽查。違者重究。

一、九家民人，互相保結。其結內開：某人作何生理，平日並無窩逃蓄盜、交結匪類、出入旗下、勾連生事、遊手賭飲、撒潑凶惡、結黨刁訟、起滅是非等項。如有此等事犯，某八家甘受連坐。所結是實，九家各具互結一張，交付甲長，以便編入甲內。如朦混具結，地方官查出，九家各責三十板，枷號兩個月。敢有抗違不遵入甲者重究。

一、九家之中，平日有窩逃蓄盜、交結匪類、出入旗下、勾連生事者，八家不敢互結，許本人赴官自首，改過遷善，咸與自新。地方官另訂一冊，開列姓名。或他處舊案扳犯，許將本犯悔過首詞敘入，以開生路。或怙惡不悛，地方官執法究治。如力不能制者，立刻申報，以憑核參拏問。其餘遊手賭飲、撒潑凶惡、結黨刁訟、起滅是非者，八家不肯互結，亦另訂一冊，開列姓名，不時稽查。違者重究。

一、甲長釘一甲簿，凡十家之內有出外行走者，即報明甲長今往某處公幹，甲長注入簿內。回日仍報明甲長某日事畢回轉，即於簿內去時項下註明，以便稽查。或恃惡不報，或詭秘不報，八家查明某不在家，即報甲長注簿，次早報官拿究。或八家通同隱諱不報，甲長查出，注簿報官，本家與來人審明口供。如來人清白，任其回去，本家仍以失報責二十板，八家各責十五板。如來人不端，即差役押解原籍地方官查收注簿，取收管於本處簿內，注解收訖，本家責四十板，枷號三個月，八家各責三十板，枷號兩個月。違者重究。

一、十家之中立有甲長或不諳書寫，即請隣佑識字者登記。或甲長有事他往，即報明九家公同注簿，將簿轉付甲內人收管登記。甲長回日，仍同九家將回轉情由注簿，將簿收回。如甲長家有親客來往，亦照九家例注簿。違者重究。

一、市鎮居民開店接客，須釘一簿，每晚客寓同行幾人，務查問客

眾姓名，係何處人氏，來往何處；或何公干生理，有無弓箭什物；或自備騾馬，或雇長腳[1021]，將騾馬毛色認明；或孤客步履，有無行李，盡數登記簿內。次早或去或住，報送甲長查閱。如有來歷(謊)〔慌〕張，語言恍惚，蹤跡可疑，即密傳甲長、保長，窺伺去向，夜晚小心隄防，次日勿令早行，以備不虞。如玩忽不記，他處失事，行查店家簿內未開者，從重治罪。

一、十家之中有鄉紳、兩榜、貢監生員，不便與庶民同例編查，但直屬逃盜肆害，夜不安枕，白晝刼殺，幾無虛日，紳衿咸受荼毒，歷歷有案。該地方官酌議，或鄉紳立一冊，文武兩榜各立一冊，貢監生員各立一冊，將家僕盡數開列冊內。邇來風俗頹靡，有以武舉而窩盜者，有以武生而為盜者，種種不法已經事犯，似應武舉、貢監生員互相保結。武舉、貢監責之縣官，文武生員責之教官。如生員抗不互結者，教官移縣轉詳；如武舉、貢監抗不互結者，縣官申詳，一併查究。或武舉、貢監生員居處隔遠，未悉素行，不便互保者，另列一冊。如係鄉居，願編入村莊保甲者，聽其自便。此分別貴賤之法，以寓弭盜安民之意。法在必行，違者重究。

一、鄉村各有垣牆，此弭盜安民之善制也。日久剝蝕，多有倒壞。目今農隙，正宜同心協力，補葺壞垣，修理柵欄[1022]。各甲長公釘一簿，輪流派撥，某日某人幾名看守柵欄，某人幾名值日查夜，登記簿內。或遇盜警，本村放炮鳴鐘擊鑼，大家救護。如堵禦不能入柵行刼者，巡夜同守柵欄人等報明地方官，各賞紅布五尺。如已入柵欄，力能救護不致失事者，巡夜、守柵人等報官，各賞紅布一丈。如當場打死、擒獲盜賊者，巡夜、守柵人等各賞紅布一疋。倘先事不能知覺，臨時不肯救援，

[1021] 雇　四庫本作「催」。
[1022] 一鄉村各有垣牆，此弭盜安民之善制也。日久剝蝕，多有倒壞。目今農隙，正宜同心協力，補葺壞垣，修理柵欄。　四庫本作「一鄉村各有牆垣、柵欄，日久倒壞，目今農隙，正宜修理。」

以致盜賊入柵、刼去財物，拷傷失主者，隣佑並巡夜、守柵人等一併究治。敢隱諱不報者，十家以通賊論。

一、村莊居民，一甲以至數十甲，若無統屬，則呼應不靈，應設一保長，以統率各甲。或村莊止有一甲，將附近村莊甲長聯成一處，公舉一賢能保長料理地方。各甲長將花名交付保長，保長將各甲合總報官，以憑稽察。凡遇隣村有事，保長聞鐘炮鑼聲，立刻傳炮各村一齊放炮。保長即率所管村莊甲長，一面分眾各據要路堵截，一面率眾直赴當塲救援。或當塲殺獲賊徒，或要路擒拏賊徒者，每名各賞銀五錢，甲長賞銀一兩，保長賞銀二兩。如保長聞隣村放炮不傳炮者，罪坐保長。甲長聞保長放炮不傳炮者，罪坐甲長。如甲長傳炮，甲內人丁不赴援者，罪坐各家。如當塲退縮，觀望不前，致賊逸脫者，罪坐保長。如分撥堵守要路，放脫賊走者，即未受賊賄，甲長亦應治罪。法在必行，違者重究。

一、地方設立保、甲長，協力守禦，不可無器械使用。查一村之中須置炮一杆[1023]，鑼數面。各家成丁者，各備門棍一條。凡遇盜警，先放炮，以便保長會眾救援，兼以鐘鑼齊擊，則各家奮勇爭先。更查甲內或有鳥鎗、弓箭、腰刀、鐵尺、長鎗、鐵（乂）〔叉〕之家，開明報官，量留鳥鎗、弓箭數件，地方官書押鐫刻於上，仍給本主。甲長同本主具領存案，不許攜帶別處行走。如有遺失，從重治罪。其餘盡收入官，照物給價。如有匿藏，甲長與八家首報，本家以通賊論。如甲長、八家未經查出，被傍人首報，甲長與八家連坐。至於刀、尺、鎗、（乂）〔叉〕，概鐫本家姓名，當官驗明，登記簿內，以便稽察。違者重究。

一、地方人民有在圈占莊內居住旗房者，查明幾家，照例編入附近村民甲內。如有抗違不服者，查拘親屬，務獲正身，面取親屬保結，交付甲長，注入簿內。本身仍以抗違王法[1024]，枷責不饒。

[1023] 杆　四庫本作「具」。
[1024] 王法　四庫本作「國法」。

一、十家之內有窮苦民人不能度日者，甲長報知地方官另造一冊，設法養濟。如此等民人既不敢出外行走，又無地土生意，甲長不報，罪坐甲長。甲長已報，地方官任其困餓顛連，以致喪命溝壑，或典僱旗下苟延歲月，本院訪聞，縣官以不職糾參。如能設法生理，養濟四季，詳報存案，以便紀功舉薦。

以上各款，務須恪遵實行，不得視為具文常套，悞身家而干法紀。保甲人等亦不得藉端滋擾，自取罪戾，後悔無及。須至冊諭者[1025]。

續增條約[1026]

十家互結之法，本部院在楚行之已久。然在直隸有行不去者，祇因南北風氣不同，習俗亦異。今加意諮訪，有前此條約中所未備者，酌增數則，附列於後：

一、直屬有等大盜，彰明較著，稱為「馬上好漢子」。地方人等畏之如虎，敬之如神，稍有拂意，即白晝刦殺，或暮夜殺死全家。凡屬良民口稱「犯了王法，止一人死；惱了大盜，則全家死。」因之，寧死王法，決不敢惱了大盜也。從此思之，求一不敢互保之八家不可得矣。隱忍獻媚，求保身家，誰敢不保大盜？如此，保甲竟為養盜圈套。嗣後，地方官先訪大盜姓名，密稟本院，務憂深慮遠，設法擒拿，立斃杖下。王法既行，則良民有所倚靠，氣直膽壯，互保之法方能著實行去。切勿如從前深州之受賊賄，束鹿之畏賊鋒，致大盜蜂起釀禍，迄今不可救止也。

一、禁馬之法，本院業已飭行。邇來密訪，此法止可行之於良民百姓，決不能行之於巨窩大盜。凡屬窩家，俱是大有身家之人，院宇深邃，僕從眾多，馬匹、弓箭、器械無不備具。且鄉愚村民望風慴伏，稍

[1025] 至　四庫本作「知」。
[1026] 奏牘本為卷七之附文之二，題為〈續增條約〉。

有身家，託為姻契。不肖有司受其餽獻，結成相知，且自已臟跡纍纍，畏其訐告。一入牢籠，明知故隱；一經事犯，多方遮飾。地方百姓知其手眼通神，怕到官不得死，無奈連名公保，預為結識之地。其中黨羽，引類呼朋，極口稱冤，每每釋放，竟無顧忌。若夫巨盜重價購買健馬，追風逐電，防汛官兵望風縮頭，誰敢向前堵敵？此等馬疋，俱養之各處窩家，踏就生意，取之如攜。一經事犯，即藏窩家。如追緝急逼，或潛匿京邸，或投充旗下，地方官莫可誰何。且此輩舉動更為駭人，有買驢騾日行二三百里者，有步行一日一夜走三四百里者，今日打刼，明日已離失處數百里矣[1027]。因此，事犯多被辯脫。此種大盜一日不除，則河南、山東、直隸終無寧晷。嗣後，地方官務要廉靜自守，端正寡交，更留心密訪，切勿如滄州之被其愚弄，則大窩必然歛手。一切巨盜，嫖賭性成，揮金如土，手頭一空，便思行刼。東來西去，到處狐群狗黨，交相容匿，不肯改悔，不死不休。且賊通九州，某處有一生意，便來勾引。既已入夥，明知事犯到官不饒，總屬死命，欲不去而不可得。興言及此，亦覺可憐，一步錯了，滿盤是錯。地方官須要恩威並用，將此夥巨盜心上時刻記算，不要一刻放下。某賊某日在某處，即行密拿，一經擒獲，便思了當。如某賊已有悔萌，即傳投見，善為解救，處置得宜。如事發緝挐逼急，無處躲閃，投見求免者，萬萬不得寬縱，立刻綁送失事地方，切不可被他哄了。總之，天下無難事，只怕不用心。若將問百姓要銀子這副心腸用在挐強盜上，何事不成？各地方官都一心做起來，賊無容身之地，何愁地方不太平？著實細心參閱。

一、州縣地方，或有一村都是盜，一家祖孫父子世世做賊。這互保之法如何行得去？甲長是盜，九家是盜，明是強盜保強盜。此處沒奈何，只得亦編成保甲，姑入羅網。大約良民多，賊盜少，務擇有身家、

[1027] 失處　四庫本作「失事處」。

有才幹的做一保長。立禁止夜行木牌，時刻叮嚀各處甲長大家隄防，看明這一村的出路去路，於要緊路口埋伏鄉夫。如遇此村人黑夜行走，即行綁鎖，次日稟官嚴審。如無謀刼實跡，治以夜行之罪。如此防閑日久，彼不得動手，或稍斂盜心亦未可定。此「蓬生麻中，不扶自植」之謂也[1028]。著實奉行。

一、保甲之法一行，盜賊不得動手，必與地方官為仇讐，須要時刻防備這夥強盜謀害。白日謹守城門，稽察出入，著巡捕官每日落時逐戶查問，並庵觀、寺院不許容留閒人。更於衙內建一敵樓，頂上蓋房二間，每晚家人巡更，地方官帶印宿於中，一層嚴守樓門。再於衙舍外邊撥更夫巡邏，以防報復。此先保其身，方可實行保甲。切勿疎虞。

一、賭博乃為盜之根，屢奉嚴禁法令，不容寬假。邇來訪得直屬每遇集市，一夥大盜公然放頭開賭，地保不敢過問，地方官竟置膜視，全不禁止。這夥將打刼之物一擲輸去，又商議行刼，隨刼隨輸，隨輸隨刼，終無了日。又將沒飯喫的窮人勾引在內。地方官平日不肯禁賭，養成盜黨，及至事犯，把入夥的窮民拿來一例梟斬，於心忍乎？此種罪過都在地方官身上，只是貪財迷竅，全不思想殺了這些窮人，到陰司底下那個不嚷鬧？終久一命要還一命，遠在兒孫近在身。何如打起精神，嚴禁賭博，稽查貧乏，不知救了多少人的性命，祿位如何不崢嶸？子孫如何不昌大？功德無邊，比要銀子十分受用，十分放心。地方官要留心參閱。

飭查劣員檄 [1029]

直屬地方倍極衝疲，又兼連年疊罹災祲，百姓困苦，不但民鮮蓋藏，實已僅存皮骨。惟在良有司加意調劑，更藉道府等官實力整頓，庶

[1028] 植　四庫本作「直」。
[1029] 奏牘本無此文。

不致流離失所。今本院新膺簡命，撫綏茲土，切切以察吏安民為念。自入境以來，風聞地方各官未能潔己奉公，或征糧而濫收火耗者有之，或遇差而派取民間者有之，或嚴刑峻法貽累地方者有之，或聽信衙蠹恣意誅求者有之。種種不法，殊可痛恨！若不急為釐剔，其何以澄肅官箴，靖安地方乎？（弟）〔第〕恐耳目未周，風聞未確，除現在密訪外，合行查報。為此，牌仰該道照牌事理，文到細加體察，務將不肖貪酷官員速行據實揭報，以憑飛章參處。至于昏庸衰老、廢弛公務等輩[1030]，亦即訪確，分別報明核參。該道務須實心察訪，勿得以平日之喜怒為屬員之賢否，亦不得瞻狥情面，止以微員塞責。如不實力奉行，止循故套，該道亦難辭咎。

嚴飭佐貳擅理詞訟檄 [1031]

朝廷設官分職，各有專司。如府州縣佐貳之設，凡緝逃捕盜、巡查私販、領解錢糧等項，是其職也。至於一切民詞，原係正印官之事，其佐貳等官不許干預，以滋紛擾。查定例一款，內開：「佐貳等官不許准理詞訟，如正印官批行事件，方許審理」等因，久經通飭遵行在案。乃邇來日久法弛，佐貳等官未免置若罔聞，遇有呈詞稟狀，無論可否，概行濫准，差提混審，恣意苛求。值此災祲疊見之後，蓋藏久虛之日，若不亟為嚴飭，誠恐擾害無窮。為此，票仰該道照票事理，即速嚴飭所屬各府州縣，凡一切強盜、人命重情，鬭毆、戶婚、田產等事務，令印官親為審理，不得復任佐貳等官混行濫准，差役拘提，以滋擾害。如正印官批行事件，亦須即為審斷，不得拖累遲滯，有曠民業。若正印官不嚴加稽察，仍由佐貳等官濫准混審者，該道訪確，即行據實揭報，以憑參處。倘該道狥隱不報，或被傍人告發，或經本院察出，責有攸歸。

[1030] 于　四庫本作「於」。
[1031] 奏牘本無此文。

嚴禁奢靡檄 [1032]

據直隸守道條議四款內：「一曰力崇節儉也。天地之生財，止有此數，過用則易竭，奢費必不支。且暴殄狼籍[1033]，凶扎隨之[1034]，必然之理也。俗薄風靡，華奢競尚，一常餐而甘旨多簋，一燕會而珍錯雜陳，網羅搜盡禽魚，適口務窮水陸，致庖廚之慘殺驚聞，椒桂之芬辛滿鼻，誇高爭勝，恬若分然。一衣而紈綺爭奇，一裳而綾羅罔惜，一襪而錦毻間錯，一飾而珍翠千金。甚至肥馬輕裘，鷹隨犬逐，盃盤狼籍[1035]，郊圻甘脆，飽及禽獸。種種逾分，不特富家大戶安然行之，而輕薄喜好之徒亦俱勉強則傚，良可浩嘆！總由為民上者不身先儉樸，以躬導之，彼蚩蚩若輩何知物之當惜，福之不可盡享耶？夫饑固不可，果腹則已；寒固難禁，苟煖輒休。安在粗糲蔬瓠之不可充腹，而布絮素衣之不可適體也？誠能躬先約素，懇切化諭，使閭（閻）〔閻〕共知粒食之不可暴棄，非分之□以喪身。凡吉凶燕享，日用尋常，俱有定制，不令過分。更於朔、望講約之日，共相勸勵。知禮之士大夫，則化勉其家以及其族其戚。耄耋之鄉老，有行之耆民，則轉相化勉夫子孫。村里之間，將見古樸可風，物力常餘。日積不見多，而歲積則日盈。苟逢水旱災荒，未必遂致捉襟而肘露也」等因到院。據此，擬合通行嚴飭。為此，票仰該道照票事理，即便轉飭所屬。凡飲食燕會，俱有常度，適口則已，毋逞慾而珍錯雜陳，毋競奢而水陸兼備。服御衣飾俱有常制，適體則已，勿喜新而紈綺爭勝，勿鬭麗而錦繡稱奇。通國士庶，俱因習尚成風，罔惜物力。是在為民上者，務須躬先儉樸，諄諄勸導。由士大夫以及鄉耆，由鄉耆以及編氓，務使咸知物力艱難，轉相化勉，共返淳龐，俾風移俗

[1032] 奏牘本無此文。
[1033] 狼籍　四庫本作「狼藉」。
[1034] 扎　四庫本作「劄」。
[1035] 狼籍　四庫本作「狼藉」。

易，本院將以覘諸有司之賢良教化矣。倘或視為具文，因循舊習，有奉行之名而無奉行之實，本院亦何樂有此屬員也？定以溺職特疏糾參，決不姑容。各宜凜慎，毋貽後悔。

嚴禁火耗諭[1036]

朝廷則壤以定賦，百姓按則以輸糧，原有一定之規。在州縣各官身為民牧，亦當上體朝廷德意，下念百姓困苦，按則徵收，更不可意為輕重。故火耗之禁，功令首嚴，所以勵官方惜民力甚切也。乃有司視為弁髦，全不凜遵，指授櫃書，高下其手，有加二者，有加三者，有明雖加一而暗實加三者，種種竊脂之行無異竊盜，相沿成風，恬不為怪。本院自歷任以來，此中情弊，知之最悉。今特膺簡命，撫蒞茲土，首以察吏安民為事。凡各州縣衛務須洗心滌慮，痛除積習，毋額外以橫征，毋恣意以朘削。愛功名而愛百姓，既可以不愧衾影，復可以無慚職守，明有循良之譽，幽有陰騭之報。即本院亦樂與諸有司共覯厥成，特疏薦揚。儻有不肖有司狃于故習[1037]，甘蹈陋規，不恤民怨，不顧鬼譴，或快意于輕裘肥馬[1038]，或肆志于田宅妻妾[1039]，或近為耳目之娛，或遠為子孫之貽，當民窮財盡之日，饑饉洊臻之時，稍有良心，莫不拊膺長嘆。即多方軫恤，尤苦國賦難完，民力難支，又安忍于正供正數之外[1040]，敲鳩形鵠面之骨，吸賣兒鬻女之髓，以遂一身一家之欲？忍心害理，禍必不遠。天道好報，決不爽期。總以為幽渺難憑，且顧目前，然王法具在[1041]，本院決不敢徇縱以玩功令。除通行各屬嚴飭外，合行出示曉諭。

[1036] 奏牘本無此文。
[1037] 于　四庫本作「於」。
[1038] 同上。
[1039] 同上。
[1040] 同上。
[1041] 王法四庫本作「國法」。

嚴禁餽送檄 [1042]

　　禮有交際，原因分誼相近，互為獻酬，用將誠敬。至名分懸隔，體統攸關，自合杜絕餽遺，凜遵功令，孰敢踰越，以滋罪戾？雖其間用下敬上，禮順人情，然既不可疎，尤不可越。本院與各州縣共事一土，休戚固自相關，名分實屬懸隔，若復交際，何異朋儕？是敬上乃所以犯上，順情適成其悖禮，因循成習，不獨有干憲典，亦且褻瀆等威。如大名縣知縣公然開具手本，呈送中秋節禮，越分犯上。本應題參，姑念初犯，暫從寬宥。合行嚴飭。為此，票仰該道照票事理，即便轉行各屬申飭。嗣後，凡遇重陽、冬至、元宵等節，並過路送禮，各衙門概行禁止。如有私相餽獻，查出併行題參，決不姑寬。各宜一體恪遵施行。

嚴禁略賣檄 [1043]

　　直屬歲歉民饑，業荷皇仁，發帑賑濟，各邑窮黎咸宜共安鄉井，以待有秋。乃四外奸徒乘機興販人口，結聯地棍，簧惑鄉愚，輕自賣身，或賣子女，所得價銀有限。自賣之後，或轉賣遠方，或賣與旗下，一倍數倍。無知小民誤墮奸計，遂致終身淪落。該管有司從未禁遏，殊屬溺職。又旗下買民，定有地方官用印報部之例。各屬當于投遞賣契之時[1044]，詳查確實，然後用印。近日祁州竟將背主投旗之曹來，不問來歷，祇憑地棍杜文常假捏之契，即與用印。前據曹來之主曹之完狀控，批發保定府審明，業將原契究出，斷歸原主。恐此外不查來歷、混行用印者，不止祁州一處已也。合行一併通飭。為此，票仰該道照票事理，即移行各府通行。所屬州縣衛等官，各于所屬境內不時體察[1045]，如有

[1042] 奏牘本無此文。
[1043] 奏牘本無此文。
[1044] 于　四庫本作「於」。
[1045] 同上。

外來奸徒勾串地棍興販人口者，立行嚴拿究解。至於旗下買民[1046]，務將所買民人及地方、鄰佑、族長人等傳訊明確，方與用印。如有仍前怠忽，不恤小民困苦，任其輾轉販賣，並旗下買身文契不行查明，輕與用印者，或本院訪聞，或該道府揭報，定以溺職指參。各宜凜惕，勿貽後悔。

飭查防守地方檄[1047]

真定所屬地方遼濶，西山一帶界連晉省，寫遠險峻，易于藏奸[1048]。近見劫殺頻聞，皆設備未週之故。該道即將所屬各州縣并各關隘地方，某處設有防兵若干，駐紮城守者若干，分防汛地者若干，某處係緊要地方，所設官兵果否足用，某處地方遼濶，來往巡查有無鞭長不及之虞，逐一備悉查明。酌量地方之緩急，設兵之多寡，今應作何裒益，酌議妥確，造冊詳報，以憑移諮總鎮，會商定奪。總期兵不添而巡查自周，民不擾而盜風日息。該道職任監司，地方攸賴，切勿以泛常視之也。

申嚴冒災檄[1049]

直隸地畝被災，特奉皇恩，蠲免錢糧，必使被災人戶均沾實惠，庶不負朝廷軫恤至意。然有鄉僻之民，愚昧可欺，文已到而不知，糧已除而不識。戶書、里蠹、劣衿、奸棍朋謀串結，或沉擱原行，侵吞已納之糧；或移甲換乙，冒免他人之地。種種弊端，不一而足。是將朝廷恤災之巨典，徒飽奸蠹之谿壑，殊可痛恨！今各屬所報災傷地畝，已奉部覆允准，隨經頒發告示，檄令該道轉發在案。合亟嚴行申飭。為此，票仰

[1046] 同上。
[1047] 奏牘本無此文。
[1048] 于　四庫本作「於」。
[1049] 奏牘本無此文。

該道查照票內事理，即速移行該管道府廳轉飭該衛堡，將前發告示多為鈔白，于被災村莊遍貼曉諭[1050]，勿得沉匿。其被災花戶，各按原報地畝，照依應蠲分數，將本年錢糧逐名除免。如有已經完納者，即照數流免下年錢糧。至各花戶報災之時，該衛堡俱有花名細數底冊，令將此項底冊先送查核，不必另造。仍取戶書、里役不敢作弊，如有弊端，願甘死罪結狀，並該地方官印結，一併呈送存案。倘有潛不畏死之徒大膽玩法，仍有侵欺冒免之弊，或經訪聞，或被告發，定將結內有名書役及劣衿、奸棍一併嚴提處死，該地方官以通同侵冒特疏參拿，決不輕貸。

嚴飭協拿盜賊檄[1051]

盜跡詭秘，出沒無常。呼朋引類，糾黨非一處之人；朝西暮東，行止無一定之所。若事經發覺，追捕嚴急，則藏匿愈密。所賴各地方官無分彼此，協力擒拿，庶奸宄無潛身之地，而萑苻可期肅清。今據南皮縣條議內稱：「隣境之盜十不得一，皆因各州縣衛拘泥界限接壤之地無異秦、越，不獨彼縣之人此縣不能往問，即此縣之人潛入彼境如入深淵」等語。似此護盜成風，地方何日得寧？擬合通行嚴飭。為此，票仰該道查照票內事理，即通移各道府轉飭所屬，如遇隣封失事追捕，盜賊遁入境內，即行接續窮追。如係獲賊供出夥盜，開有姓名住所，移關提取，即行設法擒拿。務期同心協力，共圖殄滅，以靖地方，慎勿彼此歧視。倘有以隣境失事，漠不關心，置之不追不緝，或受大窩囑託，或被捕役朦蔽，將現在之賊以死故、逃亡開脫，一經本院訪聞，定以縱盜、黨賊分別題參究治。各宜凜遵，毋貽後悔。

[1050] 于　四庫本作「於」。
[1051] 奏牘本無此文。

嚴禁賭博諭 [1052]

　　四民之中各有本業，咸宜安分，以保身家。乃有奸猾之徒，希圖厚利，開設賭場，貪癡之輩墮入局中，相聚賭博，晝夜不息。開場之家獨得其利，贏者百無一二，輸者比比皆是。以致貲財蕩盡，田房準折一空，棲止無所，謀生無策。或情極自盡，或身為乞丐，或自賣旗下，或將妻、女、子、媳賣為奴婢，終身淪落，或為盜賊，致被擒獲，身罹重辟。此皆賭輸以後之形景也。當聚賭之時，還有互相爭競，被人毆死者，亦有疊輸氣苦，殺死人命者。如口北道詳報，康明譽、康光譽與韓鎮考等賭錢相爭，兄弟二人俱被韓鎮考、韓二考打死。又如宣府營兵黃之元與前衛生員蔡繩枝鬮牌，屢被繩枝所贏，將繩枝殺死。此係近日之事，皆因賭博之故。除批行究擬外，合行出示嚴禁。為此，示諭士民人等：嗣後，各守恆業，不許群聚賭博。如敢違禁，定將賭博之人與開場放頭併抽頭之人及該地方，俱照定例治罪，決不輕貸。若有首告賭博者，提審得實，照例將賭博銀錢一半給賞。如同賭之人出首者免罪，仍行給賞。須至示者。

驅逐流娼檄 [1053]

　　士農工商各有常業，官役吏胥各有職守，無庸隕越。本院蒞任以來，禁止奢華以敦習尚，嚴飭官方以明政體，業經申飭在案。邇聞習尚紛靡，官常敗壞，未有如廣平一府若是其甚者也。如雞澤縣之柳下，永年縣之南胡賈、西岩村等處，女戲雜遝，娼婦繁多，不止紳衿士庶破產招致，即文武官弁出入衙門，不特不行禁止，抑且流連暢飲，醉後狂悖。上之官府敗其官方者，如錢同知留宿于張守備署中[1054]，並例監張文

[1052] 奏牘本無此文。
[1053] 奏牘本無此文。
[1054] 于　四庫本作「於」。

炳、張文煜家嫖戲旦四娃者是也；下之衙役忘其性命者，如府門役齊佩蘭設騙各縣銀錢，包宿李六，縣戶房張文玉、王立業侵本縣庫銀，嫖宿王菊花是也。似此官役、士庶縱慾濫觴，廢棄職業，將見風俗日壞，官常不整，言之殊堪痛恨！合行飭逐。為此，票仰該道照票事理，作速轉移大名道，將一切流來女戲、娼婦，嚴檄各該地方官，盡行驅逐出境，不許仍前容留，併出示曉諭士庶人等：嗣後，務要恪遵前禁，守其本業，庶風俗不致頹靡，而地方亦漸返淳矣。併取各遵依報查施行。

再飭植樹浚井檄[1055]

耕、鑿、樹、藝，培天地自然之利，裕吾民衣食之源，此誠根本之業。但編戶無知，率多因循怠惰，難與慮始。唯賴司牧諸人留心勸導，督率力行，久之自收成效，使小民安於利而不知。本院於去年七月內，有令各官督民廣植桑麻、多浚井泉之檄，通行在案。茲據安肅縣王令申稱：「遵檄編為歌詞，遍貼鄉村，民皆爭先淘井。報到四十八村已得井二千五百二十有餘，且教植柳以為水斗之用。又桑栽難覓，凡榆柳之類莫不有利，併作俗語遍貼，目今民皆扡插」等情。似此一邑勸勉有方，民皆趨利而爭先，可拭目以觀成效矣。其餘各屬曾否舉行，歷久杳無報覆。蓋徒視為虛文，悉已置之高閣，深可痛恨！若謂方物不類，地土異宜，即有不宜於桑[1056]，無不宜于麻者[1057]。且如榆柳之類，乃最易生之物，又不擇地而可期長茂者。至泉源與土脈流通，無地無水，即或原隰、高下不同，一邑之中，間有石磧、流沙，亦自無多。其土深壤沃之處，無不可為井。此二事，勞僅一時，坐享長久之利，民何憚而不為？

[1055] 奏牘本無此文。
[1056] 于　四庫本作「於」。
[1057] 同上。

官亦何憚而不勸也？今閱王令所編歌詞，簡切明曉，愚民易於省記[1058]，擬合一併通頒。為此，票仰該道府查照票內事理，即通飭所屬恪遵原行並今檄事理，竭力舉行。仍將發去歌詞照式刊刻，遍貼鄉村，諭民傳誦，咸使知利爭趨。俟歲終，將勸民植過桑麻、浚過井泉造冊，徑報本院查核，以憑分別殿、最。其去歲通飭因何不即遵行緣由，併取各屬回文彙詳報奪，均毋違錯。

[1058] 同上。

于成龍集（序跋至卷五）：
清初名臣的宦海生涯與文墨風華，于清端個人著述全集

主　　　編：	李志安，閻鳳梧
發 行 人：	黃振庭
出 版 者：	崧燁文化事業有限公司
發 行 者：	崧燁文化事業有限公司
E-mail：	sonbookservice@gmail.com
粉 絲 頁：	https://www.facebook.com/sonbookss
網　　址：	https://sonbook.net/
地　　址：	台北市中正區重慶南路一段 61 號 8 樓

8F., No.61, Sec. 1, Chongqing S. Rd., Zhongzheng Dist., Taipei City 100, Taiwan

電　　話：	(02)2370-3310
傳　　真：	(02)2388-1990
印　　刷：	京峯數位服務有限公司
律師顧問：	廣華律師事務所 張珮琦律師

-版權聲明-

本書版權為三晉出版社所有授權崧博出版事業有限公司獨家發行電子書及繁體書繁體字版。若有其他相關權利及授權需求請與本公司聯繫。

未經書面許可，不得複製、發行。

定　　價：375 元
發行日期：2024 年 09 月第一版
◎本書以 POD 印製

Design Assets from Freepik.com

國家圖書館出版品預行編目資料

于成龍集（序跋至卷五）：清初名臣的宦海生涯與文墨風華，于清端個人著述全集 / 李志安，閻鳳梧 主編. -- 第一版. -- 臺北市：崧燁文化事業有限公司, 2024.09
面；　公分
POD 版
ISBN 978-626-394-855-6(平裝)
1.CST: (清) 于成龍 2.CST: 傳記
782.877 113013311

電子書購買

爽讀 APP　　　臉書